清华大学优秀博士学位论文丛书

可行能力与正义：以阿马蒂亚·森为中心

李娴静（Li Xianjing）著

Capability and Justice: Centered on Amartya Sen

清华大学出版社
北京

内 容 简 介

正义是人类社会最关注的价值诉求之一。1998 年诺贝尔经济学奖得主阿马蒂亚·森(Amartya Sen)在对古典功利主义和当代罗尔斯等人的理论质疑中,提出了基于可行能力进路的正义理论。本书致力于研究阿马蒂亚·森基于可行能力的正义思想。

在森看来,我们研究正义的目的应当是减少现实生活中所存在的明显的非正义,而公正并非仅仅与制度有关,它最终是与人们的生活方式相关。因而,森主张,我们应当从人们可以过上的实际生活和享有的实质自由的角度来看待、理解公正。森所提出的基于可行能力进路的正义理论是近半个世纪以来西方正义理论发展中的新进路和新成就。这种正义理论采用比较现实主义的研究方法,以人们的可行能力为信息基础,以开放的中立性为客观性要求,以社会选择理论为践行依据,以民主作为实现全球正义的途径,致力于通过公共讨论来减少并防止社会不公正现象,是一种“接地气”的现实主义正义观。

图书在版编目(CIP)数据

可行能力与正义:以阿马蒂亚·森为中心/李娴静著.—北京:清华大学出版社,2024.4
(清华大学优秀博士学位论文丛书)
ISBN 978-7-302-64366-1

Ⅰ.①可… Ⅱ.①李… Ⅲ.①正义—研究 Ⅳ.①B82

中国国家版本馆 CIP 数据核字(2023)第 149805 号

责任编辑:张维嘉
封面设计:傅瑞学
责任校对:欧 洋
责任印制:沈 露

出版发行:清华大学出版社
网 址:https://www.tup.com.cn,https://www.wqxuetang.com
地 址:北京清华大学学研大厦 A 座 **邮 编**:100084
社 总 机:010-83470000 **邮 购**:010-62786544
投稿与读者服务:010-62776969,c-service@tup.tsinghua.edu.cn
质量反馈:010-62772015,zhiliang@tup.tsinghua.edu.cn
印 装 者:三河市东方印刷有限公司
经 销:全国新华书店
开 本:155mm×235mm **印 张**:13.5 **字 数**:226 千字
版 次:2024 年 4 月第 1 版 **印 次**:2024 年 4 月第1 次印刷
定 价:89.00 元

产品编号:096561-01

一流博士生教育
体现一流大学人才培养的高度(代丛书序)[①]

人才培养是大学的根本任务。只有培养出一流人才的高校,才能够成为世界一流大学。本科教育是培养一流人才最重要的基础,是一流大学的底色,体现了学校的传统和特色。博士生教育是学历教育的最高层次,体现出一所大学人才培养的高度,代表着一个国家的人才培养水平。清华大学正在全面推进综合改革,深化教育教学改革,探索建立完善的博士生选拔培养机制,不断提升博士生培养质量。

学术精神的培养是博士生教育的根本

学术精神是大学精神的重要组成部分,是学者与学术群体在学术活动中坚守的价值准则。大学对学术精神的追求,反映了一所大学对学术的重视、对真理的热爱和对功利性目标的摒弃。博士生教育要培养有志于追求学术的人,其根本在于学术精神的培养。

无论古今中外,博士这一称号都和学问、学术紧密联系在一起,和知识探索密切相关。我国的博士一词起源于 2000 多年前的战国时期,是一种学官名。博士任职者负责保管文献档案、编撰著述,须知识渊博并负有传授学问的职责。东汉学者应劭在《汉官仪》中写道:“博者,通博古今;士者,辩于然否。”后来,人们逐渐把精通某种职业的专门人才称为博士。博士作为一种学位,最早产生于 12 世纪,最初它是加入教师行会的一种资格证书。19 世纪初,德国柏林大学成立,其哲学院取代了以往神学院在大学中的地位,在大学发展的历史上首次产生了由哲学院授予的哲学博士学位,并赋予了哲学博士深层次的教育内涵,即推崇学术自由、创造新知识。哲学博士的设立标志着现代博士生教育的开端,博士则被定义为独立从事学术研究、具备创造新知识能力的人,是学术精神的传承者和光大者。

---

① 本文首发于《光明日报》,2017 年 12 月 5 日。

博士生学习期间是培养学术精神最重要的阶段。博士生需要接受严谨的学术训练，开展深入的学术研究，并通过发表学术论文、参与学术活动及博士论文答辩等环节，证明自身的学术能力。更重要的是，博士生要培养学术志趣，把对学术的热爱融入生命之中，把捍卫真理作为毕生的追求。博士生更要学会如何面对干扰和诱惑，远离功利，保持安静、从容的心态。学术精神，特别是其中所蕴含的科学理性精神、学术奉献精神，不仅对博士生未来的学术事业至关重要，对博士生一生的发展都大有裨益。

独创性和批判性思维是博士生最重要的素质

博士生需要具备很多素质，包括逻辑推理、言语表达、沟通协作等，但是最重要的素质是独创性和批判性思维。

学术重视传承，但更看重突破和创新。博士生作为学术事业的后备力量，要立志于追求独创性。独创意味着独立和创造，没有独立精神，往往很难产生创造性的成果。1929 年 6 月 3 日，在清华大学国学院导师王国维逝世二周年之际，国学院师生为纪念这位杰出的学者，募款修造“海宁王静安先生纪念碑”，同为国学院导师的陈寅恪先生撰写了碑铭，其中写道：“先生之著述，或有时而不章；先生之学说，或有时而可商；惟此独立之精神，自由之思想，历千万祀，与天壤而同久，共三光而永光。”这是对于一位学者的极高评价。中国著名的史学家、文学家司马迁所讲的“究天人之际，通古今之变，成一家之言”也是强调要在古今贯通中形成自己独立的见解，并努力达到新的高度。博士生应该以“独立之精神、自由之思想”来要求自己，不断创造新的学术成果。

诺贝尔物理学奖获得者杨振宁先生曾在 20 世纪 80 年代初对到访纽约州立大学石溪分校的 90 多名中国学生、学者提出：“独创性是科学工作者最重要的素质。”杨先生主张做研究的人一定要有独创的精神、独到的见解和独立研究的能力。在科技如此发达的今天，学术上的独创性变得越来越难，也愈加珍贵和重要。博士生要树立敢为天下先的志向，在独创性上下功夫，勇于挑战最前沿的科学问题。

批判性思维是一种遵循逻辑规则、不断质疑和反省的思维方式，具有批判性思维的人勇于挑战自己，敢于挑战权威。批判性思维的缺乏往往被认为是中国学生特有的弱项，也是我们在博士生培养方面存在的一个普遍问题。2001 年，美国卡内基基金会开展了一项“卡内基博士生教育创新计划”，针对博士生教育进行调研，并发布了研究报告。该报告指出：在美国和欧洲,培养学生保持批判而质疑的眼光看待自己、同行和导师的观点同样非常不容易,批判性思维的培养必须成为博士生培养项目的组成部分。

对于博士生而言,批判性思维的养成要从如何面对权威开始。为了鼓励学生质疑学术权威、挑战现有学术范式,培养学生的挑战精神和创新能力,清华大学在2013年发起"巅峰对话",由学生自主邀请各学科领域具有国际影响力的学术大师与清华学生同台对话。该活动迄今已经举办了21期,先后邀请17位诺贝尔奖、3位图灵奖、1位菲尔兹奖获得者参与对话。诺贝尔化学奖得主巴里·夏普莱斯(Barry Sharpless)在2013年11月来清华参加"巅峰对话"时,对于清华学生的质疑精神印象深刻。他在接受媒体采访时谈道:"清华的学生无所畏惧,请原谅我的措辞,但他们真的很有胆量。"这是我听到的对清华学生的最高评价,博士生就应该具备这样的勇气和能力。培养批判性思维更难的一层是要有勇气不断否定自己,有一种不断超越自己的精神。爱因斯坦说:"在真理的认识方面,任何以权威自居的人,必将在上帝的嬉笑中垮台。"这句名言应该成为每一位从事学术研究的博士生的箴言。

提高博士生培养质量有赖于构建全方位的博士生教育体系

一流的博士生教育要有一流的教育理念,需要构建全方位的教育体系,把教育理念落实到博士生培养的各个环节中。

在博士生选拔方面,不能简单按考分录取,而是要侧重评价学术志趣和创新潜力。知识结构固然重要,但学术志趣和创新潜力更关键,考分不能完全反映学生的学术潜质。清华大学在经过多年试点探索的基础上,于2016年开始全面实行博士生招生"申请-审核"制,从原来的按照考试分数招收博士生,转变为按科研创新能力、专业学术潜质招收,并给予院系、学科、导师更大的自主权。《清华大学"申请-审核"制实施办法》明晰了导师和院系在考核、遴选和推荐上的权力和职责,同时确定了规范的流程及监管要求。

在博士生指导教师资格确认方面,不能论资排辈,要更看重教师的学术活力及研究工作的前沿性。博士生教育质量的提升关键在于教师,要让更多、更优秀的教师参与到博士生教育中来。清华大学从2009年开始探索将博士生导师评定权下放到各学位评定分委员会,允许评聘一部分优秀副教授担任博士生导师。近年来,学校在推进教师人事制度改革过程中,明确教研系列助理教授可以独立指导博士生,让富有创造活力的青年教师指导优秀的青年学生,师生相互促进、共同成长。

在促进博士生交流方面，要努力突破学科领域的界限，注重搭建跨学科的平台。跨学科交流是激发博士生学术创造力的重要途径，博士生要努力提升在交叉学科领域开展科研工作的能力。清华大学于2014年创办了“微沙龙”平台，同学们可以通过微信平台随时发布学术话题，寻觅学术伙伴。3年来，博士生参与和发起“微沙龙”12 000多场，参与博士生达38 000多人次。“微沙龙”促进了不同学科学生之间的思想碰撞，激发了同学们的学术志趣。清华于2002年创办了博士生论坛，论坛由同学自己组织，师生共同参与。博士生论坛持续举办了500期，开展了18 000多场学术报告，切实起到了师生互动、教学相长、学科交融、促进交流的作用。学校积极资助博士生到世界一流大学开展交流与合作研究，超过60%的博士生有海外访学经历。清华于2011年设立了发展中国家博士生项目，鼓励学生到发展中国家亲身体验和调研，在全球化背景下研究发展中国家的各类问题。

在博士学位评定方面，权力要进一步下放，学术判断应该由各领域的学者来负责。院系二级学术单位应该在评定博士论文水平上拥有更多的权力，也应担负更多的责任。清华大学从2015年开始把学位论文的评审职责授权给各学位评定分委员会，学位论文质量和学位评审过程主要由各学位分委员会进行把关，校学位委员会负责学位管理整体工作，负责制度建设和争议事项处理。

全面提高人才培养能力是建设世界一流大学的核心。博士生培养质量的提升是大学办学质量提升的重要标志。我们要高度重视、充分发挥博士生教育的战略性、引领性作用，面向世界、勇于进取，树立自信、保持特色，不断推动一流大学的人才培养迈向新的高度。

邱勇

清华大学校长

2017年12月

丛书序二

以学术型人才培养为主的博士生教育，肩负着培养具有国际竞争力的高层次学术创新人才的重任，是国家发展战略的重要组成部分，是清华大学人才培养的重中之重。

作为首批设立研究生院的高校，清华大学自20世纪80年代初开始，立足国家和社会需要，结合校内实际情况，不断推动博士生教育改革。为了提供适宜博士生成长的学术环境，我校一方面不断地营造浓厚的学术氛围，一方面大力推动培养模式创新探索。我校从多年前就已开始运行一系列博士生培养专项基金和特色项目，激励博士生潜心学术、锐意创新，拓宽博十生的国际视野，倡导跨学科研究与交流，不断提升博士生培养质量。

博士生是最具创造力的学术研究新生力量，思维活跃，求真求实。他们在导师的指导下进入本领域研究前沿，汲取本领域最新的研究成果，拓宽人类的认知边界，不断取得创新性成果。这套优秀博士学位论文丛书，不仅是我校博士生研究工作前沿成果的体现，也是我校博士生学术精神传承和光大的体现。

这套丛书的每一篇论文均来自学校新近每年评选的校级优秀博士学位论文。为了鼓励创新，激励优秀的博士生脱颖而出，同时激励导师悉心指导，我校评选校级优秀博士学位论文已有20多年。评选出的优秀博士学位论文代表了我校各学科最优秀的博士学位论文的水平。为了传播优秀的博士学位论文成果，更好地推动学术交流与学科建设，促进博士生未来发展和成长，清华大学研究生院与清华大学出版社合做出版这些优秀的博士学位论文。

感谢清华大学出版社，悉心地为每位作者提供专业、细致的写作和出版指导，使这些博士论文以专著方式呈现在读者面前，促进了这些最新的优秀研究成果的快速广泛传播。相信本套丛书的出版可以为国内外各相关领域或交叉领域的在读研究生和科研人员提供有益的参考，为相关学科领域的发展和优秀科研成果的转化起到积极的推动作用。

感谢丛书作者的导师们。这些优秀的博士学位论文，从选题、研究到成文，离不开导师的精心指导。我校优秀的师生导学传统，成就了一项项优秀的研究成果，成就了一大批青年学者，也成就了清华的学术研究。感谢导师们为每篇论文精心撰写序言，帮助读者更好地理解论文。

感谢丛书的作者们。他们优秀的学术成果，连同鲜活的思想、创新的精神、严谨的学风，都为致力于学术研究的后来者树立了榜样。他们本着精益求精的精神，对论文进行了细致的修改完善，使之在具备科学性、前沿性的同时，更具系统性和可读性。

这套丛书涵盖清华众多学科，从论文的选题能够感受到作者们积极参与国家重大战略、社会发展问题、新兴产业创新等的研究热情，能够感受到作者们的国际视野和人文情怀。相信这些年轻作者们勇于承担学术创新重任的社会责任感能够感染和带动越来越多的博士生，将论文书写在祖国的大地上。

祝愿丛书的作者们、读者们和所有从事学术研究的同行们在未来的道路上坚持梦想，百折不挠！在服务国家、奉献社会和造福人类的事业中不断创新，做新时代的引领者。

相信每一位读者在阅读这一本本学术著作的时候，在汲取学术创新成果、享受学术之美的同时，能够将其中所蕴含的科学理性精神和学术奉献精神传播和发扬出去。

清华大学研究生院院长

2018年1月5日

导师序言(一)[①]

Dear Cathy,

I very much enjoyed your paper on Sen's Justice Theory Based on the Capability Approach. You present a very convincing analysis of the capability approach and its use for the theory of justice. You cover an excellent collection of territories and make the theory of justice under discussion emerge in both an attractive and telling way, as well as linking it to the general literature on the theory of justice.

If there is a critical issue that could have been more discussed, it is what you refer to towards the end of your paper as the "obvious injustices" that exist in society, which the Sen theory may not be able to handle adequately.

I am impressed by the sharpness of your presentation, as well as the ease with which you make your points and spell them out in a clearly understandable way. In general, your paper can be seen as an excellent contribution to the idea behind as well as the implications of the use of the capability approach for a theory of justice in the way that Sen has tried to do. You could have been somewhat more critical because of the lacuna in what Sen manages to cover, but you give us a good comprehension of the way Sen's theory proceeds and operates.

There would have been, I think, a case for paying more attention to Martha Nussbaum's critique of Sen's approach, which in fact, you have discussed elsewhere. So I don't regard it as a serious limitation that you don't go much in that direction in this particular paper, but, in general, there is a case for being more inclusive of serious departures that have

① 导师序言(一)为阿马蒂亚·森写给作者李娴静的一封邮件,本书全文收入,未作改动。

been competing with Sen's theory of justice, written at about the same time.

In parts of the paper, you refer to the need to overcome difficulties that are theoretical as well as related to the transcendental approach. These seem like important points, but the reader does not get, I think, enough on these particular concerns in what you have presented in the paper. Again, this is not a criticism of significance, since you cover an enormous area of contrasting as well as critical examination in what you have given us. But I note these small limitations in case you think about extending the paper more comprehensively in a future presentation. Altogether, this is an excellent contribution, certainly deserving the highest grade in doctoral research, and I am impressed and also proud of having worked with you on the subject.

So, congratulations, and my felicitations to you for what you have achieved in the short time you had here to produce a work of gravity and range.

I greatly look forward to remaining in touch with you for the work you will be doing in the future, and also that you will come back to us before long and continue the brilliant work of which you have established the foundations.

Warmest regards,

Amartya

导师序言(二):从制度正义到可行能力正义

摆在读者面前的是李娴静博士基于其同名博士学位论文修订充实后的新作,以我有限的学术了解,这部著作应该可以代表国内同一主题研究的最新成果,也是获得其研究对象阿马蒂亚·森先生亲自指导和确认的高水平研究成果。作为其博士论文的指导老师,我和其合作指导导师、哈佛大学道德哲学与经济学双聘讲席教授、1998 年诺贝尔经济学奖获得者森先生一道,有幸成为该作品最早的读者,亲自见证了她自始至终的成长过程。因此,当作者决定将之付印并要我为之一序时,我自觉责无旁贷,与有荣焉。

海内外学界几乎公认,1971 年初春,罗尔斯《正义论》一书的出版是欧美乃至全球哲学社会科学界的一个标志性事件,它的问世不仅标志着 20 世纪前叶、中叶盛行的分析哲学或理论哲学(theoretical philosophy)潮流的重大转向,即哈贝马斯所谓的从纯理论分析复归于"实践哲学"的"一次关键性扭转"(a crucial twist),而且事实上也从根本上影响了新近半个多世纪的哲学发展,在哲学史意义上,它所提出并引发的社会正义问题,使 20 世纪晚期至今半个多世纪的哲学致思,再现了古希腊中期亦即"古希腊城邦内部极盛时期"始终支配着苏格拉底、柏拉图、亚里士多德哲门三代的核心主题:作为人类政治共同体的国家(社会)的正义秩序,以及与之相应的公民(个体)的正义美德如何可能,且如何持久可能。

罗尔斯提出并努力证成的正义理论,最初是基于社会普遍道义论或直接以替代西方近代以降一直占居社会主流意识形态地位的功利主义强势价值目的论为理论目标的社会制度正义,或曰,一种基于普遍理性主义的社会正义秩序伦理[《正义论》(1971)];而后,在谨慎应对来自现代西方新自由主义内部和外部诸多挑战的基础上,罗尔斯重新确认并努力辩护其正义理论,是一种基于"公平正义"(justice as fairness)这一核心理念而证成的关于制度正义的"政治自由主义"或"宪政民主"之政治哲学,而非任何形式的"形而上学”的道德哲学[《政治自由主义》(1993)][①]；最终，晚年的罗尔斯为了突破——同时也是为了积极回应——其正义理论的某种“地缘局限”(森将之形容为“地方性”或“区域性”的视域封闭，local horizon)，将其扩展到全人类“万民世界”(the world of peoples)，进而提出并论证其基于理性普遍主义的“万民正义法”(the law of peoples)或国际政治正义[《万民法》(1999)][②]。

有关罗尔斯正义理论的研究已然形成中外学界的“罗尔斯产业”(Rawls' industry)，长盛不衰。罗尔斯所开启的社会正义主题研究更是方兴未艾，其中最为凸现且更有意义的是，如何不仅从理论上而且在社会实践中，进一步推进或改进罗尔斯的正义理论？近几十年的学术图景表明，关于罗尔斯正义论的学术研究甚多，而能够推进或发展罗尔斯正义论的理论创新则相对较少，学界对后者的关注与讨论更是相对不足。事实上，无论是从实践哲学本身而言，还是从我们所处时代及其真实处境而论，关注并推进社会正义问题的理论研究与实践改善才是更为紧迫的工作。有鉴于此，我拟从如下问题展开讨论：(1)罗尔斯提出并建构的正义理论为何产生如此重大的学术效应和社会效应，易言之，罗尔斯正义理论的独特贡献究竟何在？(2)罗尔斯正义论的最大“软肋”或“不满”何在？是谁且在多大程度上推进或改进了罗尔斯所提出的现代正义理论？具言之，我们将选择罗尔斯的哈佛哲学系同事和“道友”阿马蒂亚·森先生基于其“可行能力进路”的“现实主义正义论”作为其理论镜像，阐释现代社会正义理论的新的发展方向与改善潜力。

通过改进甚或重新设计欧洲近代社会契约论的论证方法，罗尔斯在其《正义论》一书中建构起一套相当完整的正义论。该书由“理论”“制度”“目的”三部分构成，每一部分内含三章。第一部分的中心论题是，通过反省和批判功利主义传统“目的论”和直觉主义等理论进路的社会伦理学或政治哲学主张，更新(renewing)甚或重铸(recasting)一种新的社会契约论方法，借此提出并证明两个基本正义原则(原理)。第二部分的中心论题是从社会基本制度(或“社会基本结构”)，尤其是从宪政民主的制度安排、对社会“基本

---

① 详见[美]约翰·罗尔斯：《政治自由主义》(增订版)，万俊人译. 南京：译林出版社，2011年，“导论”部分，尤其是第 2-5 页。(Cf. John Rawls, *Political Liberalism*, revised edition, New York: Columbia University Press, 2005, pp. xv-xviii.)

② Cf. John Rawls, *The Law of Peoples*, *with “the Idea of Public Reason Revisited”*, Cambridge, Mass., London, England, 1999.

善(品)"(primary goods)的正义分配等层面,讨论正义两原则的社会应用。第三部分的中心论题则是围绕正义社会和正义公民之"目的",探讨公民认同并践行正义基本原则的一般条件及其道德心理学基础,也就是,每一个公民所具有的有关"好(善)生活计划"(plans of good life)或"善观念"(the conception of good/goodness)和有关正义社会(秩序)的"正义感"(the sense of justice)之于公民接受、认同和践行正义原则的根本意义。全部正义理论的核心主题是,基于"作为公平的正义"之核心理念而提出并证成社会制度正义安排所依据的两个正义原则,其最初表述为:

第一个原则:每个人对与其他人所拥有的最广泛的平等基本自由体系相容的类似自由体系都应有一种平等的权利。

第二个原则:社会和经济的不平等应这样安排,使它们:(1)被合理地期望适合于每一个人的利益;并且(2)依系于地位和职务向所有人开放。①

经过周致的论证之后,罗尔斯给出了两个正义原则之"最后陈述":

第一个原则:每个人对与所有人所拥有的最广泛平等的基本自由体系相容的类似自由体系都应有一种平等的权利。

第二个原则:社会和经济的不平等应这样安排,使它们:(1)在与正义的储存原则一致的情况下,适合于最少受惠者的最大利益;并且(2)依系于在机会公平平等的条件下职务和地位向所有人开放。②

简明述之:第一个正义原则即最大限度或最可普遍化的平等的自由原则,它适合于"所有人";第二个正义原则分为两个部分:其一是"差别原则",即在社会和经济实际不平等的情况下,社会制度的安排或"调整"(重新安排或重新分配)应最有利于处于社会最不利地位者,也就是说,制度安排应取最有利于"社会弱者"的价值偏向;其二是机会均等。③显而易见,作为罗尔斯正义论之核心要义的正义两原则(原理)富有创新意义的地方,主要在其第二个正义原则的第一部分,即罗尔斯所谓的"差异原则"。如果说,罗尔斯的第一个正义原则和第二个原则的第二部分之理论贡献,主要在于他所提供的理论论证方法及其论证的严谨完备性,亦即他对西方传统社会契

---

① [美]约翰·罗尔斯:《正义论》(修订版),何怀宏、何包钢、廖申白译.北京:中国社会科学出版社,2009年,第47页。(因引文有格式、标点符号、个别文字的变动,读者可参看中、英两种文字版本,其英文版为:John Rawls, *A Theory of Justice*, Cambridge, Mass., Harvard University Press,1971, p. 53. 以下只用括号标示英文原版的页码。)

② 同上书,第237页。(英文版,p. 266.)

③ 关于两个正义原则的简明陈述,可参见上书,第97页等处。(英文版,p. 107 and so on.)

约论的改进和证成；那么，他所提出并证成的第二个正义原则之第一部分也就是“差异原则”，才是其独特的理论贡献，也是其正义论产生巨大而持久社会实际影响的奥秘所在。事实上，人们不难发现，罗尔斯正义论提出以后之所以对20世纪晚期以降的欧美福利资本主义直接或间接地产生深远而广泛的影响，并同时扩及现代西方经济学、政治学、社会学、伦理学和政治哲学等诸多人文社会科学领域，主要原因也正在于此。

具体来说，罗尔斯的第一个正义原则即“最广泛的平等自由原则”，是西方近代以来历代自由主义政治思想家和政治哲学家一直坚持并不断强化其论证的核心价值理念，尽管人们发现，在自由与平等之间仍然存在某些难以克服的内在张力，诸如，自由与平等何者优先，如何协调平等所内含的道义要求与自由所内含的权利要求之间可能产生的各种冲突，等等。但是，承认并确保每一个人都享有平等的自由已然成为一种普遍而坚定的现代社会信念，而且近代以来数百年的理论论证也益发充分完整，即使是罗尔斯本人反对的功利主义，也通过其“最大多数人的最大幸福”原则，为平等自由的“最大(最普遍)化”(maximization)提供了一整套相当圆融且易为普罗大众所接受的理论论证。而对于罗尔斯的第二个正义原则之第二部分，即所谓“机会均等”——罗尔斯的陈述是“依系于在机会公平平等的条件下[所有]职务和地位向所有人开放”——更近乎老调重弹，因为它并未对自由主义历来宣称的“机会均等”信条增添更多新的内容，而实际上，这一信条是自由主义基本政治主张中最需要论证和改进的，一个显见的原因是，若无社会实际条件的改善和充分供给，在工作“职位”或劳动“岗位”作为基本资源的“机会”始终处于短缺甚或稀缺的前提下，所谓“机会均等”最多只能是一种道德吁求，而非实质性的可普遍兑现的工作机会或劳动机会。

真正具有极强现实针对性和实际意义的，是罗尔斯正义论所提出并论证的“差异原则”，也就是其第二个正义原则的第一部分。该原则规定：面对社会和经济的不平等现实，一个公平正义的社会应该做出有差别的、“最有利于[实际上是]最少受惠者”的制度安排或制度调整，以使社会最弱势的群体从该制度安排或制度调整中获得最大利好。显然，这一主张有违于正义的第一原则，甚至有违于正义第二原则的第二部分即“机会均等”的基本要求，虽然它符合且较为充分地体现了罗尔斯基于普遍理性主义推理所辩证的普遍主义社会道义论诉求或价值偏向。罗尔斯的基本理由是，一个自由平等的民主国家应该是一个最接近“公平正义”理想的国家，而公平正义的普遍原则不仅不能忽视或者至少不能被允许忽视哪怕是极少数人的公平正义诉求，而且还应该尽可能地兼顾“每一个人”或“所有人”的公平诉求，因之需要通过社会基本结构的调整和社会基本制度的设计、安排或重新安排，来确保那些“处于社会最不利地位的人”免于不公平的社会遭遇，无论他们是因为某些先天偶然或自然的原因(如，天赋能力不足或偶然不幸)，还是因为某些后天产生并积累而成的社会原因(如，道德不幸或行为失败)而不得不承受这些社会不公平遭遇。

毋庸讳言，罗尔斯的“差异原则”主张是老自由主义——更遑论激进自由主义——极少关注的，也可以说，如何解决或降低因开放的自由(市场)竞争所必然导致的多寡/贫富差异，尤其是因之而出现的日益扩大的社会两极分化，始终是西方自由民主国家的一个“软肋”。因此，罗尔斯的“差异原则”客观上正视且较为理性地回应了欧美资本主义社会，尤其是“放任型”的市场经济之自发竞争所面临的社会和经济之不平等所带来的严峻挑战：面对无约束的自由竞争及其所必然导致的社会(资源)分配不公、社会差别不断加大以致出现严重的社会两极分化，因之引发日益严重的社会矛盾和冲突，自诩始终确信并坚定捍卫自由平等与民主理想的国家，该如何降低乃至化解这些社会矛盾和社会冲突，以确保自由民主社会的长治久安？①

应该说，“差异原则”构成了罗尔斯正义理论最具现实价值和理论创新意义的亮点，也是他对西方新自由主义的最大贡献，在某种意义上甚至可以说，这也是他被公认为现代新自由主义哲学领袖的主要原因之所在。罗尔斯的理论方式是综合性和调和性的，一方面，他广泛吸收了现代制度经济学和现代社会心理学的最新成果，使其正义理论极具亚里士多德式的古典政治哲学和伦理学的“反思平衡”特征；另一方面，尽管他明确反对在欧美盛行既久的古典功利主义“最大化”(maxization)之价值目的论，但仍然以另一种方式保留了功利主义“最大化”所蕴涵的普遍理性主义追求，只不过是将之从“目的(结果)最大化”的价值目的论挪移到“最低之最大化”(mini-maximization)的社会道义论基础上来。罗尔斯的“最低”是一种现代文明社会所公认的“体面”，一种社会公义的“底线”；其“最低之最大化”实质，在于社会公平正义的“底线伦理(道义)”原则，在罗尔斯看来，这一原则立场是任何一个“自由民主社会”不可退让的道义底线。幸运的是，罗尔斯发明和

---

① 事实上，这一问题也是罗尔斯始终关注并在其第二部代表作《政治自由主义》一书中视为中心主题的问题之一。例如，在该书的导论中，他就明确指出：“……对于政治哲学来说，稳定性问题至关重要，而一种不一致性必定要求基本性的调整。”(是书，中译本，第4页)

主张的底线普遍化道义原则亦即社会制度化的公平正义主张，很快在欧美国家产生积极影响，社会福利政策的加速安排、社会医疗保健制度的加速建立和不断健全，甚至包括最低工资制、累计税制、社会特困救济制等新型社会经济福利的制度安排、调整、创新和健全，都集中体现了“差异原则”所引导的“最低之最大化”的社会普遍公平正义的价值导向，客观上使得绝大多数欧美国家的社会福利和公平分配得到了明显改善，显见的例证是，“二战”后日益加大的社会贫富差别得到明显缩小，衡量社会各阶层贫富差异程度的“吉尼系数”(Gini Coefficient Index)明显降低。人们当然不能将这些社会改进都归功于罗尔斯的正义理论，但后者的理论启示和实际影响确实是最为重要且最为广泛的，了解这一点，也就不难理解为什么英国前首相玛格丽特·撒切尔夫人把罗尔斯尊称为自己的思想导师了。

如果人们熟悉近代以降欧美社会长期奉行的“丛林法则”，就不难承认罗尔斯“差异原则”所蕴涵的“一种关键性扭转”的重大社会意义：仅仅基于“丛林法则”的自由竞争本质上不过是一种原始自发的“社会达尔文主义”竞争，其结果必然是“优胜劣败”局面下，少数人获胜甚至大胜、多数人失败，其中一些人还会惨败以至于被淘汰出局，成为马克思曾经描述过的“一无所有”的“无产者”。易言之，“丛林法则”支配下的自由和自由竞争必然且只能如美国现任国务卿布林肯在今年 2 月 17 日慕尼黑安全会议(简称“慕安会”)上所明言的，在现代国际体系中，“如果你没有坐在餐桌上，那么你就会出现在菜单中”。这意思是说，在现代社会所奉行的“丛林法则”里，只存在“要么你吃掉别人，要么你被别人吃掉”这样二者必居其一式的抉择。然而，在罗尔斯看来，这是一个“自由民主社会”所不应该出现的，也是其社会道义所不允许的。“差异原则”否证了“丛林法则”无约束无限度的社会达尔文主义逻辑，欲以一种尽可能普遍适用的社会公平正义原则取代过于粗陋的“丛林法则”，以矫正老式极端自由主义“放任自由”的任性及其非正义甚至反正义的社会后果。

罗尔斯的这一理论矫正具有毋庸置疑的重要意义：他不仅从理论上纠正了西方传统自由主义的极化偏颇，也实际启发和引导了 20 世纪 70 年代中后期以降欧美“福利资本主义”的社会改进，正是这一社会改进带来了欧美经济社会近半个世纪的稳定与发展。殊为可惜的是，罗尔斯没有能够将其“差异原则”理论拓展延伸到国际政治语境，反而明确地将之限定在“自由民主社会”的标签范畴之内。在其晚年出版的最后一部代表性著作《万民法》(*The Law of Peoples*, 1999)中，尽管他力图将其正义理论从“自由民主社会”(liberal democratic societies，或曰“自由民主国家”)延展到“世界社会”(a world society)，但他不仅将“自由民主社会”与“非自由民主社会”之间的政治属性区分，同时看作正义理论不可逾越的差别性应用标准；而且，按照其“自由民主社会”的政治标准，将不同国家或社会划分为“自由民主社会”、“体面的等级制社会”(decent hierarchical societies)、“仁慈的绝对主义社会”(benevolent absolutisms)、“法外国家”(outlaw states)和不发达的或“负担沉重的社会”(burdened societies)五种类型，并明确主张“自由民主社会”之于所有“非自由民主社会”的正义优先性(权)，这造成他拒绝将“差异原则”扩展应用于所有“非自由民主社会”，最终使得其“差异原则”仅仅局限于“自由民主国家”的政治范畴之内，一俟扩及国际政治领域，便不可避免地显露其政治歧视和价值偏见。①

显然，罗尔斯的正义理论既为20世纪晚期的西方伦理学暨政治哲学贡献了足以堪称实践哲学，乃至社会实际改进之划时代、标志性的转向动力和发展动能，又提出并引发了足以牵动整个哲学和人文社会科学进展的具有时代标志性的新课题和新挑战。事实上，罗尔斯的正义三部曲，即《正义论》《政治自由主义》《万民法》，问世之后，几乎都具有石破天惊之力，在产生广泛而深刻影响的同时，也极大地促进了欧美乃至整个国际人文社会科学界对社会正义这一古老而常新的课题展开具有时代开拓创新性的研究；而且，这种开拓和推进始终是在十分复杂的批评反省中渐次展开的，丰富的创新性理论成果更是令人瞩目。其中，罗尔斯的哈佛哲学系同事和朋友、1998年诺贝尔经济学奖获得者阿马蒂亚·森教授的理论推进别开生面，即使不是最让人印象深刻的，也一定是最富理论创新和思想能量的正义新论之一。

罗尔斯的正义理论问世后，最初引来的批评和质疑主要来自两个方面：其一是来自现代自由主义“家族内部”左和右的批评；其二是来自自由主义阵营以外的批评。而无论是来自何处或以何种方式发出的批评，都直接或间接、或多或少地推进了现代正义理论的改进和建构，构成了一个十分值得关注的思想史和哲学史现象。

来自自由主义阵营以外的批评，主要是共和主义政治哲学和共同体主义或社群主义美德伦理学：前者如桑德尔，后者如麦金泰尔。桑德尔批评

① 罗尔斯在《万民法》“导论”中写道：“《正义论》和《政治自由主义》都尝试谈论一个自由的社会如何可能。《万民法》则希望谈谈一个自由而体面之民族的世界社会如何可能。”John Rawls, *The Law of Peoples*, *with "The Idea of Public Reason Revisited"*, Cambridge, Massachusetts & London, England, Harvard University Press, 1999, p. 6., And also Part Ⅰ, especially chapters. 2-4.

说，罗尔斯基于一种“无约束自由个人”的权利诉求，忽略了人际和群体的“共同善”，甚至无视文化多元论的现实，很难证成其普遍理性主义的正义主张。[①]而麦金泰尔则含蓄而深刻地指出：“然而，在美德与法则之间还有另一种关键性的链接：唯有那些拥有正义美德的人，才可能知道如何去运用[正义的]法则。”[②]换言之，在麦金泰尔和多数美德伦理学家看来，培养公民的正义美德要比建构某种康德式的普遍理性主义正义法则或者罗尔斯式的正义制度更为重要，更为关键，更为优先紧迫。

来自自由主义阵营内部的批评又分为两类：一类是激进自由主义的批评，其典型代表是罗尔斯的哈佛哲学同事罗伯特·诺齐克（Robert Nozick）；另一类是温和自由主义的批评，如阿马蒂亚·森和玛莎·努斯鲍姆(Martha C. Nussbaum)等人。前者坚决捍卫自由主义的根本信条——个人权利神圣不可侵犯，抱怨罗尔斯的正义理论，尤其是其差异原则动摇了自由主义的根基，借助社会基本制度的重新安排达成公平正义的重新分配，虽然具有某种社会道义理由，但却缺乏充分正当合法的政治根据，因为通过制度安排和调整来实现社会权利与义务的重新分配，必然导致对部分个人的自由权利既不正当又不合法的剥夺，因而必然存在悖离自由民主社会之根本信条的危险。在诺齐克看来，任何出于公平正义的道义理由所做出的“重新分配”，都不能违悖“个人自由权利神圣不可侵犯”的根本原则，任何社会制度性的校正或调整都必须遵循“校正正义”原则，那就是，除非基于自由权利主体的自愿，否则，任何社会干预或人为强制的“权利转让”或义务重分都不符合“校正正义”原则，因之不得以任何理由——包括道义的或道德的、政治的或非政治的理由——实施所谓社会的“重新分配”和制度的“重新安排”。国家和政府只不过是“自然秩序”和社会生活秩序的“看守者”或“守夜人”，而非社会制度的操弄者、控股人，更不是、也不应该是社会制度的代理者和垄断者。[③]

诺齐克的批评可谓立场鲜明，观点直接，代表了现代欧美激进（彻底）自由主义的政治立场，但从政治哲学上看，与其说它代表了传统自由主义对罗

① 详见[美]迈克尔·桑德尔：《自由主义与正义的局限》，“导论”和第四两部分。万俊人、唐文明、张之锋、殷迈译. 南京：译林出版社，2001年。

② Alasdair MacIntyre, *After Virtue: A Study in Moral Theory*, Notre Dame, Indiana: University of Notre Dame Press, 1981, p. 152.

③ Cf. Robert Nozick, *Anarchy, State and Utopia*, especially part Ⅱ: "Beyond the Minimal State?", New York: Basic Books, Inc., Publishers, 1974.

尔斯所代表的温和调和型新自由主义的强烈不满,毋宁说是传统自由主义政治主张的重申,其理论本身并没有提供更多的新理念新见解。与其形成鲜明对照的,是罗尔斯的另一位哈佛哲学同事阿马蒂亚·森,他对罗尔斯正义理论的批评不仅富有洞见,而且在许多方面或问题上弥补了罗尔斯正义论的诸多不足,甚或矫正了罗尔斯正义论的偏差,从而也在整体上大大推进了当代正义理论研究,使其更加充分和完善。

约略来说,森对罗尔斯正义理论的批评和改进主要体现在三个方面。

其一,森从哲学方法论意义上对罗尔斯的正义论的前置论证,亦即罗尔斯借以证成正义基本原则的所谓新社会契约论,提出了尖锐的批评,认为罗尔斯改进后的社会契约论仍然不过是一种精致化的"先验制度主义"(transcendental institutionalism),因为罗尔斯对诸如"原初状态"(original position)、"无知之幕"(veil of ignorance)和"互无利益关涉"(mutual disinterestedness,一译"相互冷漠")社会心理机制等的理论预制,都是预先人为设想的、想象性的,甚至是虚构的。因之,由此设想和推导出来的正义的两个基本原则最多也只能是先验制度主义的副产品,这不仅有违罗尔斯自己所宣称的其正义论是"现实主义而非乌托邦的"(realistic not utopian)理论立场,也使其正义论的哲学基础非但并不牢固,反而极易受到冲击而发生根本性或基础性的理论动摇。在森看来,社会正义问题本质上不是一个理论问题,而是实实在在的社会生活问题,直接而具体地体现为一些国家和地区的一些人(尤其是老弱病残者)的不公平非正义的实际生活现况。所以,森赞同罗尔斯对现代社会正义问题的诊断分析和重建呼吁,但不认同罗尔斯为正义论所设置的这种先验主义的制度预制或理论前提,主张直接从事实出发,从实际问题入手。

其二,森集中分析和批评了作为罗尔斯正义论之关键构件的"基本善"观念。森认为,无论是罗尔斯所设计和论证的"基本善"观念,还是他由此开出的社会"基本善"(primary goods)清单,都是值得怀疑的、不恰当的甚至是错误的。很显然,社会"基本善"清单是一种人为设计,究竟哪些东西应当被列入社会"基本善"清单?根据何在?生活在不同社会生活条件下的不同社会群体,必定有着不同甚或相互冲突的理解和概念,没有人或任何权威机构拥有开列并全权解释社会"基本善"清单的特权。实际上,即便社会"基本善"清单已然相当全面充分,也无法解决现实生活中的"人际差异"(interpersonal differences)问题,从理论概念上开列清单并厘清目录次序是一码事,解决不同人际、群际——更遑论国际——之间的差别待遇或不公平境况则是另一码事。更何况罗尔斯的“基本善”概念本身内含着难以克服的信息偏狭性，它不单无法公平全面地反映不同人际、群际的人们对社会基本善(品)的差异多样性理解，更是从一开始便预先限定了社会基本善的范围。事实上，正如许多批评者所正确指出的那样，当罗尔斯给处于“原初状态”中的人们套上“无知之幕”时，实际上也就同时剥夺了他们相互了解并进一步了解更多社会信息的权利，即令不是一种预谋的对公民自由权利的直接剥夺，至少也是一种具有明显人为干预特征的信息封锁，易言之，“原初状态”无异于“信息茧房”。这既违反了自由民主社会的基本政治准则，也极大地削弱了罗尔斯正义论的理论合理性和实践正当性。因此，罗尔斯的社会“基本善”观念同其先验制度主义前提预制一样，都内含封闭、程序化的缺陷，最多只适合于某些人[比如，某些“焦点团体”(focal group)，以罗尔斯所谓的“少数最不利者”为例]的某些时候的某些特殊情形。

其三，最为重要的是，森创造性地提出并证成了他独特的正义理论，并以此作为罗尔斯制度正义理论的改进甚或替代，这就是他所谓的基于“可行能力进路”(Capability Approach)的正义理论。森所谓的“可行能力”，是指个人所能实施并实现其功能性行动的能力集合。用他早期的通俗解释来说，就是“一个人有能力做一些基本的事”①。需要注意的是，森所说的这种个人能力，并非一般意义上的行动能力，而是指某种或某些能够发挥行动者个体自身行动功能或活动优势的“可行能力”，因此，它既与个人行动的功能性发挥(functioning)直接相关，因而是一种“发挥功能的可行能力”(capability to function)，又因之同时能够发挥个人的行动优势，而显示其特有的实现其实质性自由的能力。森论证并确信，基于可行能力的正义理论可以避免并克服罗尔斯正义论的诸多困境，因而不独具有相对于罗尔斯正义论更高的理论合理性，而且在实践上具有相对于后者更高的现实可行性和可操作性。

首先，基于可行能力进路所建立的正义理论，避免了罗尔斯“先验制度主义”的理论预制困境，诸如，前提假设、自我信息封闭、忽略人际差异实况、缺乏中立客观性等，把一种真正具有客观真实依据的社会正义理论，从某种无论多么精致的先验预制甚至是先验虚构之基础上，移置到一种既可以比较分析人际实际差异现况又能基于客观现实且保持中立开放的“比较现实

① Amartya Sen, Equality of What, In: *Contemporary Political Philosophy: An Anthology*, ed. by Robert E. Goodin & Philip Pettit, Oxford, UK: Blackwell Publishers Ltd. Press, p. 484.

主义”(comparative realism)之政治经济学暨政治哲学—伦理学基础之上。如前备述，在森看来，罗尔斯既想超越老式的形而上学约束，建构一种“非形而上学的现实主义的”正义之政治哲学或社会伦理学，又不想放弃其社会契约论——哪怕是改进过的、相较于传统社会契约论来说更为精致完备的新社会契约论——的前提预制或理论预设，这是不可能的。也许，罗尔斯所说的、我们“不得不从某个地方开始”(have to start from somewhere)是对的，但这并不意味着我们必须从某种先验预设的“原初状态”开始，任何基于“先验制度主义”预设的正义理论都无法真实反映、更无法实际解决社会现实生活中的非/不正义和反正义问题。要摆脱这一困境，必须从现实的实际问题开始，基于现实的“人际差异比较”，发现并科学分析导致这些人际差异的原因，寻求尽可能客观、开放、有效的解决方式。

其次，与罗尔斯的正义论乃至整个传统自由主义不同，基于可行能力进路的正义理论不仅可以解除罗尔斯“基本善”清单所内含的“信息封闭”或“信息约束”，确立一种客观开放的观察立场，同时兼顾罗尔斯“差异原则”所寻求的实现社会公平之福利关切，而且还可以突破包括罗尔斯或诺齐克在内的左、中、右诸种倾向的自由主义者所共同面临的一个长期存在的难题，即机会均等如何才能得到真正落实，而不仅仅是一个形式化的或教条式的自由主义道德说辞？在罗尔斯这里，机会均等，即罗尔斯所说的“依系于在机会公平平等的条件下职务和地位向所有人开放”，同惠顾“最少数最不利者”的差异原则一起，构成其“第二个正义原则”的全部内容。然则，从近代自由主义思想家(如，洛克、卢梭等)到罗尔斯，除了行文表述更为细致精确之外，并未对“机会均等”提供更为合理有力的证明。正因为如此，所谓机会均等始终只是一种等待兑现的支票，而且还只是一种完全取决于各种社会条件担保而又始终难以实现——更不用说充分实现了——的只有“信用额度”而无“信用担保”的信用预支。因为事实足够明显以至于无需任何明证：机会，尤其是工作就业机会无疑是所有社会资源中最富恒久价值的珍稀资源，它永远是不足的，甚至时常是紧缺的，否则，所谓“机会”之说本身就无法成立。因此，在机会始终紧缺的情形下，说“机会均等”最多只是一种道德吁求而非实际价值。譬如说，人们所熟悉的“人才市场”似乎总是雇佣方的买方市场而非就业求职者的卖方市场，也就是说，真正能够获得就业机会——姑且不谈所谓理想就业的机会——的求职者，总是部分甚至只是少数具有特别品格和才能的人。机会背后隐藏的奥秘是，比机会均等更为重要、更为实际也更难获得的，是每一个求职者实现均等机会的能力。易言之，行为主体的行动能力远比行动机会更加重要，也更难获取。正是在此意义上，我们不难看出，森的基于可行能力进路的正义理论，不仅明显优于罗尔斯第二个正义原则的第二部分，而且确乎凭借其比较现实主义的方法，在很大程度上解决了罗尔斯和传统自由主义一直未能解决的“机会均等”难题，大大推进了自由主义正义哲学的基础理论完善。

最后，森特别指出，基于可行能力进路的正义理论借鉴了亚当·斯密早在其《道德情操论》中所提出的“公正观察者”(impartial observer)概念和他在《国富论》中所倡导的“开放市场”(open market)概念，指正了罗尔斯正义论因其前提预设而缺乏客观中立性，同时又因其局囿于“焦点团体”(the focal group)而带有“地域性限制”等理论局限，强调从个人实际可发挥作用的(functioning)可行能力之人际比较出发，则完全可以超越这些局限，从而成就既客观公正又开放普遍的正义目标，避免“焦点团体”主义和“地域主义”的理论偏颇。

不难看出，在现当代诸多正义新论中，森的基于能力进路的正义理论不仅揭櫫了罗尔斯正义论最薄弱的理论“软肋”，诸如，前提预制的“先验制度主义”风险、“基本善”清单的缺陷和“差异原则”的“焦点团体”主义和“地域主义”局限，等等，不啻迄今为止最为全面而深刻的罗尔斯正义论会诊；而且也是对罗尔斯正义论病症最好的医疗，堪称迄今最具理论创新性的、具有自身独特理论贡献的新型正义理论。限于篇幅，更限于我的学识和理解，前所备述最多只是一种素描甚或草图式的简介，读者若想洞观其幽，可仔细阅读李娴静博士的这部新作，这本书应该是最好的入门书了。

李娴静同学进清华大学深造之前，曾在中山大学哲学系获哲学学士和哲学硕士学位，尔后又在大型企业从事商业经营管理多年，有了相当的学术积累和实践经验。所以，入门伊始她已然有了较为成熟的科研学习设想，表达了从事某种跨哲学伦理学与现代经济学的研究意向。她的这一设想是合理可期的，更何况跨学科研究正是眼下的学术大势，而她自身的学习背景和工作经验也足以支持她的这一学术研究设想。我一向尊重学生的学术自由，在满足学校相关规定之外，无论选课还是选题，我都以学生的学术自主选择为优先考量，并尽心尽力帮助他们达成自己的学业目标。除非他们主动提出要求，我是不会让他们去做“命题作文”的。我自己的求学经历和我所了解的学界情况都让我确信，尊重学生的自主探究，才是让他们最大限度地发挥自身学习潜能并享受学术劳作之快乐的不二法门。当然，这并不意味着作为导师的我可以因此而卸脱自己应当承担的职责，毋宁说，重“散养”甚至“放任”的授业方式实际上给授业者更多的挑战和压力。比如说，你必须根据学生的专业方向选择调整自己的指导方式，更难的是，你必须做好相应的学术准备，学习自己所不熟悉或尚未学习到的新学科新领域新知识，充实自己的学识，否则就无法承诺自己的“指导”职责，更遑论为人之师。然则，一个人的学术储备和学习能力终究是有限的，不可能以一己之力应付诸多不断改变的学术需求。好在我素有自知之明，总算是能够找到一些方法来弥补自己学识能力的不足。比如说，我感谢如今高校所倡导的“国际联合培养”或“校际联合指导”的人才培养模式，它在很大程度上可以帮助高校的导师群体协同合作，互补互进，极大地提升各自的专业指导能力。

也就是在上述大背景下，几乎是从娴静同学入学之初，我便建议和鼓励她选择一个足以显示现代经济学与哲学伦理学之交叉品格的研究方向，并在此基础上确定其学位论文选题。几经商榷，我们最终将关注点聚焦在阿马蒂亚·森先生身上，且一致确定，选择森基于可行能力进路的正义新论作为主攻方向不失为一种“最优选择”。森在大众乃至学界的主流印象是经济学名家大师，这不单是因为他的主要代表作大都关乎经济主题，特别是经济合理选择和福利经济学问题，而且更重要的还因为森先生是1998年诺贝尔经济学奖的获得者。这一巨大崇高的学术荣耀造成的“经济学名家大师”印象是极其自然的，但事实上，森是哈佛大学道德哲学与经济学的双聘讲席教授，而且是以道德哲学讲席为主，所以他的课程教学、学生培养乃至日常办公多在哈佛哲学系。我有幸较早拜识森先生。记得1993年深秋的某日，我跟随罗尔斯教授访学不久，因我们很快谈妥了《政治自由主义》一书的翻译和版权购买事宜，罗尔斯先生心情大好，问我：“万，你想结识森教授么？他是我们的‘道友’，现在就在我隔壁的办公室里。”我自然是高兴地回答：“当然，我读过他和威廉斯合编的《功利主义及其超越》①。”随后，罗尔斯把我引荐给森。所聊的内容大都模糊了，只记得森夸奖了一番中国的经济改革，说他到过香港、上海、北京等地，希望有机会再去中国，云云。

因为有罗尔斯的引荐和较为正式的拜识，更重要的是森先生自身成了李娴静的博士论文研究对象，所以我大胆地向森推荐了李娴静，希望他能接受我的邀请，担任娴静博士论文的联合指导导师，亲自指导娴静研究他的正义理论。感谢森的慷慨应允和哈佛哲学系的周全，让娴静终于得偿所愿！娴静的学研是刻苦认真的，得益于她良好的学业基础和勤奋，她很快便确定了博士学位论文的主题，并以充分扎实的准备先后顺利通过了开题、中期考

① Amartya Sen & Bernard Williams ed., *Utilitaranism and Beyond*, Cambridge, UK: Cambridge University Press, 1982.

核、预答辩等必修环节，并在博士学习第三年远赴哈佛哲学系研习森的正义论。更感谢森先生倾力倾心的指导和雅扶！原本娴静同学只得到国家留学基金的一年资助，但森先生却根据其研习进展，主动支持她再延期一年。森在给我的电子邮件中说，他觉得娴静在哈佛一年的学术研究和专业英语写作精进神速，已近胜境，若再有一年时间，便可大功告成。因此他建议娴静的哈佛进修再延长一年。有森的这种真诚支持，我自然是乐观其成，点赞支持。感谢现代先进的网络信息技术！两年期间，娴静同森和我可以通过面谈或电子邮件及视频交流，总能及时沟通汇合，这使得她的这篇博士论文写作过程十分顺利，写作与指导也都进行得十分充分，待归来清华，已然瓜熟蒂落，模样荦确浑然。

自然而然，娴静同学的博士论文和答辩都很成功，还被评选为清华大学优秀博士学位论文。更为幸运的是，森教授对这篇博士论文不仅评价极高，而且建议娴静博士进一步修缮翻译，以尽快在国外出版发行。所以，在娴静转入中国社会科学院哲学所继续其博士后研究时，森教授不顾九十岁的高龄和新冠疫情及中美关系紧张诸因素，再一次邀请她重返哈佛修订充实博士论文。现在，该论文又被推荐纳入清华大学优秀博士学位论文丛书在国内先期出版，确实是件值得特别庆贺的事。是书付印前，娴静博士请我为之一序，既为人师，礼所当然。抱歉的是，近期总是忙于案头积压，写作时断时续，难得一气呵成，几经反复，总算勉强成篇。对于娴静新著的学术鉴赏，我想还应该首先倾听森教授的评价才是，我的所论所述，最多只能作为我个人阅读的初步体会，供读者和作者参阅，如此抑或可以作为我们师生互学互进的备忘小记。当然，撰写此序也或多或少引发了我对相关问题的新思考，比如，关于当代正义问题的最新研究及其引发的新问题，尤其是森的正义新论所引发的新问题；关于欧美学界的正义论说与当代中国社会的正义问题；以及如何基于中国经验探究乃至推进有关正义问题的哲学伦理学研究；等等。坦率地说，森先生基于可行能力进路的正义理论给我思考这些问题提供了许多启发，借此机会，我也感谢森先生的理论创见和李娴静博士卓尔不凡的研究，从他们的研究中，我真的学到了很多。

且为序，犹望焉！

万俊人

公元 2024 年 3 月 9 日成稿于京郊悠斋

摘　要

正义是人类社会最关注的价值诉求之一。阿马蒂亚·森在对古典功利主义和当代罗尔斯等人的理论的质疑中，展开了对正义问题的研究。森认为，正义理论应当致力于减少现实生活中存在的明显的非正义，从人们可以过上的实际生活和享受的实质自由的角度来理解公正。可行能力是森理解正义问题的独特视角，也是其正义理论的研究进路。本书首先从可行能力进路的提出、功能性活动与可行能力、可行能力的适用性和有限性、可行能力在测评生活水平方面的应用、可行能力与平等几个方面探明阿马蒂亚·森本人对可行能力进路的发展，继而以森的可行能力进路为研究对象，评述该进路所面临的批判及玛莎·纳斯鲍姆等人对它的更新。

以可行能力进路为基础，森对罗尔斯以"基本善"为信息基础的正义观提出质疑。首先，森认为，"基本善"的内涵与特点注定了它无法解决人际差异性，具有信息基础的偏狭性。其次，罗尔斯对正义的研究所采用的是先验制度主义研究方法，而先验制度主义所选择的正义原则及其政治模型无法对现实中非正义问题的解决提供有效指导；先验主义方法本身并不能对各种使我们的社会变得更加公正的方案进行比较，对于令社会变得更加公正而言，先验制度主义既非必要条件又非充分条件；按照先验制度主义的要求，人们在做出公正判断的过程中根本不考虑任何焦点团体之外的观点，这种具有封闭性的判断具有程序上的偏狭性、焦点群体的可塑性与排他性。这些弊端在理论和实践层面都难以克服。

质疑并剖析了罗尔斯的正义论之后，森提出了以可行能力为进路的正义论。森的正义论采用比较现实主义的研究方法，以消除社会中存在的非正义为出发点，通过部分排序，发展各种比较标准以指导现实决策。该正义论以可行能力为信息基础，既能够顾及资源的重要性，又能够考虑对福祉的关切，还能兼顾对实质自由的高度关注。具有广度和敏感度的可行能力视角要求以开放的中立性作为正义研究的客观性要求，评价公正问题需要全人类的参与，正义的实现也需要突破地域性的概念，涵盖全人类。民主作为实现全球正义的途径，其实质是通过公共讨论，在多元的基础上寻找共有观念，达至全球范围的公共理性。而理性被视为一种合理审查的方法，人们可以按照不同的标准做出判断和选择，以社会选择理论为指导，通过公共讨论、理智的思考和批判性的审思，对不同个体的不同考量之相对重要性进行比较排序，在诸多备选方案之中做出理性的集体决策。

关键词：阿马蒂亚·森；约翰·罗尔斯；可行能力；正义

Abstract

Justice is one of the most concerned value appealing in the human society. Amartya Sen, in his questioning of the classic utilitarianism and the ideas of contemporaries such as Rawls, developed his own study of the issue of justice. He argues that the theory of justice should be dedicated to reducing obvious injustice in our real life, and that justice should be interpreted from the perspective of people's actual life and the substantive freedom that people can enjoy. Capability is the perspective from which Amartya Sen views the issue of justice and the approach with which he studies the theory of justice. This book first explores Sen's own development of the Capability Approach from aspects such as the proposition of the Capability Approach, functioning and capability, the suitability and limitation of capability, the application of capability in evaluating the standard of living, capability and equality, etc. Then, with Sen's Capability Approach as the study object, this book comments on the critique of this approach and its development by people such as Martha Nussbaum.

Based on the Capability Approach, Sen questioned Rawls's justice viewpoint, which was founded on the information basis of the "primary goods". First, Sen argues that due to the connotation and features, the "primary goods" cannot resolve interpersonal differences. It has informational parochialism. Second, Rawls's study of justice adopted the research method of transcendental institutionalism. The justice principles and political model selected by transcendental institutionalism cannot provide effective guidance on the resolving of injustice problems in reality. The transcendental approach cannot, on its own, address questions about comparing alternative proposals for having a more just society, thus the transcendental approach is neither a necessary condition nor a sufficient condition as far as making the society more just is concerned. As required by the transcendental approach, people out of the focal group would give no consideration to the viewpoints while making an impartial judgment, such closed judgment has procedural parochialism, plasticity and exclusiveness. These drawbacks are difficult to overcome theoretically and the transcendental approach has no practical significance or value in reality.

After refuting Rawls's justice theory, Sen proposed his own justice theory based on the Capability Approach. Sen's idea of justice adopted realization-focused methods, with the aim of reducing social injustice, and developed, through partial sequencing, various comparison criteria to guide actual decision-making. This justice theory, with capability as the information basis, not only covers the importance of resources but also addresses people's concern with well-being, as well as the focus on substantive freedom. To have a wide and sensitive capability perspective, we need to take open impartiality as an objective requirement in justice research. The evaluation of justice should involve all human beings, and the realization of justice should transcend regional concepts and cover all of the world. As an approach to realize global justice, democracy is essentially to find common ideas on the basis of differences and diversity through public discussion, so as to achieve public reasoning worldwide. Rationality is considered as a method of reasonable examination, with which people can make judgment and choices based on different criteria. Guided by the social choice theory, through public discussion, reasonable thinking, and critical deliberation, people can sort the different considerations of different individuals in the sequence of their relative importance and then make rational collective decisions from many alternative solutions.

Key words: Amartya Sen; John Rawls; Capability; Justice

目　录

第1章　引　　言

1.1　研究背景及文献综述

1.1.1　森的人生经历及其追寻正义的缘由

1933年11月3日，阿马蒂亚·森出生在印度的圣蒂尼克坦——印度国际大学所坐落的城市。森的外祖父希蒂·莫汉·森(Kshiti Mohan Sen)曾帮助泰戈尔建立了印度国际大学(萨克塞纳，2016：14)。1908年，泰戈尔还让森的外祖父担任圣蒂尼克坦梵行学院的院长。森在圣蒂尼克坦上完中学后，在加尔各答的管区学院就读本科。在管区学院期间，刚刚18岁的森罹患口腔癌，由于1952年的医疗技术非常有限，放射治疗的方法在当时的医疗实践中还没有被完全接受，森自己查阅了关于口腔癌的所有能搜集到的信息，他认为放射治疗是让自己康复的唯一希望，于是森尝试了并没有在医学实践中广泛推广的放射疗法。放射治疗让森在将近一年的时间里承受了极大的痛苦，但是最终挽救了他的生命。

在管区学院获得硕士学位后，森被剑桥大学三一学院录取，攻读第二个硕士学位，继而在剑桥大学三一学院读博，导师为琼·罗宾逊(Joan Robinson)教授。1956年，博士一年级的森认为这一年的研究工作已经足够支持他完成他的博士论文，于是决定后面两年回印度休息一段时间。回家后森受到孟加拉教育部部长特里古纳·森(Triguna Sen)的邀请，出任新成立的贾达普大学的经济系主任，于是，年仅23岁的森成了贾达普大学经济系的创始人之一。在这期间，阿马蒂亚·森开始学习哲学，他对逻辑学和认识论很感兴趣，并坚定地认为哲学与不平等、贫困和社会选择理论等他一直感兴趣的问题密切相关。1959年，森获得博士学位。毕业之后他在三一学院、麻省理工学院、斯坦福大学、加利福尼亚大学伯克利分校、哈佛大学和德里大学之间"频繁来往"；1965年，森返回祖国，任德里经济学院的院长，一直到1971年。1968年，他应邀到哈佛大学做一年的访问学者，就在这一年，森跟肯尼思·阿罗、约翰·罗尔斯同教一门课，两位学者的思辨与讨论深刻影响着森对平等、社会选择等问题的思考。1970 年，森的著作《集体选择与社会福利》出版并大获成功，这是他自己最满意的著作，新版本的《集体选择与社会福利》于 2017 年出版，这本书被森自评为“最喜欢的著作”①。1971 年，森离开印度来到伦敦政治经济学院，任经济学教授，直到 1977 年，他到牛津大学任政治经济学教授。在英国的这段时间里，森着力于研究性别平等的问题。1992 年，森在写给《英国医学杂志》(*British Medical Journal*)的文章中，用“消失的妇女”来指称那些由于漠视和性别歧视，因堕胎或生产后医疗条件缺乏或营养不足而没有存活下来的女性。阿马蒂亚·森被认为是性别平等研究领域的世界顶级专家。1998 年，65 岁的森带着全家离开伦敦来到波士顿，作为经济学和哲学教授，加盟哈佛大学至今。同年，森获得诺贝尔经济学奖。他用诺贝尔奖奖金建立了普拉提奇信托基金，用来资助西孟加拉邦和孟加拉国的女童教育。森身体力行地推动性别平等，推动社会正义，其一以贯之的信念是与其坐而论道，不如积极抗争，这种信念体现在他有关正义研究目的及研究途径的设计中。他提出可行能力进路，用可行能力的视角剖析生活水平、社会正义、社会发展等问题。2001 年，森和诺贝尔经济学奖获得者约瑟夫·E. 斯蒂格利茨一起在经济表现和社会进步测度委员会(2009)工作，该委员会由法国前总统尼古拉·萨科齐设立，“其目的在于将阿马蒂亚的某些理念付诸一个国家经济表现的实际测评中”(森、马斯金等，2016：3)。该委员会的成果之一是联合国发展计划署的人类发展指数②，现在这一指数已经成为有关社会发展问题的一种标准的评价方法，“阿马蒂亚在该指数的创造和发展过程中扮演了核心角色”(森、马斯金等，2016：4)。森始终相信，教学是通往知识的最可靠的道路，直到 2023 年，90 岁的阿马蒂亚·森依然在哈佛大学开课教书，这位高产的作家常说，永远不要在经过学生们的检验之前就出书。“阿马蒂亚”的意思是不朽，这个名字是泰戈尔起的，阿马蒂亚·森通过他优秀的作品实现了不朽，实现了泰戈尔对他的祝福与寄托。

森在课堂上曾提及他小时候的一件事，他十岁的时候正在家里的院子里踢足球，从前门进来一个肚子上流着血的人，那人血流不止的样子把森吓

---

① 2016 年感恩节，森曾邀请笔者与他的家人、好友共进晚餐，他说他最心爱的书修订完成，在原有基础上扩充了新的一章。第二天，森让秘书送给笔者一本修订版书稿的复印本，他称其为“投入了大量精力的、最喜欢的著作”。

② http://hdr.undp.org/en.

坏了，等森的父亲走近询问才知道，那是一个贫穷的穆斯林劳工，名字叫卡迪尔·米安(Kader Mian)，森和他的父亲送卡迪尔去医院的路上，知道卡迪尔在印度教徒和穆斯林有矛盾的时候冒着危险出来找工作，因为他的孩子们没有饭吃。他在老老实实干活的时候受害，并最终死去(抵达医院后医生没有把他救活)。为救自己孩子而死的卡迪尔给森留下了深刻的印象，森常常思考是什么样的经济压力让卡迪尔·米安付出了生命的代价。从那天起，贫困、饥饿的问题便常常伴随着森对卡迪尔的回忆萦绕在他的心头。1943 年，孟加拉发生了大饥荒，阿马蒂亚·森虽然出生在孟加拉精英阶层的知识分子家庭，没有经历过饥饿，但是街上倒毙的动物尸体和骨瘦如柴的人们寻找食物的样子深深触动了年幼的森。他说自己最大的困惑是"为什么突然间死了这么多人？他们是从哪里来的？我不认识他们中的任何人。跟所有饥荒一样，这场饥荒也是严格按照阶级划分的。是遭遇灭顶之灾还是丝毫不受影响，取决于你属于哪个人群、来自哪个阶级。300 万人死去了，而 90%～95%的孟加拉人的生活却一如既往"(萨克塞纳，2016：23)。阿马蒂亚·森的这些亲身经历，促使他选择了与贫困和弱势群体相关的问题作为自己终生的研究课题，以解答在他心里存在已久的疑问与困扰："怎么会有这么多人在经受深重的苦难和长期的饥饿，过着受剥夺而绝望的生活？为什么每年有数百万的无辜儿童死于缺乏食品、医疗或社会关怀？"(Sen，1999a：282)后来，森发现伦理学可以与经济学一起，帮助他回答有关非正义、不平等、贫困、剥夺、饥荒等问题。经过几十年的探究与思考，森对以上诸问题均有了不同程度的研究成果，他对饥荒的解释，揭示了食品短缺与政策之间的联系，排除了食物短缺的因素。他从可行能力视角对平等问题的阐释，超越了从效用域、商品域、资源域看待平等的局限性。平等、饥饿、贫困等问题都与社会正义相关。森对正义问题的探索，源于他的人生经历带给他的困惑，也得益于亚里士多德、亚当·斯密、卡尔·马克思、约翰·斯图亚特·穆勒、肯尼斯·阿罗、约翰·罗尔斯等思想家在正义的研究途径、客观性要求、践行方法等不同层面对他的启迪。相对于当代学术圈普遍争论的完美正义制度的设计问题，森更关注的问题是，应该怎样减少社会中普遍存在的非正义。本书循着森的问题，致力于阿马蒂亚·森可行能力和该进路下的正义理论研究。

1.1.2 研究意义

正义是人类社会最关注的价值诉求之一。1971 年，罗尔斯《正义论》的出版引起了学者们的广泛关注。1974年，诺齐克发表了《无政府、国家和乌托邦》，以“权利”批驳罗尔斯的“平等”，也在当代政治哲学界产生了重要的影响。罗尔斯与诺齐克的理论学说极大地影响了当代西方政治哲学的演进。出生于印度的经济学家和伦理学家阿马蒂亚·森在对古典功利主义思想家以及罗尔斯等人的思想比较中，展开了对正义问题的研究和探索。首先，他对罗尔斯的正义理论给出了极高的学术评价：“迄今为止，最有影响力、同时我相信也是20世纪最重要的正义理论是罗尔斯的‘作为公平的正义’理论。”(Sen，1995：75)在森看来，相比于只注重效用信息，漠视分配，忽略自由、权利等非效用信息，甚至遮蔽了剥夺现象的功利主义来说，罗尔斯的自由权优先更好地代表了公平要求，是20世纪最重要的正义理论。但是，森认为罗尔斯的理论也存在着明显的不足：“罗尔斯在对基本善赋予重要地位的同时忽略了这样的事实，那就是：由于个体特征的差异，或者物质和社会环境的影响，或者通过相对剥夺(当一个人的绝对优势取决于其相对于他人的位置时)，不同的人所拥有的可以将普通资源(如收入和财富)转化为可行能力——他们能或不能做到的事情——的机会也会有很大差异。”(Sen，2009：261)基于此，森从人们的实际生活与社会现实出发，提出了焕然一新的、以可行能力为进路的正义理念。可行能力视角能够反映人与人之间在各自所具有的优势上的差别，这种差别可以帮助我们认识到一个人真正的弱势之所在，从而有助于我们对其进行更为全面的政治和道德评价。

森的正义观致力于减少现实生活中存在的明显的非正义，他对社会弱势群体给予了极高的关注，被誉为“穷人的经济学家”。作为经济学家，森对人类发展投注了可贵的伦理关怀，他的思想，尤其是其对不平等、贫困和饥荒的研究，对当今现实社会产生了重大影响，比如，联合国的《人类发展报告》就是按照森的理论框架来设计的。森认为，公正最终与人们的生活方式相关，而并非仅仅与制度有关。可行能力进路就是从人们可以过上的实际生活和享受的自由之角度来理解公正。在森看来，可行能力方法既能够顾及功利主义对人类福祉的兴趣，又能够考虑自由主义对选择过程和行动自由的关切，还能兼顾罗尔斯理论对个人自由权、对实质自由所需资源的集中关注(Sen，1999a：86)。研究阿马蒂亚·森可行能力进路下的正义思想，具有重要的意义。从理论上来说，森将正义的信息基础由福利、资源等实际状态扩展到可行能力，将正义的关注焦点从制度设计拉回到生活实际，这种进路有助于拓展理论空间，丰富并深化正义问题研究；同时，有助于重新审视制度建构与现实的关联，指导人类发展实践，建设正义和谐社会。从现实情况来看，我国是发展中国家，正处于社会结构转型的关键时期，可行能力进路下的正义思想能够为我们全面构建社会主义和谐社会提供可资借鉴的评价指标,为我们重新思考正义问题提供更切合实际的路径支持。总之,在当前形势下,加强对阿马蒂亚·森可行能力进路下正义论的研究,具有重要的理论意义和现实意义。

1.1.3　国内研究文献综述

目前,国内外学者对罗尔斯的正义论的关注、研究较多,对森的正义理论关注、研究相对较少,我国学者对森的正义思想研究更为有限。本节将从两个方面梳理国内学者对森的正义思想的研究工作:(1)著作的译介;(2)思想的争鸣。迄今为止,被译为中文的森的专著主要有:《正义的理念》《以自由看待发展》《贫困与饥荒》《饥饿与公共行为》《理性与自由》《后果评价与实践理性》《伦理学与经济学》《资源、价值与发展》《集体选择与社会福利》《论经济不平等》《再论不平等》《论经济不平等　不平等之再考察》《惯于争鸣的印度人:印度人的历史文化与身份》《身份与暴力:命运的幻象》《商品与能力》。森与其他学者合著或者合编的有关可行能力进路下正义论的著作的中文译本主要有:《超越功利主义》《生活水平》《生活质量》《不确定的荣耀》《印度:经济发展与社会机会》《从增长到发展》《以人为本:全球化世界的发展伦理学》①《对我们生活的误测:为什么 GDP 增长不等于社会进步》《选择的悖论:阿罗不可能定理与社会选择的真相》。阿马蒂亚·森著述颇丰,被译为中文的森的文章(与可行能力进路下的正义论相关的文章)主要有:《如何评价全球主义》《我们的全球文明》《为什么恰恰承诺对于理性是重要的?》《论社会排斥》《能力、贫困和不平等:我们所面临的挑战》《什么样的平等?》《简论人类发展的分析路径》《有关全球化的十个问题》《民主价值观的普适性》《一种并非奢侈的价值观》《摆脱贫困还有望吗?》《经济行为与道德情感》等。

国内学术界对阿马蒂亚·森思想的阐述、梳理、比较、评价,多集中在经济学领域。有关阿马蒂亚·森正义思想的研究,我国学者从不同侧面进行切入的研究论文大致可以归为五类:森与罗尔斯正义思想比较研究、平等问题研究、可行能力方法研究、自由和发展问题研究、可行能力视角下的中国现实问题研究。笔者在每一类研究方向里选出具有代表性的几篇文章进行总结概括。

---

①　哈佛大学图书馆、清华大学图书馆及笔者可查阅的所有网络资源里都找不到该译本对应的英文原著。

1. 森与罗尔斯正义思想比较研究

关于罗尔斯提出的基本善与森提出的可行能力之对比，我国学者高景柱与常春雨均有研究，但二人观点相斥。常春雨认为森的能力进路超越了罗尔斯有关基本善的主张，罗尔斯对森的批评所做出的回应也没有真正涉及森指出的问题；高景柱则认为森误解了罗尔斯，且森的可行能力路径可以被包含在罗尔斯的基本善的指标之内。

常春雨的《基本善品还是能力？——阿马蒂亚·森对罗尔斯平等物主张的批评和超越》（常春雨，2014）一文，介绍了罗尔斯的"基本善"，从森在批驳基本善的基础上提出的可行能力平等出发，认为"可行能力方法关注的是人的生活，而不只是人所占有的资源，即以所有或使用的方式所占用的可供使用的实物"。这种可行能力平等主张在两个方面超越了罗尔斯有关基本善平等的主张：一是可行能力平等将平等物扩展到人们实现的理想目标；二是可行能力平等将平等物扩展到人们对不同理想目标选择的自由。笔者认为，作者所总结的第一点超越值得进一步考证，森并没有主张人们实现的理想目标应当平等（详细讨论见本书 2.5 节），他主张的是基本可行能力平等。此外，作者只在尾注中提到"罗尔斯对森的批评所做出的回应没有真正涉及森指出的问题"，但对此没有做详细分析，这留给我们对此做进一步研究的空间，以把罗尔斯与森有关基本善与可行能力的相互辩驳明晰化。最后，作者写到，森的可行能力平等主张不仅超越了罗尔斯，而且在两个方面对后人的研究产生了重大的影响：第一，可行能力作为善品与幸福[①]的桥梁，具备相对宽泛的信息基础和广阔的适用范围；第二，森将可行能力作为平等物，深化了对各种不平等现象的认识和评估，既有助于避免基本善品平等境况下的可行能力不平等现象，又有助于消除由适应性偏好[②]所造成的可行能力不平等困境。

高景柱撰写的《基本善抑或可行能力：评约翰·罗尔斯与阿马蒂亚·森的平等之争》（高景柱，2013a）一文，从森对以罗尔斯等人为代表的平等的资源主义分析路径的批判以及罗尔斯的回应、森对其回应的反驳出发，在森与罗尔斯两人思想中不同层面的解释对人际相异性问题给予了一定程度的呈现。他的最终观点是，森在一定程度上误解了罗尔斯的平等观，罗尔斯只

---

① 福利或功能性活动也许比幸福更为贴合森的原意。

② 适应性偏好是指当那些长期处于被剥夺状况下的人们无法改变自身的处境时，就会调整自己的欲望，使之限定在自身有可能获得的极为有限的东西上，自我满足的奴隶就是适应性偏好的一个例子。

要对基本善的指标稍加扩展，就可以将森的可行能力分析路径包括在内。笔者认为，罗尔斯对能力及能力差异问题的关注在《作为公平的正义：正义新论》一书中已有所展现，但罗尔斯并不主张人们在所有能力上实现平等，而是致力于论证社会应该确保人们在基本能力（被基本善含括的那一部分）上的平等，基本能力只是森的可行能力的一部分，所以高景柱的论点有待商榷。且罗尔斯从制度设计方面讨论正义，森从比较现实主义层面研究正义，这是两种完全不同的研究方法，讨论谁的理论分析路径可以将对方的路径包括在内没有意义。文中提到的人际相异性问题更具有研究价值，有待我们做出更深一步的研究。

2. 平等问题研究

时学成与高景柱对罗纳德·德沃金与阿马蒂亚·森的平等之争均有研究，时学成用一分为二的观点对德沃金的"资源说"和森的"可行能力说"进行了比较和评价，高景柱则致力于对森提出的可行能力平等进行委婉的批驳。

时学成的文章《什么的平等？——论德沃金与阿玛蒂亚·森的平等之争》（时学成，2010）认为，德沃金的"资源平等"主张由个人"抱负"等选择因素造成的不平等是合理的，人们必须为此承担责任，但须矫正"禀赋"等道德上的因素的不平等。森的可行能力分析法扩展了传统的评估体系，其优越性在于将我们关注的焦点从收入域或效应域转向个人生活的构成要素。文章简述了德沃金与森之间展开的相互批评并给出了简短评价："资源平等"强调了个人责任但过于理想化，不论是假想的拍卖还是保险市场在现实的操作都是一个问题；"能力平等"扩展了评价域内容，但如何给不同能力分配权重以产生一个单一评价标准仍是一个问题。[①] 笔者认为，作者所提出的森的可行能力进路所存在的问题在森本人的思想中不构成问题，但文章对德沃金及森之间的相互辩驳的梳理与研究，有助于我们对森的可行能力平等问题所存在的弱点进行再思考。

高景柱的《超越平等的资源主义与福利主义分析路径：基于阿玛蒂亚·森的可行能力平等的分析》（高景柱，2013b）一文，介绍了森在批判平等的资源主义和福利主义分析路径的基础上建构的可行能力平等理论的基本理念，通过探讨德沃金和 G. A. 科恩（G. A. Cohen）等人对可行能力平等理论

① 森在《正义的理念》这本专著中有专门的一节讨论"对不可比性的畏惧"，森认为可行能力显然是不可比的，因为它的多样性无法被简化，而这并不构成我们现实选择的困难，如同任何去过购物中心的人都知道必须在不可比的物品之间选择一样。森从来不赞同用单一评价标准去评价可行能力，他始终坚持多元论，认为可行能力的评测应当与当地文化、与实际情况相结合。

的批判以及森的回应，对阿马蒂亚·森的可行能力分析路径做出了评价：森开辟了研究平等理论的"第三条路"，但是森的平等的可行能力分析路径太具开放性，其可行能力平等理论也有很多需要进一步澄清的地方。第一，森没有给出一个明确的可行能力清单，告诉我们可行能力到底包括什么。此外，在有些情况下追求可行能力的平等，会带来一些较为荒谬的结果，比如，男性比女性的平均寿命低，那么男性就应该比女性从事危险性更少的工作，以使男性和女性的预期寿命相同，这显然是很荒谬的。第二，在可行能力上实现平等漠视了人类资源的稀缺性，补偿可行能力的缺失成本高昂，且补偿了基本可行能力以外的可行能力差异就有可能让人们不对自身的选择所带来的结果承担责任。因此，在可行能力上实现平等是不恰当的。第三，应该以何种标准衡量可行能力的重要性？这是森的能力分析路径有待解决的另一个难题。笔者认为，该文对森与德沃金、G. A. 科恩之间的对话之关注给国内学者提供了西方学术界关于森的可行能力视角的各种声音，这对透彻理解、分析并评估森的可行能力进路具有重要的意义。但作者对森的可行能力之内涵理解不够彻底，其对森的三点批判均有待商榷。①

① 首先，森明确表示可行能力清单是开放性（open）的，想列举出一张适合所有人类、适合所有时代的可行能力清单是不可能的。在 1979 年森提出可行能力进路伊始，他就强调基本可行能力平等是一个普遍概念，它的具体使用依据文化的不同而变化（不同的文化对不同的基本可行能力赋予不同的权重）。追求完整排序的可行能力清单是先验制度主义的思路，而森所主张践行的比较现实主义进路所主张的是部分排序。相对于资源视角，可行能力视角的优势在于其相关性和实质性，而不在于它会生成某个完整的序列。虽然可行能力清单不能像基本善清单那样被明确被固定，但是这并不影响我们使用可行能力进路分析问题，我们可以针对某一个具体问题，在某一具体环境，列出一个部分排序的清单，联合国的《人类发展报告》就是这种部分排序的现实成果。其次，森承认可行能力在过程平等与程序正义方面存在短板，"可行能力的理念虽然在测评自由的机会层面具有可观的优势，但是这种方法不能完全处理自由的过程层面，由于可行能力是个人优势的测度标尺，因而它在过程平等（公平）层面缺乏对人们的充足的指导。"（Sen，2005：155-156）关于可行能力在过程平等方面的短板，森于 2005 年发表的文章《人权与可行能力》中举的例子正与男性与女性寿命相关。森认为，在相同条件下，女性比男性的寿命要长，如果我们只考虑可行能力平等的要求而不考虑其他任何评价要素，就会得出结论说，我们应该给予男性更多的医疗资源与医疗关怀来克服这种天生的能力不平等，当一位男性和一位女性患有同一种疾病需要救治时，给予男性更多的医疗资源显然违背了过程公平的要求，并且在这种情况下，森主张对自由的过程公平的需求会比对自由的机会层面——尤其是可行能力平等——的需求更值得关注。高景柱改编了森的例子并用之批驳森，而批驳的内容是森早就发现、承认并呼吁用其他方法关注、解决的问题。第三，"不患寡而患不均"，人类资源的稀缺性并不能构成批判森的正义论的合理理由。最后，关于高景柱提出的可行能力应该以何种标准衡量其重要性的问题，在由联合国发展计划署组织的对全球人类生活质量的测评指标的拟定工作中，森针对人类发展及其相关事项的测评参与设计出了人类发展指数（Human Developmen Index），这里面便包含了特定的、详细的功能性活动清单及其明确权重赋值，权重的问题涉及经济学和数学，需要有相关学术背景才能更为清晰地理解森的答案。

3. 可行能力方法研究

在关于可行能力的讨论上，具有代表性的有杨兴华、张格儿的文章《阿玛蒂亚·森和玛莎·努斯鲍姆[①]关于可行能力理论的比较研究》（杨兴华、张格儿，2014），该文从是否能够且应该规定一个全球性的人类能力清单，人类能力清单的选择，可行能力的执行以及被剥夺时个人或集体为之承担的责任层面上对森和努斯鲍姆的可行能力观进行了比较，对于"什么是人们有理由去珍视的"问题，森认为应该通过社会选择程序和公共讨论产生估价，努斯鲍姆则致力于明晰在一个正义的社会人们所应具有的能力的清单，把能力当做基本社会公正和宪法的核心。此外，丁剑锋撰有《超越"先验正义"——对阿马蒂亚·森正义理论的一种解读与评价》（丁剑锋，2013）一文，文章从先验制度主义与现实主义的对比中讨论可行能力进路。作者认为，先验制度主义存在内在缺陷，它致力于探寻终极的社会正义特征，但现代社会是一个多元社会，各种社会制度是经过了复杂而漫长的演化过程而形成的，因而先验制度主义不具有可行性。森的现实主义路径聚焦实际生活中人们的可行能力，可行能力实现的障碍不仅包括物质匮乏，还包括分配的不公、社会的歧视、制度的压迫等，可行能力方法的优势正在于其广泛的信息基础，以可行能力为视角看待正义问题，是对人类多元化与价值基础的承认，从这一点上，"反对非正义"的现实主义比先验制度主义更具优越性。

4. 自由和发展问题研究

复旦大学周文文博士论文《伦理·理性·自由：阿马蒂亚·森的发展理论》以三条主线概括了森的发展观：以伦理原则指导发展、以理性争取发展、以自由看待发展。作者比较注重马克思主义思想对森的发展理论的影响，认为就伦理原则而言，森继承了斯密、穆勒、马克思等的古典传统，强调了伦理方法是经济学的两个根源之一。就理性思想而言，森受马克思社会关系思想影响，反对纯粹的自利理性，主张以"现实的人"取代非现实的"自利人"。就自由发展观而言，森坚持马克思的"人是目的"思想，并将人类发展的前进之道指向了"人的全面而自由的发展"。

胡丹丹、韩东屏的《以发展旨向自由与以自由看待发展——马克思与阿

① 本书将 Martha Nussbaum 译为玛莎·纳斯鲍姆。为了不改变杨兴华、张格儿的文章题目，本段均使用他们对该人名的译法。

玛蒂亚·森关于人的发展问题辨析》(胡丹丹、韩东屏，2014)一文，亦关注马克思的发展观与森的发展观的比较，但文章强调二者思想的相异之处。该文认为，森虽然赞同马克思从现实的实践来考量作为发展主体的人，但更重要的是推动这种实践行为背后的思考方式，即理性。实践的人与实践的理性人是马克思与森的思想之间的不同。此外，马克思强调发展是人的本质由内而外的彻底解放，森认为，更应重视当下现实世界中的人何以发展的可能性，马克思以发展旨向自由，森是以自由看待发展。

吉林大学刘晓靖博士学位论文《实质自由与社会发展——阿马蒂亚·森正义思想研究》聚焦于阿马蒂亚·森的自由理论，以及与之密切相关的“作为自由的发展”学说，以《作为自由的发展》和《正义的理念》两本书为分析基础，梳理、评价了森的自由观与发展观，以及正义与发展的关系问题。

5. 可行能力视角下的中国现实问题研究

自森的可行能力方法被介绍到中国以后，经济学、社会学、管理学等领域涌现出一批以森的可行能力方法分析我国现实问题的文章。罗影、汪毅霖撰写的《森对功利主义的批判及其对中国梦的启示》(罗影、汪毅霖，2014)分析了阿马蒂亚·森的“能力”与“功能”的内涵，又结合中国经济高速发展、公共服务水平较低的社会现实，提出了超越功利主义的可行能力方法对我们实现中国梦的启示：一是转变当前经济发展方式，走上一条可持续的道路；二是强调人在精神层面的能动性，从而最大限度地弘扬我们的民族精神和时代精神；三是主张通过对话协商促进人们的共识，从而凝聚全国人民的力量。

刘德吉的《阿马蒂亚·森的能力平等观与公共服务均等化》(刘德吉，2009)一文认为，阿马蒂亚·森提出的可行能力平等具有综合性和包容性的特点，对我国公共服务的发展具有重要的启发意义：它要求公共服务均等要兼顾公平与效率，兼顾结果平等与程序平等，并将关注的焦点集中于对可行能力有至关重要影响的公共服务领域，我们应更加重视政府、市场、社会及个人在实现均等化过程中的多元主体作用。

南京大学吴丹的硕士学位论文《可行能力视角下中国城市社会救助体系研究》梳理了中国城市社会救助体系的发展演变，并对城市社会救助政策的实施情况及其效果进行评析，对当前我国城市社会救助制度存在哪些能力缺位，以及在这种社会救助制度下城市贫困人群存在哪些能力缺失等问题进行了探讨，在回答这些问题的基础上进一步分析了造成以上问题的原因，以及如何构建能力导向的社会救助体系以更好地帮助贫困群体摆脱贫困。

综上所述，阿马蒂亚・森的正义思想涉及经济、伦理、政治哲学等领域，对于他基于可行能力进路的正义思想体系，目前国内还缺乏整体、全面、系统的分析研究。五类研究其正义思想的文章从不同侧面对森的正义理念进行了剖析，值得注意的是，前四类文章的主题相同，但存在观点对立的争鸣，这种思想的交锋激发了我们的问题意识及思考兴趣，进而对阿马蒂亚・森的正义理论做更为深入、细化的研究。森主张经济学应与伦理学相结合，以服务于人类正义。笔者认为，森的可行能力视角下的正义思想融汇了其自由理论、发展理论、平等理论、贫困及饥荒等理论精华，森以可行能力为进路的正义论，很有认真研究的必要。

1.1.4　国外研究文献综述

大致梳理完国内学术界对阿马蒂亚・森可行能力进路下的正义论的研究，我们来汇总梳理国外研究动态。阿马蒂亚・森在西方和印度久负盛名，总的来看，国外对阿马蒂亚・森可行能力进路及其正义理论的研究可谓“百花齐放”。研究阿马蒂亚・森思想的论文专集有考什克・巴素（Kaushik Basu）和拉维・坎布尔（Ravi Kanbur）合编的论文集《对一个更美好的世界的争辩——致敬阿马蒂亚・森文集》（*Arguments for a Better World: Essays in Honor of Amartya Sen*），该文集收录了当代有关阿马蒂亚・森伦理学、福利经济学、社会发展、社会制度、可行能力的测量等方面研究具有代表性的文章。克里斯托弗・W. 莫里斯（Christopher W. Morris）主编有《阿马蒂亚・森》（*Amartya Sen*），这本以阿马蒂亚・森的名字命名的专著收录了菲利普・佩蒂特（Philip Pettit）等知名学者撰写的有关阿马蒂亚・森可行能力、主体性、自由、贫穷、平等、发展等领域的研究论文。萨比娜・阿丽吉尔（Sabina Alkire）、弗拉维奥・科米姆（Flavio Comim）和莫扎法尔・齐齐尔巴什（Mozaffar Qizilbash）合编的论文集《可行能力进路：概念、测度、应用》（*The Capability Approach: Concepts, Measures and Applications*），是有关可行能力方法研究的合集。有关森的正义论，“可行能力”是国外学者为之辩护或者对其批评的聚焦点，具体可以划分为赞同并发展森的观点类的研究、赞同森的观点的同时较为温和地指出其不足类的研究、批判反驳森的观点类的研究三种。

玛莎・纳斯鲍姆对森的可行能力进路与亚里士多德思想之间的关系研

究、对妇女权益及性别平等问题的研究、对人与动物及与大自然和谐相处的重视以及对教育的强调为可行能力方法的研究拓展了研究领域，极大丰富了可行能力的内涵，纳斯鲍姆为可行能力进路的研究做出了杰出贡献。在与可行能力及正义相关的领域中，其专著主要有《正义的前沿》（*Frontiers of Justice*）、《女性与人类发展：可行能力进路》（*Women and Human Development: The Capabilities Approach*）、《创造可行能力：人类发展进路》（*Creating Capabilities: The Human Development Approach*）。她和弗拉维奥·科米姆（Flavio Comim）合编了《可行能力、性别、平等》（*Capability, Gender, Equality*）。她还撰写了大量有关可行能力和社会正义的文章，主要有《自然、功能和可行能力：亚里士多德论政治分配》（Nature, Function, and Capability: Aristotle on Political Distribution）、《人类功能性活动和社会正义：为亚里士多德本质主义辩护》（Human Functioning and Social Justice: In Defense of Aristotelian Essentialism）、《可行能力和人权》（Capabilities and Human Rights）、《可行能力与残疾人》（Capabilities and Disabilities）、《作为基本权利的可行能力：森和社会正义》（Capabilities as Fundamental Entitlements: Sen and Social Justice）、《可行能力、权利、权力：补充和批判》（Capabilities, Entitlements, Rights: Supplementation and Critique）等。在纳斯鲍姆看来，森虽然也认为尊严概念是重要的，却没有把它作为理论的核心要素，这是她有别于森的地方之一。纳斯鲍姆将人类尊严和人类可行能力发展作为重点，列出人类十项核心能力。她认为，只有人们的可行能力都达到核心门槛，才可以称得上过上了值得过的有尊严的生活，社会才是基本合乎正义的社会。森对纳斯鲍姆对可行能力方法的研究工作给予了很高的评价："玛莎·纳斯鲍姆向我指出了这种方法与亚里士多德思想之间的关联，她在这一不断壮大的研究领域内做出了开创性的贡献，并对这种方法的发展产生了深刻的影响……"（Sen, 2009: 231）

对可行能力的研究工作起到极大推动作用的学者还有阿马蒂亚·森的博士生英格瑞德·罗本斯（Ingrid Robeyns），她有研究专著《福利、自由和社会正义》（*Wellbeing, Freedom and Social Justice*）。罗本斯将学术界对可行能力的研究分为三种：一是对可行能力理论不可选择的核心理论的研究，例如，功能性活动、可行能力是目的而不是手段、价值多元论等；二是对不可变的模式和可变的内容的研究，如，运用可行能力进路研究贫困问题、平等问题或发展问题等；三是结合实际，运用可行能力进路在某一领域或者针对某一问题进行的应用型研究。她和哈利·布里豪斯(Harry Brighouse)合编了《衡量正义》(*Measuring Justice*),该论文集收录了托马斯·博格(Thomas Pogge)等知名学者有关罗尔斯和森的正义理论的文章。罗本斯研究阿马蒂亚·森的可行能力进路的代表文章有《作为公平的正义和可行能力进路》(Justice as Fairness and the Capability Approach)、《可行能力与社会正义理论》(Capabilities and Theories of Social Justice)、《森的可行能力进路和性别不平等:选择相关可行能力》(Sen's Capability Approach and Gender Inequality:Selecting Relevant Capabilities)、《可行能力进路:一项理论性调查》(The Capability Approach:A Theoretical Survey)等。

对于阿马蒂亚·森的可行能力进路及依此进路所设计的正义论,学术界持支持观点并沿着森的观点为其辩护或丰富发展其学说的学者还有很多。伊丽莎白·安德森(Elizabeth Anderson)认为,可行能力进路优于所有主观性地测评社会正义的标准,并且优于资源进路,因为可行能力关注目的而非手段,对人际差异性极其敏感,可以更好地解决社会对弱势群体的歧视问题,可以为公共服务,尤其是健康和教育方面的公共服务,提供良好的理论指导。其代表性的文章有《证成正义的可行能力进路》(Justifying the Capability Approach to Justice)。杰弗里·霍索恩(Geoffrey Hawthorn)对森依循可行能力进路对生活水平的研究给予了高度评价:"阿马蒂亚·森的功绩就在于,他为阐明生活水平这个概念进行了大量的研究,就连批评他的人现在也不得不承认,无论是生活水平概念的提出依据还是内涵都比以前清晰了许多。"(Sen,1987b:Introduction,xiii)森在哈佛大学的同事希拉里·普特南(Hilary Putnam)在他的《事实与价值二分法的崩溃》一书中,对可行能力进路在贫困与饥荒方面的贡献给予肯定,"森的'能力'方法丰富了我们对于像饥馑等各种悲剧现象的理解"(希拉里·普特南,2006:70)。美国著名文化批评家卡琳·罗马诺(Carlin Romano)有《阿马蒂亚·森:改变思考"正义"的方向》[①]一文,他认为,阿马蒂亚·森的努力"让正义理论作为一个哲学分支也许不至于沉浸在一整个糟糕的世纪之中,森以其渊博的知识和深切的入世精神,表达了对轻视东方思想的愤怒,对纯粹探讨正义形式的做法提出抗议",他甚至认为,森提出那些可以促进正义并消除不义的比较现实主义进路,给了罗尔斯乌托邦计划致命的一击。另外,莫扎法尔·齐

① 载于《社会科学报》2009年12月3日第007版"海外视点"。

齐尔巴什在研究森与密尔(J. S. Mill)的对比方面有出色的研究。在可行能力的应用方面，森指导的一些哈佛大学博士学位论文[①]对他的“可行能力视角在不同领域的应用意义”做了很好的研究与探讨，领域涉及儿童、女性、残疾人等弱势群体，也涉及医疗资源分配、经济发展、社会平等多个层面。

学术界还有一些学者赞同森的观点，但与此同时也较为温和地指出其理论的不尽完善之处，这些学者的代表有伯纳德·威廉斯(Bernard Williams)和G. A. 科恩。威廉斯在《生活水平：利益与可行能力》一文中表示，他“认同森所说的大部分观点，也欣赏森用‘可行能力’来思考问题，但关于‘可行能力’的界定需要进一步深化”。威廉斯对可行能力提出了四个问题。第一，可行能力是否蕴含选择的机会或者资格？第二，是否所有的可行能力都能蕴含选择机会或资格？第三，我们怎样看待可行能力？尤其是当有人简单地认为可行能力产生于商品时。第四，做X的可行能力如何与现在实际做Y的资格发生关系呢？(Sen，1987b：94-102)G. A. 科恩在他的《什么的平等？——论福利、善和能力》一文中将阿马蒂亚·森与罗尔斯两人的思想进行了对比分析。他认为，森的可行能力视角超越了罗尔斯的基本善，在关于“什么的平等”这个问题上，科恩对森的观点作了高度的评价：“森对他自己的问题的回答，是对这一主题的当代反思的一大飞跃。”(Cohen，1993：10)但科恩同时也指出，森所提出的“可行能力平等”在解释上具有严重的模糊性，例如，“森对他所说的功能性活动，在不同的时候有不同的表述，这使得他的观点更加不精确”(Cohen，1993：21)。科恩认为，森的可行能力概念，应该用“中间状态”来替代，人们把注意力从“益品(goods)给予人们的效用”转向“它们为人们做了什么”，这就是“中间状态”，中间状态是由益品引起的个人状态构成的一种异质性组合，可行能力只是中间状态的一部分。而森对可行能力的诠释被科恩概括为一位实现了一场革命的

① 这些论文有：A. K. Shiva Kumar，1992，Maternal Capabilities and Child Survival in Low-Income Regions；Jonathan R. Cohen，1993，On Reasoned Choice；Stephan J. Klasen，1994，Gender，Inequality and Survival：Excess Female Mortality—Past and Present；Felicia Marie Knaul，1995，Yong Workers，Street Life，and Gender：The Effects of Education and Work Experience on Earnings in Colombia；Karl W. Lauterbach，1995，Justice and the Functions of Health Care；Remigius Henricus Oosterdorp，1995，Adam Smith，Social Norms and Economic Behavior；Anthony Simon Laden，1996，Constructing Shared Wills：Deliberative Liberalism and the Policy of Identity；Douglas Hicks，1998，Inequality Matters；Jennifer Prah Ruger，1998，Aristotelian Justice and Health Policy：Capability and Incompletely Theorized Agreements；Sousan Aladian，1999，From Wasteland to Homeland：Trauma and the Renewal of Indigenous Peoples and Their Communities。

思想家错误地描述了自己的成就。

罗尔斯与森曾同在哈佛大学执教，两人的办公室同层相邻，他们之间有着长期的学术对话，且相互影响着对方思想的完善与发展。例如，在《正义论》(*A Theory of Justice*)的序言中，罗尔斯说："我也要感谢 A. K. 森对正义论的探讨和批评。这些探讨和批评使我能够在一些不同的地方改善我的提法。"罗尔斯在《正义论》及《万民法》(*Law of Peoples*)等专著里，以及多篇文章中[例如，1988 年发表于《哲学与公共事务》的文章《权利的优先性和善观念》(The Priority of Right and Ideas of the Good)等]均有他对森的正义理论的评价，针对森对基本善的批评，罗尔斯亦做出了回应。

批判阿马蒂亚·森关于可行能力进路及正义论的观点，也在以另一种方式促使其理论进一步完善与发展。罗纳德·德沃金在《至上的美德：平等的理论与实践》一书中质疑并批驳了阿马蒂亚·森的思想。他认为，"森对这种理想的阐述是含混的。假如可以用两种可能的办法之一克服这种显而易见的含混性，则能力的平等会还原为福利平等。假如用另一种方式将它克服，那么能力的平等还是等同于资源的平等"(德沃金，2007：301)。同时，他还指出："森本人并没有为其平等观的制度化提出任何具体的和政治上可行的方案，他讨论问题的语气似乎表明，他的批评只是理论的而非实践的。"(德沃金，2007：318)罗伯特·萨格登(Robert Sugden)在 1993 年为森的《再论不平等》[①]这本书所写的书评里，主要批评可行能力的不可操作性。他认为，由于功能性活动无限的宽泛性以及可行能力方法对自由、机会的评价信息的宽泛性，我们在现实中根本无法运用可行能力对社会生活中的事务进行评价，这其实是萨格登对可行能力之不完整性的批评[②]，因为功能性活动清单并不是一个"闭合"的存在，按照可行能力方法，在评估过程中需要参考的要素太多且太不固定，以至于我们对一个人的整体优势及劣势无法做出判断。

史蒂文·普尔(Steven Poole)认为，森的途径在一定程度上是叔本华式的。普尔对森的批判是，虽然森在书中警告了任何试图把一切可能的价值都转变成用同一种标准来衡量的本质的危害，但他自己在某种程度上也犯了同样的错误：把一切用自由来衡量。此外，作者认为，森可行能力的视角容量

---

① 阿马蒂亚·森的《再论不平等》(*Inequality Reexamined*)首次出版于 1992 年，本书参考用书及引文用的是哈佛大学出版社 1995 年出版的版本。

② Sugden, Robert, 1993, Welfare, Resources, and Capabilities: A Review of Inequality Reexamined by Amartya Sen. *Journal of Economic Literature* 31(4): 1947-1962.

庞大，而一个理论排除的东西越少，留给后理论的“现实推理”工作就越多。[①]

巴布鲁·吉拉贝尔特(Pablo Gilabert)在正义研究的路径问题(先验制度主义路径与比较现实主义路径)上反对森的观点。森认为，先验制度主义着力于确立绝对公正的标准，这对人类现实的制度构建与政策制定并无实质性帮助，因为在实际生活中，人们往往只需要在若干备选方案中通过比较选出较优方案即可，无需诉诸绝对标准。例如，我们如果比较乞力马扎罗山与德纳里山的高度，没有必要拿世界上最高的山峰珠穆朗玛峰作为参考。吉拉贝尔特认为，完美标准的设立在实际生活的比较中为我们提供了启发式的标准，例如，《蒙娜丽莎》这幅画的完美正是在启发式标准的意义上可以帮助我们识别是毕加索的一幅作品好，还是达利的一幅作品好。此外，如果我们基于A，有B、C两种选择，D是完美标准，如果B可以达到D而C与D背道而驰，那么B就是较优选择，这里完美标准D对于选择过程来说是有意义的。[②] 他倡导政治哲学研究者们应该致力于将政治行为、知识、想象结合起来，勇于建构完美的政治理念，哪怕这种理念带有乌托邦性质。拉吉普·伊格(Ragip Eg)、赫拉德·伊格尔斯海姆(Herrade Igersheim)和夏洛特·勒查普兰(Charlotte Le Chapelain)对森所做出的先验制度主义具有冗余性的判断也持反对意见，他们认为，“如果没有社会Z(亦即一个完美正义社会)，人们就不能做出判断说‘社会X比社会Y更加正义’”(Eg，Igersheim & Chapelain，2016：522)。也就是说，纯粹的比较主义理论无法存在，先验制度主义是比较现实主义存在的必要条件。

不论是对阿马蒂亚·森的可行能力和正义观的支持、发展，还是对其观点从不同层面展开的批评、驳斥，大多集中在某一个具体问题上，而对阿马蒂亚·森基于可行能力进路的正义理论的完整研究还比较少。本书尝试梳理、总结阿马蒂亚·森的可行能力进路发展及其在此进路下的正义论之信息基础、客观要求、践行依据、实现路径，力求完整呈现森本人对可行能力及其社会正义的理论思考。消除现实社会中存在的非正义是森基于可行能力进路下的正义论之核心关切，运用其理论指导现实问题，是森的期望，也是本书的努力方向。

---

① 普尔著有《阿马蒂亚·森的正义观》(The Idea of Justice，by Amartya Sen)，载于《社会学家茶座》，2012年第4期。

② 此观点出自其文《正义、政治可行性和理想理论的比较评估》(Comparative Assessments of Justice，Political Feasibility，and Ideal Theory)，载于《伦理学理论与道德实践》(*Ethical Theory & Moral Practice*)2012。

1.2　本书思路及主要内容

1.2.1　研究方法与行文思路

正义理论是森长久以来研究社会、经济、政治领域而最终获致的一种抽象性理论提升。与纯粹思辨的进路不同，这是一种自下而上的研究方式。因此，研究森的正义思想，必须从森对平等、贫困、饥荒等社会问题的研究入手，采用实证性研究与规范性分析相结合的方法。同时，阿马蒂亚·森的正义理论又是在批判主流正义研究路径的基础上形成的，其观点始终充斥着与罗尔斯、功利主义者、诺齐克、德沃金等各方思想家的论辩与交锋。要理解其正义理论的渊源与发展脉络，需首先了解他显在或潜在的对话者与论战者，采取历史与比较相结合的方法进行研究。

以上述研究方法为基础，本书以问题为导向，在行文过程中遵循以如下问题为核心的思路。首先，可行能力视角是怎样提出的？森对可行能力的思考如何扩展？这种视角有何优势？在证成己方观点的过程中，他批判了谁？又是如何回应批判的？其次，森的正义理论源于前人的哪些思想？他对前人观点做出了何种发展？怎样建成自己的正义思想？如何运用正义理论消除社会中的非正义？其思想在当代政治哲学中有怎样的意义？最后，基于可行能力进路的正义论有哪些优势，又有哪些局限？以可行能力进路为基础的正义观在贫困、弱势群体、性别平等、分配平等、人权等方面对我国建设社会主义和谐社会具有哪些意义？

1.2.2　主要内容概览

按照这种思路，本书第 1 章介绍了森的人生经历及其追寻正义的缘由，国内外研究综述及本书的研究方法、研究意义、行文思路和主要创新点。本书第 2 章以可行能力的提出、森对可行能力进路的发展、其受到的批判及其回应为主要内容，对可行能力的内涵、特点及优势进行研究。“我对可行能力方法的研究始于寻找一个比罗尔斯的基本善更好的认识个人优势的视角”(Sen，2009：231)，可行能力的提出建立在森对罗尔斯及功利主义乃至福利主义的质疑与批判的基础之上。《什么的平等？》一文呈现了森对可行能力方法的最初研究成果。在这篇演讲稿里，森批判了不考虑分配，只追求每个人的边际效用平等的功利主义，亦批判了不考虑欲望的根源及其伴随活动的本质、漠视利益得失的量值、漠视所涉及的人数且排斥非功利信息的福利主义。在森看来，罗尔斯对基本善的设定也是偏狭的，因为它忽视了跛脚人等弱势群体的利益，忽视了人际差异性，并且存在着某种"拜物教"的因素。由此，森提出基本可行能力的视角，以超越上述三种评价个人优势的信息基础之狭隘性。在首次提出这个概念时，森将可行能力定位在对基本善的自然扩展上，"基本可行能力平等本质上是罗尔斯方法在非拜物教方向上的扩展"(Sen，1997：484-485)。可行能力视角的扩展作用在于，将人们的注意力从基本善延伸到基本善对人们所产生的影响的重要性上。

在1982年4月阿姆斯特丹大学的"汉尼普曼讲座"(Hennipman Lecture)中，森围绕怎样评判个人福利和个人优势做了几场演讲。森的观点是，以一个人能做什么的可行能力(capability to function)作为个人优势的评测标准，相较于以财富(例如个人实际收入)或效用作为评测标准更具优越性。在这场讲座中，森提出了"功能性活动"的概念，该概念的提出是森对可行能力思考的重要进展。"一项功能性活动是一个人的一项成就(achievement)：他或她能够做的事情或者能处的状态。"(Sen，1987a：7)功能性活动发生在拥有物品(having goods)之后，在人们获得效用(having utility)之前，是一个人的状态的一部分。可行能力反映了一个人所能达到的不同功能性活动的各种组合，并且具有两个特点：不要求唯一性；不要求完整排序。森分析了评测一个人的可行能力所需的资料来源，并讨论了测评可行能力的具体践行方法，在讨论的过程中森提出选择的机会(自由)的重要性。

1984年9月，在哥伦比亚大学的"杜威讲座"中，森以探究一种道德进路，可以从福利和主体性两方面看待人为目的，在可行能力的适用性和有限性方面延展了他对可行能力进路的思考。森区分了一个人对外面的事物的控制力(富裕)和他所达到的内在于他的东西(享有福利)，从这个分析视角看功能性活动，它是一个人所达到的内在于他的享有福利的状态。福利是测评个人优势的重要参考标准，个人福利的核心特征是实现有价值的功能性活动的可行能力。而主体性在评价一个人在他的善观念下做什么时是重要的参考要素。有别于"聚焦于一个人拥有各种不同的功能性活动向量，以及享有相应的福利成果的可行能力"的福利自由，主体性自由指的是一个人追求他认为重要的任何目标或价值的自由，它的范围更加宽广，具有开放的条件性(open conditionality)。从福利和主体性两个方面看待人们，有助于我们更加全面地对一个人的行为和状态做出评价。此外，森明确提出了信息多元性是功能性活动与可行能力的本质特征，并且提醒我们，在寻找通往福利的路径时，需要避免纯粹主观和纯粹客观两个危险的方向。

1985 年，在剑桥大学的“坦纳讲座”中，森围绕可行能力与生活水平发表了两次演讲。可行能力的运用从对个人优势的比较扩展到对生活水平的测量。森对考察、测量生活水平的先驱们所用的方法进行了梳理和评价，并讨论了自我评价和标准评价两种方法。森主张，在运用标准评价的方法来评测生活水平时，首先应该通过功能性活动和可行能力集来测评生活水平，综合排序作为第二步。功能性活动体现了人们能够做什么或处于什么状态，它直接体现了人们生活状况的不同方面。可行能力则是有关自由的视角，它不仅仅关心一个人从可选择的功能性活动束里选择哪一个功能性活动集合，还会从与自由相关的角度来看待功能性活动本身。以可行能力进路看待生活水平，其优越性(较之于效用法和财富法)或者说合宜性、全面性正是源于这种自由的视角。森论证了测评功能性活动时部分排序的合理性，并针对功能性活动和可行能力之间的双向同步关系展开了讨论，对可行能力和功能性活动在进行生活水平的测度比较时各自扮演的角色进行了区分和说明。如果按照莫扎法尔·齐齐尔巴什提出的思路，森的可行能力可以从薄的视角和厚的视角看待——从薄的视角看，可行能力就是一种评价优越性、平等、正义、发展的指标，这种评价不需要说明怎样衡量功能性活动和可行能力；从厚的视角看，可行能力需要细化并赋值，以衡量社会进步水平，这就涉及针对不同的衡量目标而对功能性活动有所选择与测度设计。可以说，1985 年的“坦纳讲座”标志着森的可行能力从薄的视角开始向厚的视角过渡。

1992 年，森的专著《再论不平等》出版，从 1979 年以“什么的平等?”为主题首次提出可行能力进路，到 13 年后以可行能力进路再论不平等，森对可行能力的思考和运用已经进入成熟阶段。森从人们的成就和潜能这两种测评平等问题的信息焦点出发，通过对成就平等和差数平等的优劣讨论，引出了总和与分配的问题。如果我们选择可行能力视角代替罗尔斯基于基本善的机会均等视角，再结合总和考量与分配考量，那么正义的社会安排应该是：“不同的具体社会安排既要充分考虑到其对人们有效自由和可行能力的总和影响，又要考虑到其对人们有效自由和可行能力之分配状况的影响。”(Sen，1995：147)这本专著是森对可行能力进路的一个总结，他讨论了功能性活动和可行能力的概念、特点及二者的联系，可行能力的评估和筛选方法，功能性活动与可行能力这两个概念各自与个人福利的关系，主体性和个人福利的关系，个人福利自由与主体性自由的关系，以及“有效自由”和“作为控制的自由”这两个主体性自由的层面与可行能力进路密切相关的问题。以多元性、不完整性和模糊性为基本特征，可行能力所关注的信息焦点不仅超越了功利主义，还从商品或者基本善等手段域转向了与人们的生活状况直接相关的功能性活动域，并且，它会考虑人们从不同的功能性活动中进行选择的自由。因此，可行能力视角可以更全面地反映出人们的生活水平及社会中存在的各种不平等的状况，并为我们解决社会不正义或不平等的问题提供更为深刻和本质的指导。

自森首次提出可行能力进路至今已经 40 多年，无论是森本人还是关注可行能力进路的其他学者，都对这种进路做出了大量的研究和推进。本书第 2 章的最后部分讨论了莫扎法尔·齐齐尔巴什、玛莎·纳斯鲍姆、英格瑞德·罗本斯和 G. A. 科恩等人对可行能力进路的发展。当然，森的可行能力进路也受到了诸多批判，即便是否定可行能力的结论也可以视作对发展可行能力进路的有益帮助，罗伯特·萨格登对可行能力的批判如此，罗尔斯对可行能力进路的不同见解也是如此。

厘清可行能力进路的内涵、特点、优势及森对该进路的发展，本书第 3 章主要研究森基于可行能力进路对罗尔斯正义论的批判。罗尔斯以“基本善”作为正义问题的信息焦点，森认为其存在诸多问题，最明显的是无法解决人际差异性问题。相对于基本善而言，可行能力具有信息基础的广泛性和全面性的特点，能够为我们在现实社会中帮扶弱势群体、进行各种社会安排的比较等诸多问题提供更加有力且本质的指导。森与罗尔斯在有关正义问题的出发点、视角、研究目的、研究方式等方面均有所不同，他们在研究正义问题时，一个采用的是比较现实主义路径，另一个采用的是先验制度主义路径。森认为，先验制度主义所选择的正义原则的非唯一性令其政治模型在理论根基处得到动摇，具有理论不可行性；先验主义方法本身并不能对各种使我们的社会变得更加公正的方案进行比较，对于令社会变得更加公正而言，先验制度主义既非必要条件，又非充分条件，这又构成其冗余性。按照先验制度主义的要求，人们在做出公正判断的过程中根本不考虑任何焦点团体之外的观点，这种具有封闭性的判断具有程序上的偏狭性、焦点群体的可塑性与排他性，这些弊端在理论层面上难以克服，从实践的维度，先验制度主义因其“封闭的中立性”而在现实中不具有任何借鉴价值。基于此，森坚信，研究正义问题的更优路径是基于可行能力进路的比较现实主义路径。

第 4 章主要针对森的正义理论展开研究。亚里士多德对经济学和伦理学关系、人的功能、正义问题及成就与评价的关系的阐述，亚当·斯密对理性和能力的研究，卡尔·马克思对商品拜物教的批判及对客观幻觉的说明以及对自由、发展问题的洞见，玛丽·沃斯通克拉夫特对女性权利的维护，约翰·斯图亚特·穆勒对自由的重要性的强调，以及肯尼斯·阿罗对社会选择理论的公理化所做的开创性发展，都是森基于可行能力进路的正义理论的思想源泉。可行能力是各种功能性活动的集合，代表了在不同的功能性活动之间选择的机会，体现了人们可以过上的实际生活和享受的自由。森分别对以效用、商品占有量、基本善、资源、权利作为正义的信息基础的有限性进行了分析论证，在对比中彰显了可行能力作为正义的信息基础具有信息全面、超越手段、更为本质等优势。可行能力是实质自由的体现，但是森并不认为自由越多越好。自由是一个广博而复杂的概念，面对更多的选择并不一贯意味着一个人做自己想做的事情的自由之扩展。森强调，可行能力关心的（也是我们直接关心的）问题是，我们过我们想要的生活的自由。

受亚当·斯密"中立的旁观者"思想的启发，森以"开放的中立性"作为其正义理论客观性的要求。开放的中立性要求我们超越位置的局限，突破国家或民族等边界，在全球范围内讨论、评价公正问题。由于我们具有认同其他地方的人们（而不只是我们自己所处的文化圈）的能力，我们的选择及行为可能会影响近处或远处其他人的生活，开放的中立性（通过人们凭借各自的历史和地理视角所持的观点的交流）有利于我们克服自身的地域狭隘性，因此，以开放的中立性作为正义的客观要求，是必要且可行的。在实践过程中，开放的中立性将各种视角的无偏见的意见都纳入考虑范围，在对处于不同位置的中立的旁观者的观点进行反思时，一定会出现意见不一致、有分歧的情况，这时，森强调部分排序的重要性。一致的部分排序往往足以对我们消除某一项非正义问题提供正确指导。人们有各种不同类型的关于正义的缘由，有从各个视角提出的各种各样的中立性意见，怎样把人们不同的关注点与意见综合起来，形成一项令人信服的集体判断？这正是激发社会选择理论的核心问题。

森对社会选择理论的研究贡献是他获得诺贝尔经济学奖的原因之一。除了在经济学领域的贡献之外，社会选择理论在政治哲学和伦理学方面也有重要意义，它是支撑森的比较现实主义研究路径的方法论，是其正义理论的践行依据。所有的社会选择问题都有一个共同特征，即将社会评价与该社会中个体的选择、价值观或其他特征相联系。在对阿罗不可能定理的破解问题上，森做出了杰出贡献。他提出，信息扩展是社会选择理论可能性的需求，是克服社会选择的悲观主义的有效手段。在这一扩展中最关键的要素是福利和个人优势的人际比较，将人际比较引入社会选择理论，不仅是阿罗不可能定理的一条出路，还是一条将社会选择理论引入伦理传统的进路。在森看来，对人际比较的悲观看法源于过于严格的要求，其实这种苛刻没有必要，局部比较完全可以作为社会选择理论做出社会决策的合理基础。

森将理性视为一种合理审查的方法，将理性选择视为选择与推理以及推理质量的对应问题。人们可以根据多种理由、按照不同的标准做出判断和选择，理性的选择有“对应型理性”和“反思型理性”两大类。当然，它们的判定并没有完备而清晰的答案，因为在森看来，理性本身就蕴含着部分不可判定性。森曾经论证了在人际比较、不平等的测度、生活水平的衡量等问题上系统考虑不完备性和模糊性的必要性。在理性问题上，森也持有相同的观点。按照理性的要求，森主张，我们应当把人们的权利和自由纳入社会评价及社会决策机制当中。如果我们将权利和自由纳入社会选择理论，就必须将程序考虑加入结果分析，只有把对程序正当性的关怀和对结果良性的关注结合起来，才能恰当合理地描述事态，进而对其进行评估和决策。

森的正义论基于比较，立足于现实，社会选择理论就是森用以比较各种社会选择的具体方法，它赋予比较性框架以生命力。这种比较与选择的方法突破了先验制度主义的固化思维，为正义思想提供了一个新的向度。通过对孔多塞悖论、阿罗不可能定理、帕累托自由悖论等与社会选择理论相关的诸多问题的讨论，人们对民主选举、权利与自由、理性与自由等问题进行了再思考，这种思考涉及正义的要求、内容、依据、实现途径等各方面问题。从实际出发，通过广泛倾听来自不同群体的声音，通过公共讨论、理智的思考和批判性的审思，在诸多备选方案之中做出理性的决策，是社会选择理论之于阿马蒂亚·森现实比较主义路径的正义论的重要意义。

第 5 章论述了全球正义问题，并以贫困问题为例，解析森运用可行能力进路下的正义理论如何评判、解决社会非正义问题。森认为，从公共理性的维度看待全球正义，在理论和实践上都是可行的：民主，是通往全球正义之路。以达成公共理性为核心的民主是一种普遍价值观，它丰富了人们的生活，是人类社会的政治激励机制，具有防止出现经济和社会性灾难的优越性。森论证了民主的理念具有全球性的起源，驳斥了李光耀命题，将民主定义为通过公共讨论、公共参与而实现公共理性的一种方式，将民主定位为社会发展的内在组成部分。通过民主的途径，人们可以在承认人类多样性的基础上，通过身份认同、公共讨论，减少现实中存在的非正义。

森对正义问题的探索，出发点是为了帮助那些经受深重苦难的人们摆脱受剥夺而绝望的生活，减少社会中普遍存在的非正义。在诸多非正义现象中，森最关心的是贫困问题。传统的对贫困的测量方法，往往以收入为评估域。森认为，低收入是一个人可行能力被剥夺的重要原因之一，然而，贫困还与多种因素相关，诸如人们的健康问题、公共医疗的供给、家庭生活方式等。森在批判以彻底的相对论看待贫困的基础上，论证了收入域里的相对剥夺会产生可行能力域的绝对剥夺这一观点。可行能力视角对贫困所做的贡献是，通过把注意力从手段(收入)转向人们的实际生活，并相应地转向人们享有的实质自由，加强了我们对贫困和剥夺的性质及原因的理解。在消除贫困的过程中，国家和社会对人们可行能力的支持(基础教育、公共医疗等方面)具有重要意义。

总体来说，森的正义论以可行能力为信息基础，以开放的中立性为客观性要求，以社会选择理论为践行依据，以公共理性(民主)为实现全球正义的路径。该正义论以一种面向实践的方式展开对正义问题的研究，在指导人类消除社会中存在的明显的非正义方面，基于可行能力的正义论具有较强的指导意义。

第 6 章的内容是对阿马蒂亚·森基于可行能力的正义论的优势和理论局限、理论难点的总结和评论。

1.2.3　主要创新点

本书的特色之处主要体现在以下三点。第一，全面、系统地解析森的可行能力理论。“可行能力”是阿马蒂亚·森经济伦理和政治哲学的核心，它既是自由的实质和平等的焦点，又是权利的基础和责任的前提，更是发展的保证和内含发展的实质。通过历史与比较相结合的方法透视可行能力，有助于我们打开一个审视正义问题乃至其他经济伦理、政治哲学诸问题的全新视角。第二，以可行能力进路下的正义论为主线，统筹森的贫困、饥荒、平等、自由等理论。本书致力于在系统性归纳整理可行能力进路下的正义论之整体性框架及相关性理论的基础上，运用实证性研究与规范性分析相结合的方法，厘清森的正义思想的脉络与逻辑结构，以及在实际生活中消除各种非正义问题的效力，以森的正义论统筹其自由理论、平等理论、贫困及饥荒理论等。第三，结合中国国情，探索构建正义社会的新路径。阿马蒂亚·森的正义思想从对第三世界人民现实生活的关注出发，致力于减少社会中存在的显著的非正义。本书有助于重新审视我国非正义现象，从可行能力的层面扶持弱势群体，减少贫富差距，为全面构建社会主义和谐社会提供可资借鉴的评价指标，为我们重新思考正义问题提供更切合中国实际的路径支持。

本书创新点如下：

第一，内部比较（森本人在不同时期对可行能力进路的研究进展）与外部比较（森与纳斯鲍姆、罗本斯等人的可行能力理论之比较）相结合，深入、细化研究森的可行能力进路。依笔者有限的认知，目前我国尚没有学者对森 1979 年至今对可行能力进路的发展，进行过系统的梳理和研究，希望本书可以为读者提供真实、清晰而完整的呈现。

第二，在对森的正义理论梳理、分析过程中密切关注其理论与中国社会所存在的正义问题的关系，力求把森的正义理论研究与我国现实相结合，研究贫困、分配、弱势群体等中国现实问题，探寻借鉴森的正义理论，解决我国现存的非正义问题的可能的新路径。

第三，忠实于英文原著，并对我国学术界有关森的可行能力进路及基于该进路的正义理论研究工作中所出现的明显与森的观点不符的错误提出订正建议。从目前我国学者对森的正义理论的研究来看，主要资料来源是《正义的理念》与《以自由看待发展》两本中文译著。本书写作资料主要来源于森的英文原著。2016 年至 2018 年笔者在哈佛大学跟随森教授进行了为期两年的学习研究工作，与森的学术交流拓展了笔者从书本上得到的有限认识。本书写作框架与主要观点乃至行文重点及应该参阅的主要资料，均得到森教授的亲自指导与帮助。

第2章　可行能力进路的提出与发展

"我对可行能力方法的研究始于寻找一个比罗尔斯的基本善更好的认识个人优势的视角"(Sen,2009：231),可行能力的提出,建立在森对罗尔斯及功利主义和福利主义的质疑与批判的基础之上。《什么的平等?》一文呈现了森对可行能力方法的最初研究。在这篇演讲稿里,森批判了不考虑分配和只追求在总体上获得最大功利的功利主义,他认为,边际效用平等具有太大的弹性和可调试性,不能成为人际比较的可靠衡量标准。森也批判了漠视利益得失的量值,以及漠视所涉及人数、只追求总效用平等的福利主义。即便将二者结合起来,也存在忽视欲望的根源及其伴随活动的本质,以及排斥非功利信息的不合理性的问题。在森看来,罗尔斯对基本善的设定虽然客观,却还是过于偏狭。因为它忽视了诸如跛脚人等弱势群体的利益,无法安置人际差异性,并且存在某种"拜物教"的因素。由此,森提出基本可行能力的视角,以超越功利主义边际效用平等、福利主义总效用平等及罗尔斯基本善平等的偏狭性。在首次提出这个概念时,森将其定位在对基本善的自然扩展上,"基本可行能力平等本质上是罗尔斯方法在非拜物教方向上的扩展"(Sen,1997：484-485)。可行能力视角将基本善的重要性扩展到它对人们所产生的影响的重要性上。提出可行能力视角后,森很快就发现,这种方法可以有更加广泛的意义。他列出了代表自己对可行能力方法研究进展的书目和文章：《商品和可行能力》(*Commodities and Capabilities*)、《福利、主体性和自由：1984年杜威讲座》(*Well-being, Agency and Freedom: the Dewey Lecture* 1984)、《生活水准》(*The Standard of Living*)、《再论不平等》(*Inequality Reexamined*)(Sen,2009：231)。我们以森所列出的他对可行能力研究进展的代表作为线索,首先探明阿马蒂亚·森本人对可行能力的理论建构及其不断推进的过程,继而以森的可行能力进路为研究对象,试着评述其他学者对可行能力方法的发展及批判。

2.1 可行能力进路的提出

1979 年，在第一次提出“可行能力”的“坦纳讲座”中，森提出功利主义平等、总效用平等和基本善平等三种主张都是不充分的，并且它们的任何一种组合也是不充分的。可行能力较之于功利、效用和基本善等指标而言，是一种更加优越的评价个人优势的视角。

2.1.1 对功利主义、福利主义和罗尔斯的平等观的批判

在“坦纳讲座”中，森首先指出功利主义的问题。功利主义不考虑分配，只追求在总体上获得最大功利，要求每个人的边际效用平等。按照古典的、边沁式的解释，效用就是一个人的快乐或幸福的测度。边际效用即人们从每一份增加的资源中所获得的效用。一般而言，资源匮乏的人从每一份增加的资源中获得的效用要多于资源丰盈者从同样增加量的资源中获得的效用。例如，如果我们从一个年薪百万的富人那里拿走一百元给一个极端贫困的穷人，我们就可以增加总效用，因为从边际效用的视角看，穷人的所得超过了富人的所失。所以，在对资源进行分配时，为了使效用总和得到最大幅度的增加，功利主义就要求把新增收入分配给原来收入比较少、边际效用比较高的人。在这个意义上，要求各方的边际效用平等，带来了一种对需求的平等对待的解释。“按照一种解释，这种边际效用平等体现着对每个人的利益的平等对待。”(Sen，1997：477)森对此观点提出质疑：这种对需求的平等对待如何应对人际相异性问题？例如，一个人很容易满足，另一个人却相反，如何有一个一以贯之的测度标准？人的需求本身有太大的弹性，因此边际效用平等不能成为人际比较的可靠衡量标准。诚然，当每个人的效用函数都相同时，可以避免这个问题，但实际情况往往不能满足这个假设。

功利主义只关注总量，漠视分配，是其面临的第二个难题。森经常讨论的例子是，假设有一个跛脚人和一个快乐的天才，在给定收入条件下，跛脚人获得的效用是快乐天才的一半(在这种情况下，边际效用递减的原理对跛脚人来说并不能够成立)，按照功利总和最大化的要求，新增收入不会更多

地被分配给跛脚人,而会被分配给快乐的天才。[①] “快乐天才在效用生产过程中具有超凡能力,因而可能会从能力较弱的跛脚人那里分流部分收入。”(Sen,1997：478)跛脚人所得到的结果就是他的收入会减少,让他本来就因从同样的收入中只能获得较少效用的弱势变得更加弱势。从这个例子可以得出,漠视分配的问题让功利主义作为平等的参照标准显得偏狭且不合理。

在对功利主义进行批判之后,森将批判的矛头指向了福利主义。森以总效用平等为福利主义平等观的代表,指出其存在的问题：漠视利益得失的量值；漠视所涉及的人数。那么,把功利主义对功利总和最大化的要求和总效用平等结合起来是不是一种优越的平等观呢？森援引罗尔斯对福利主义的批判,揭示出即使二者结合也规避不了的一系列困难,诸如对欲望根源或性质的忽视。“如果人们相互歧视,或者把减少别人的自由作为提高自己自尊的手段,并以此来获得快乐,那么,在我们的考虑中,对这些欲望的满足就必须根据它们的强度来权衡,或者无论如何要与其他欲望一起来权衡。”(Rawls,1971：30-31)可见,不考虑欲望的根源及其伴随活动的本质,是福利主义面临的第一个关键问题。第二个问题是福利主义忽视了非效用信息的重要性,“在对福利主义的质疑中,非效用性因素与道德相关是一个关键问题”(Sen,1997：481)。斯坎伦在《选择与迫切需要》(Perference and Urgency)一文中,通过迫切需要与效用之间的对比,证明了道德判断中的福利标准之客观性。斯坎伦认为,评判一个人的福利水平的客观标准“与一个人的爱好和兴趣无关”(Scanlon,1975：658)。森并不太认同这种观点,他更主张,我们在评价一个人的福利水平时,应把客观的因素与个人的兴趣结合起来考虑。但是,森认同斯坎伦对福利主义忽视非效用信息的批判,他认为,作为评价标准,“福利主义是一种极端主义的立场”(Sen,1997：482),具有信息基础方面的狭隘性。

作为评价个人优势的尺度,罗尔斯的基本善的不足在于,基本善的设定无法解决跛脚人等弱势群体的问题,忽视了人际差异性,并且,森还指出,“罗尔斯的框架中存在着某种‘拜物教’的因素”(Sen,1997：483)。福利主

① “the utilitarian would end up giving the pleasure-wizard B more income than the cripple A.”(Sen,1997：478) 笔者认为这句话里 end up 应翻译为“以……作为结束”,发表于《世界哲学》2002 年第 2 期的译文《什么样的平等?》将其翻译为“不再”是误解了森的原意。亦即,“功利主义者就会设法不再让快乐天才 B 比跛脚人 A 的收入多”应改为“功利主义者最终会给快乐天才 B 比跛脚人 A 更多的收入”。在对森 1979 年“Equality of What?”这篇文章的可查阅到的中文译文中,对上句的翻译全部是错误的。

义虽然存在诸多问题，但是它没有拜物教倾向，因为福利主义不是把财富作为有形物来估价的，而是根据其满足人们欲望的能力来估价。罗尔斯把个人占有的基本善的多少直接看作个人优势的具体体现，而不把基本善看作人与善的一种关系，在这个意义上，森认为，罗尔斯对基本善的设定存在拜物教的因素。那么，把两种福利主义的观念和基本善相结合，借助它们的某种平衡能否获得一种恰当的平等理论呢？森给出的答案是否定的。“我的论点是，甚至连需求这个概念也无法通过基本善和效用方面的知识得到适当的广泛论述。”(Sen，1997：483-484)仍旧以跛脚人为例，如果这个人虽然跛脚，但是他生性就很乐观，或者欲望水平低，或者他是个教徒，心甘情愿地接受苦难，期待来世得到回报，此时，我们虽然可以判定跛脚人的某些需求应该得到满足，但是这种判断的基础显然不是边际效用较高或总效用较低，也不是基本善被剥夺，而是他的基本可行能力应得到满足。

2.1.2 基本可行能力观的首次提出

论证了功利主义、福利主义和罗尔斯的平等观所存在的局限性之后，森正式首次提出基本可行能力(basic capabilities)概念：“一个人有能力做一些基本的事。”(Sen，1997：484)例如，可以自由地到处活动，有充足的营养，有必要的资源可以购买衣服和住宅，可以参与共同体生活，等等，都是人们的基本可行能力需求。基本可行能力与基本善及其效用的区别在于，虽然基本善的清单包括各种权利、自由、机会，以及收入、财富和自尊的社会基础，范围非常广泛，但是基本善不关心这些事物对人有什么程度的影响。效用关心事物对人们有什么影响，但它只关注人们的精神反应，而不注重人们的可行能力。“基本可行能力的关注点，乃是罗尔斯对基本善之关心的自然扩展，即把注意力从有益事物转向了有益的事物对人类会有什么影响。”(Sen，1997：484)可见，在首次提出基本可行能力这个概念时，森将其定位为对基本善的自然扩展。森认同罗尔斯对福利主义的批判，但是他认为，基本善还存在不足，“基本可行能力平等本质上是罗尔斯方法在非拜物教方向上的扩展”(Sen，1997：484-485)。也就是说，基本可行能力视角将基本善的重要性扩展到它对人们所产生的影响的重要性上。

综上所述，在1979年以“什么的平等？”为主题的“坦纳讲座”中，森批判了功利主义的边际效用平等、福利主义的总效用平等、罗尔斯的基本善平等，在此基础上森提出用可行能力平等作为参照标准，可以克服上述三种标准各自(或者结合起来)具有的困难与不足。可行能力进路可以为道德中涉及平等的方面(甚至为关注需求而不是应得的奖惩的层面)提供一个更加充分坚实的基础。森对可行能力较之于前三种平等标准而言所具有的优越性充满信心："人们是否接受这个建设性的主张,对主要论点的正确性并无影响。"(Sen,1997：485)同时,森也对可行能力做了几点强调和说明：首先,基本可行能力平等面临将诸多基本可行能力指标化的困难,不过基本可行能力的指标可以像效用一样,以多种不同的方式来运用(例如,可以将其扩展为基本可行能力的字母排序最小化等形式)；其次,基本可行能力平等是一个普遍概念,它的具体使用依据文化的不同而变化(不同的文化对不同的基本可行能力赋予不同的权重)；最后,基本可行能力平等只是德行方面的部分参照标准,还有很多其他重要的参照标准需要综合起来统一考虑。

2.2　功能性活动与可行能力

《商品和可行能力》[①]这部著作是 1982 年 4 月森在阿姆斯特丹大学"汉尼普曼讲座"中的几篇演讲的集合。在该讲座中,森讨论了怎样评判个人福利和个人优势的问题,他提出,以一个人能做什么的可行能力(capability to function)作为评测标准,比财富(例如个人实际收入)或福利的评测标准更具优越性。

2.2.1　利益、福利和个人优势

森认为,对一个人的利益(interests)的评判对于贫穷理论、不平等的衡量、生活水平的测度等诸多问题而言都至关重要。当我们评价一个人的利益和个人生活状态时,我们往往考虑的问题是：他富裕吗？他开心吗？他对现在的状态感到满足吗？收入、财富、幸福、自由、机会、权利或需求的实现程度等作为评价一个人的福利或优势的不同标准,每一种都有其自身的重要性。我们很难说有一种评价个人利益的标准优于所有其他标准,并且能够在任何情境中都适用。森并不认为功能性活动或可行能力是一种具有

① 《商品和可行能力》(*Commodities and Capabilities*)最早出版于 1985 年,本书采用的是牛津大学出版社 1987 年版本。该专著的第 1 章主要是概念辨析,第 2 章通过商品引出功能性活动的概念,从而给可行能力以具体定义,第 3 章揭示了以幸福和欲望的满足作为判断个人福利的标准所存在的问题,第 4 章到第 6 章具体阐释了功能性活动概念,第 7 章详细讨论了个人福利和个人优势的测度方法。笔者认为,《商品和可行能力》这部著作是阿马蒂亚·森可行能力研究的里程碑式作品。

绝对优势的评判标准(事实上，这样具有绝对优势的标准是不存在的)。他讨论利益、福利和个人优势的评判标准问题，目的是想“澄清关于利益(interest)的不同定义的作用和局限性，填充对利益评测的概念工具和对个人优势以及个人福利的评测之间的重要鸿沟。”(Sen，1987a：4-5)可行能力则是跨越这一鸿沟的桥梁。

森首先区分了个人福利(well-being)与个人优势(advantage)：个人福利关注一个人的成就——福利是对一个人某一项成就的评测。个人优势指向一个人拥有的真正机会，尤其是当这个人与其他人有对比的时候他所拥有的机会。机会并不仅仅依靠结果或成就来判定，它还包括对一系列潜在的、可能实现而尚未实现的成就的评测。“实现个人福利的自由更贴近个人优势而不是福利本身的概念。”(Sen，1987a：3)在森看来，个人优势指向的是机会和自由。

森认为，依据个人财富(最直观的是个人收入)来评判个人福利的方法是偏狭的。森指出，我们不能把个人福利简单地理解为他有多富有，因为财富只是实现个人福利的工具，财富本身不是目的。商品(commodities)的性质并不会根据拥有它的人的不同特点而改变，例如，自行车的特点之一是，它是一种交通工具。商品本身具有的特点并不会告诉我们，拥有它的人们可以用它来做什么：一个身体健全的人和一个残疾人，即使他们各自拥有一辆一模一样的自行车，他们能用一样的自行车做一样的事情吗？答案是否定的。“当我们考虑到一个人的福利时，我们明显需要转换到‘功能性活动’(functionings)”(Sen，1987a：6)，即一个人可以成功地运用商品做什么。森认为，人们把商品的特性转换成个人功能性活动的成就(achievements of functionings)，会受到不同因素的影响，总体可以概括为个人的因素和社会的因素。例如，一个人获得营养的成就会受到诸如以下几个因素的制约：(1)新陈代谢率；(2)体形大小；(3)年龄；(4)性别(如果是女性，她是否怀孕或者是否正在哺乳期内)；(5)活动程度；(6)医疗情况(包括是否存在寄生虫)；(7)享有医疗服务的机会及运用它们的能力；(8)营养学知识及教育；(9)气候条件(Sen，1987a：17)。因而，当我们评论一个人过得怎么样的时候，我们必须关注他实际正在过着怎样的生活，以及他可以成功地做什么或者处于什么样的状态——功能性活动反映了一个人的活动(doings)和状态(beings)。

幸福和欲望的满足[①]能充分反映个人福利的大小吗？森的观点是不能。幸福和欲望的满足有两个共同的特点：一是完全基于一个人的精神状态，二是拒绝任何与个人评价直接有关的活动——珍视一种生活而不是另一种生活的精神活动(Sen，1987a：14)。森把第一个特点称为“对身体状况的忽视”，把第二个特点称为“对评价的忽视”。如果一个人营养不良或者身体受疾病困扰，但他本人并没有不切实际的欲望，并且他会因为小小的恩惠而感激、知足，这个人在幸福的程度或者欲望被满足的程度上会有比较高的福利值。但是，这个人的实际情况其实非常糟糕，纯粹以幸福和欲望的满足评判个人福利，并不能反映出一个人真实的被剥夺状况。同时，幸福和欲望的满足路径忽视了个人评价。依然以这个处于营养不良状态却快乐感恩的人为例，虽然从幸福和欲望满足的视角来看，他享有较高的福利，但这并不代表这个人珍视这种生活状态——当他可以摆脱某种剥夺，例如，可以摆脱营养不良的状态的时候，他完全有理由珍视那种不受剥夺的生活。需要注意的是，评价某物有价值并不等同于对某物有欲望。有如下两种观点：第一，我认为 X 有价值，所以我对它有欲望；第二，我对 X 有欲望，所以我认为它有价值。森认同第一种，并指出第二种是功利主义的进路。森认为，人们的欲望会受到现实条件的影响，欲望往往包含着人们对现实的妥协，但是，一个人没有获得他珍视的事物，并不会一贯地影响他对有价值的事物的评价。也就是说，如果从幸福和欲望满足的角度看待福利，那么，处于营养不良状态的人可以因为其乐观精神及对欲望的调试而有较高的福利值，但是这不会影响他对有价值的事物的评价——他有理由珍视不受剥夺的营养良好的状态。这就是幸福和欲望满足这种测评个人福利的标准对个人评价的忽视。总之，幸福和欲望满足这种进路无法反映人们对其所珍视的生活的判断。对个人身体状况的忽视和对个人评价(精神活动)的忽视使得幸福和欲望满足不足以充分反映出一个人的福利。

基于效用来评价个人福利和个人优势的方法在处理人际比较问题时所暴露的弱势更明显。设想有两个人，第一个人在食物、教育、住宅、医疗等方面的条件均差于第二个人(我们可以把第一个人设想为乞丐，把第二个人设

① 森还提到对效用的另一种解释：效用被视为一个人的选择行为。但森认为，将效用视为选择存在明显的问题，因为选择动机决定了选择行为，每个人的选择动机都不同，并且，我们不能够成为“别人”，也不能够选择生活在“他者”的年龄或者时代，因而根本无法进行人际比较。森认为，选择法对效用的诠释不如“幸福”和“欲望的满足”对效用的诠释有说服力，因而他主要讨论了“幸福”和“欲望的满足”这两种诠释效用的方法。

想为社会精英)，但第一个人没有太大、太多的欲望并且生性乐观，很容易就感觉知足和幸福，第二个人恰恰相反。如果从功利主义的视角来看，第一个人有更大的个人优势和更高的个人福利值。然而现实并非如此。森认为，我们需要考虑一个人真实的生存状态(身体的和精神的)，并且需要超越欲望来考虑一个人的精神层面的评价活动(他更珍视什么样的生活)。在这里，森提出了"功能性活动"的概念，这个概念在 1979 年森第一次提出基本可行能力概念的"坦纳讲座"中并没有被提及。"功能性活动"这个概念的提出是森对可行能力思考的重要推进和深化。"一项功能性活动是一个人的一项成就(achievement)：他或她能够做的事情或者能处的状态。"(Sen，1987a：7)在这个阶段，森对功能性活动的界定是，在拥有物品(having goods)之后，在人们获得效用(having utility)之前。例如，骑自行车这项功能性活动是在一个人有一辆自行车之后，在他因骑车获得快乐或者幸福等效用之前。那么家庭主妇用面粉、牛奶、鸡蛋等物品做出的蛋糕，是属于物品还是功能性活动？森强调，功能性活动是"一个人存在的状态的特征，并不是一个人或者一个家庭偶然'生产'和'拥有'的分离对象。"(Sen，1987a：10)这一点对于正确理解功能性活动，避免在"拥有物品之后，获得个人效用之前"的层面走弯路而言，非常重要。功能性活动被森视为一个人的状态的一部分，福利(well-being)则是对功能性活动的评测。同时森强调，一个人一生中拥有的功能性活动很多，对人们的功能性活动的测评并不要求一个完整序列的排序。亦即人们完全可以就一项功能性活动的向量进行比较，而不必穷尽所有功能性活动的向量。

2.2.2　测量和排序

当人们测度个人福利的时候，不论是用财富、幸福和欲望的满足，还是用功能性活动，都需要资料来源。森讨论了各种测度方法所采用的资料，他认为，人们至少有三种资料来源：(1)市场获得的资料；(2)调查问卷的作答；(3)对个人状态的非市场观测。功能性活动比起用财富或者幸福和欲望满足这两种衡量个人福利的标准，资料的来源多了最后一项。对人类基本需要的讨论、对发展及生活质量的指标的讨论、对生活水平的计算等所涉及的功能性活动，都要用到对个人状态的非市场观测。例如，对一个人的营养状况的测评不能仅从他购买食物的相关信息来做出判断，还应考察食物的家庭分配情况，以及上文提到的九项影响个人获得营养成就的因素。森承认，对个人状态的非市场观测需要大量的时间和资料来突破研究的局限性，这项工作并不容易。与此同时，对功能性活动的鉴定涉及对它们的评估，问卷调查的问题设计不简单，对其回答更难。“我恐怕没有解决这些复杂问题的神奇办法，但是不管我们在实践中使用什么折中方案，首先要意识到的是我们对一种满意的解决方式的需求。”(Sen，1987a：32)用功能性活动来测评个人福利，调查问卷的作答难度及对个人状态的非市场观测的复杂性都比较大，功能性活动的方法必须对现实可得资料妥协，形成折中方案，再运用到实践中。解决资料可获得性及统计的难题需要时间，但是我们首先要坚定，用功能性活动测评个人福利这种方法具有优越性和全面性。

当功能性活动的含义被解释清楚后，“可行能力”就有了明确定义：可行能力反映了“一个人所能达到的不同功能性活动的各种组合”(Sen，1987a：9)。在 1979 年森首次提出可行能力概念时，他将基本可行能力定义为“一个人有能力做一些基本的事”(Sen，1997：484)。在 1982 年的“汉尼普曼讲座”中，森用功能性活动诠释可行能力这一概念，对功能性活动的定义及对功能性活动与商品及效用的对比，使得可行能力的概念内涵更加丰富、更加清晰，这一重新诠释是森对可行能力研究的重要进展。

定义完可行能力之后，森明确了可行能力进路的两个特点：不要求唯一性；不要求完整排序。一些人认为，对个人福利的排序是一项纯粹主观的活动，这种观点认为，人们对福利的各种不同排序可以共同存在：一个人认为 A 的福利值比 B 高，另一个人认为 B 的福利值比 A 高，这两种观点都可以是对的。那么当客观性可以很好地运用到对福利的评价活动中去的时候，是否可以否定上述相异观点共存的判断？“我相信这个问题的答案是不能。”(Sen，1987a：22)森认为，客观性并没有必要排除福利排序中可能存在的人际相异性。其实，各种各样的人际相异性是受很多因素影响的，例如观察位置的制约，“当且仅当位置的制约被拒绝并且福利的排序被要求是完整的排序时，客观性观点出于其一致性的需求，人际相异性才必须被排除”(Sen，1987a：23)。这里，森提出可行能力进路的两个允许：允许多个相异观点同时存在；允许不完整的排序。“两个允许”是森继正式提出可行能力观点之后，对可行能力特点的更深一步阐释。

怎样比较可行能力？森列举了一些方法。例如，一种方法是在两个可行能力集合 S1 和 S2 中，检查是否存在一个要素比另一个集合中所有要素都要优越。森将这种方法称为“基本可行能力评估”(elementary capability evaluation)。基本可行能力评估法会面对这样一种情况：一个人可选范围缩小了，但是可选择的可行能力集合里面依然包含有一个要素，它优越于另一个范围较大的集合的所有要素。在这种情况下，如果只看成就，那么这个人的优越性没有受到影响，可是，他所享有的自由变少了，自由应该在可行能力集合的比较中占多大比重？这是森在 1982 年的“汉尼普曼讲座”中对可行能力进路研究的另一项进展：提出自由问题并明确强调，当我们比较可行能力时，成就不是唯一重要的，选择的机会(亦即自由)同样重要。

综上所述，森在阿姆斯特丹大学的“汉尼普曼讲座”中，更加完整地批判了功利主义评判个人福利的标准，凸显了可行能力的优势。森对可行能力的思考进展体现在以下几个方面。第一，提出并详细论述了功能性活动。这个时期的森把功能性活动视为一个人拥有物品之后，获得福利之前的活动(doings)和状态(beings)的总称。第二，可行能力有了更加具体、更加清晰的定义：一个人所能达到的各种功能性活动的组合就是一个人的可行能力。第三，明确了可行能力进路的两个特点：不要求唯一性；不要求完整排序。第四，分析了评测一个人的可行能力所需的资料来源。在这个维度上，森承认评测个人可行能力存在困难，但测评个人可行能力并非不可行，森在这本著作中已经开始讨论具体践行方法。第五，选择的机会(自由)的重要性。第六，在论述可行能力进路尊重人际相异性，允许多个相异观点同时存在的过程中，森提到了一个人所处的位置对其观点的影响。虽然森没有详细讨论，但位置要素已经在其论述中被明确提出，“位置”对于可行能力进路之“开放的中立性”而言是核心问题。第七，明确区分了个人福利与个人优势，个人福利指向个人成就，个人优势指向机会和自由，可行能力注重个人真实的生活状态及在各种生活状态中选择的机会，是评判个人优势的重要指标。

2.3 可行能力的适用性与有限性

1984 年 9 月 17、18、19 日，森在哥伦比亚大学的“杜威讲座”中连续进行了三场演讲。演讲的主题是“福利、主体性和自由”。在演讲中，森分享了他对可行能力的最新研究成果，即“探究一种道德进路，可以从福利和主体性两方面看待人们”(Sen，1985：169)。

2.3.1 检视“福利作为信息基础”

森提出，清晰区分一个人的“主体性层面”和“福利层面”十分重要。福利是道德分析的一项重要变量，但是，并不是所有的人类活动都是为了将他们的福利最大化。“各种有关‘自主’和‘个人自由’的概念都与个人生活中的这一主体性角色相关，而无关福利的考量。”(Sen，1985：186)关于主体性，首先需要把其本身的重要性与主体性对福利影响的重要性区分开来。当然，森承认“人”作为一个整体，个人福利会受到主体性因素的影响，但这并不能代表福利信息本身具有主体性所具有的重要特征。无论我们怎样广泛地定义福利，它都有自身固有的局限性，福利无法担当道德分析的唯一变量。

托马斯·斯坎伦在《契约主义与功利主义》(Contractualism and Utilitarianism)一文中对功利主义的定位是“在道德哲学内部，它代表着一种人们欲避免之就须克服之的立场”(Scanlon，1982：103)。斯坎伦认为，功利主义具有广泛的吸引力，具体说来，“功利主义是由于他们断言其对手理论的基础存在困难而吸引人们的注意力”(Scanlon，1982：103)。森认为，斯坎伦这一观点为我们提供了检视并超越功利主义的一条有趣且重要的道路。功利主义的理论基础是什么？斯坎伦认为，功利主义原则的影响力起源于“哲学功利主义”——“被我称作‘哲学功利主义’的学说是关于道德主题的一种特殊的哲学主张，即认为，唯一的基本道德事实就是关于个人福利的事实的主张。”(Scanlon，1982：108)森将斯坎伦所说的“哲学功利主义”的哲学主张简称为“福利作为信息基础”，英文缩写为 WAIF(well-being as informational foundation)。他试图检视这种哲学主张是否可信，并检视功利主义原则是否应该遵循这种哲学主张。森把后面这个问题分成两个小问题。福利可以被视为效用吗？如果福利被视为效用，那么功利主义原则应该遵循“福利作为信息基础”的原则吗？

森首先剖析了福利(well-being)是否可以被视为效用(utility)的问题。要回答这个问题，需要先明确效用的概念。对效用的解释至少有三种：幸福、欲望的满足和选择。用“选择”来诠释效用所存在的问题是，这种做法不能进行人际比较。同时，森指出选择路径存在的另一个难题是，一个人的选择行为背后可能有许多种动机，对福利的追求只是其中的一种，“动机的混合性使得选择作为个人福利的唯一的信息基础这一理念很难形成”(Sen，1985：188)。福利的动机也许只在一些选择行为中占主导地位，在其他选择中微不足道，因而不能将福利视为选择。如果把效用诠释为选择的话，福利是不能被视为效用的。

如果将效用诠释为幸福，存在两个基本问题。首先，按照传统功利主义对幸福的注解，幸福是一种精神状态，它忽视了代表个人福利的其他因素，诸如免于饥饿、免于疾病等。其次，作为一种精神状态，幸福忽视了其他可以与个人福利相关的精神状态，诸如激励、兴奋等。精神活动还包括对一个人生活的评价，对个人福利的评价并不能仅仅从幸福这一种精神活动出发。因此，如果把效用诠释为幸福，福利不能被视为效用。

对效用的第三种诠释是欲望的满足。森认为，欲望也是一种精神状态。像在“汉尼普曼讲座”中一样，森强调了对某物有欲望和认为某物有价值的关系：我们只能说，因为我们认为 X 是有价值的，所以对 X 有欲望。森再次强调，欲望会受到环境的影响，“欲望反映了对现实的妥协”（Sen，1985：191）。森认为，脱离了环境谈欲望是对欲望的误解。每个人所处的环境和地位不同，他的欲望会随之不同，因而欲望进路在人际比较问题上存在很大困难。如果把效用看作欲望的满足，并且，我们承认之所以对 X 有欲望是因为 X 是有价值的，那么我们就需要考察“个人福利的价值”和“一个人把什么看作有价值的”之间的关系。显然，人们视为有价值的东西很多，不仅仅是个人福利，这已经构成了对哲学功利主义的“福利作为信息基础”这一哲学主张的反驳。

到此，森已经论证了福利被视为效用是错误的。退一步，森建议我们尝试考虑，如果福利可以被视为效用，那么功利主义是否应该遵循“唯一的基本道德事实就是关于个人福利的事实”这一哲学主张？“如果福利是唯一的基本道德事实，并且福利仅仅是效用，那么就有必要对行为和其他不同的选择仅从效用后果的维度进行评估。”（Sen，1985：192）森认为，这种评估忽视平等，忽视分配，如何将不同人的不同福利加起来去评估其状态和行动的问题还有待解决。如果一种道德评价将平等排除在外，显然是不合理的道德评价。因而，“唯一的基本道德事实就是关于个人福利的事实”这一哲学主张是错误的。

2.3.2 福利、主体性与自由

既然将福利理解为效用是错误的，那么我们应该如何定义福利？森认为，我们需要首先区分富裕（being well off）和状态良好或者说享有福利（being well or having well-being）两种不同的理念。富裕指向的是“一个人对外在事物的控制力”（Sen，1985：195），例如，她有多富有，她能买什么物品或服务等；状态良好指向的是“她所达到的内在于她的东西”（Sen，1985：195），例如她现在过着怎样的生活，她成功地做着什么事情或者成功地处于什么状态等。说一个人享有福利，指向的是一个人运用外物达到的内在于自身的东西。我们在寻找通往福利的路径时，还要注意避免两个危险的方向：一个是上文所批判的功利主义路径，即完全基于一个人的精神状态，从主观的视角看待福利；另一个是脱离了个人爱好和个人兴趣的纯粹客观的视角，正如斯坎伦所指出的，"通过客观的标准，我是指独立于一个人的品味和兴趣的，为评价一个人的福利提供基础的标准"(Scanlon，1975：658)。森认为，这种不考虑个人差异的完全客观的标准是不可取的。富裕与享有福利的区别之一，就是人际差异性使得富裕与享有福利之间的关系因人而异。森主张，我们应在不失客观性的基础上，将个人的特点作为测评的参数，纯粹主观和纯粹客观都是需要避免的测评个人福利的错误方向。例如，有一个残疾人，他与一个健全人有一样的收入水平和财富水平，但由于健全人能够做的很多事情残疾人做不了，所以，这位残疾人的品味和兴趣与健全人是不一样的。另一个需要思考的问题是，这位残疾人与有着昂贵品味的人(例如，鱼子酱和香槟才可以给他带来健全人享用三明治和啤酒的快乐的人)在哪些方面有区别呢？他们的品味和兴趣都与健全人不同，但是一个重要的区别是，有着昂贵品味的人可以做大多数健全人可以做的事情，而残疾人却不能。所以，一个人所能达成的功能性活动——他能做什么活动或者处于什么状态——才是一个人的福利的首要表现特征。把功能性活动按照一定标准排序，看一个人达到的功能性活动在排序中处于什么位置，是个人福利的第二个表现。个人福利的核心特征是"实现有价值的功能性活动的能力(the ability to achieve valuable functionings)"(Sen，1985：200)。在这里，森用了 ability 来区分于 capability，capability 在森的著作中特指可行能力，亦即一个人所能达到的多种功能性活动的各种组合，其本质是选择的机会或者说自由。ability 表示才华、能力，这种能力指向将商品(commodity)转化为功能性活动(functioning)的能力。① 在森看来，把物资转换成功能性活动的人际相异性是普遍存在的。森再一次以把食物转换成营养良好这种

① 于莲在其文章《来自尊严的正义——试析基本可行能力清单》[载于《华中科技大学学报》，文章编号 1671-7023(2015)04-0028-07]中写道："森将人们追求好生活所涉及的因素分为以下不同阶段和层次：物资(commodity)、能力(capability / to function)、实现(functioning)、效用(utility)，将平等的标准设在能力层次，对以其他层次为平等标准的理论进行了批判，提出了'可行能力进路'。"笔者认为，于莲对森的可行能力进路的论述有几点值得商榷：首先，森 1979 年提出可行能力进路时并没有将人们追求好生活所涉及的因素分物资、能力、实现、效用四个阶段和层次，functioning 这个词在《什么的平等?》一文中根本没有出现。功能性活动发生在拥有物品(having goods)之后、获得效用(having utility)之前的观点是森在 1982 年提出的。其次，如果按照"不同的阶段"来看，将物品转换成功能性活动的能力也许用 ability 更准确，而不是 capability。

功能性活动所受到的九种因素的影响为例(该案例在 2.2 节已详细论述)，说明资源与功能性活动之间转化的人际相异性的成因。与 1982 年“汉尼普曼讲座”不同的是，森在此论述了这种转换的人际相异性对政策的影响：“将物资转换成功能性活动的人际相异性是许多重要的政策问题的核心。”(Sen，1985：199)例如，在一些较为贫困的国家，对男性和女性营养状况的对比往往采用测量食物摄入量的方法，森认为这种方法是不可靠的。食物摄入量很难反映个人福利，而且这种方法还会帮助掩盖在这些贫困国家里妇女所受到的剥夺。这些政策问题的症结在于对可行能力的忽视。将可行能力的运用领域延展到政策层面的，是 1984 年森在“杜威讲座”中展现出来的、对可行能力研究的最新进展。

森强调，“福利排序的‘自然’形式实际上是部分的、非完整的排序”(Sen，1985：198)。在 1984 年的“杜威讲座”中，森从理论和实践两个维度批判了功利主义坚持完整排序的必要性的观点。同时，森明确提出信息多元性是功能性活动进路的本质特征。森指出，当我们把焦点从功能性活动转向可行能力时，信息的多元性会得到进一步的扩展。在评价一个人的福利时，我们不仅仅要关注他所选择的或业已实现的功能性活动向量，还要把注意力放在他的可行能力集上：“一个人的可行能力集可以被定义为他或她能达到的功能性活动向量的集合。”(Sen，1985：200-201)在这个时期，森把可行能力视为与“积极自由”(positive freedoms)相似，即一个人可以做什么的自由。例如，有两个人享有共同的功能性活动向量：挨饿。A 挨饿是因为她很穷，B 挨饿是因为他的宗教信仰——他在斋戒。A 和 B 的区别在于，B 有选择不挨饿的自由，但是 A 没有。关注可行能力集，可以让我们更好地分析现有的已经实现的功能性活动——它们是人们从原始功能活动集合里通过选择实现的。因此，当评价人们的个人优势时，我们不仅要关注人们现有的福利水平，还要意识到实现福利的自由(可选择的机会)是非常重要的考量要素。

在森看来，福利自由是一种特殊类型的自由，它“聚焦于一个人拥有各种不同的功能性活动向量以及享有相应的福利成果的可行能力”(Sen，1985：203)。这种自由有别于“主体性自由”，一个人的“主体性自由”指的是这个人“追求他/她认为重要的任何目标或价值的自由”(Sen，1985：203)。主体性自由更加具有普遍性，它并不受“追求什么目的”(例如福利)的限制。当然，对目标的认真评估对主体性自由来说很重要。例如，A 把不会游泳的 B 推进河里造成 B 溺水而死。在这个例子中，A 作为一个有责任的道德的主体而言是非常失败的。森强调，A 的失败不仅与 B 的糟糕遭遇相关，从 A 自身的主体性而言，他就是失败的(Sen，1985：219)。如果我们假设，A 推了 B，但是 B 没有掉进河里，或者 B 掉进河里后被一个偶然经过的、水性较好的人救上了岸，在这种情况下，B 的遭遇没有那么糟糕，他的积极自由受到了极小的影响。但是对于 A 而言，他主体性的失败依然非常严重。因而我们可以得出结论，在森看来，主体性自由并不代表一个人可以追求任何他本人认为重要的目标(例如，随意杀人体现的并不是主体性自由，而是主体性的失败)，具有主体性的人首先要是负责任的道德主体。从这个层面上讲(主体性的重要性是对那些可以负得起责任的主体来说的)，对于一些年幼的孩童和精神上存在疾病的人士来说，主体性方面的重要性就弱很多，评估这类人群时，他们的福利成就更值得被予以关注。

主体性自由虽然比福利自由的范围更加宽广，但是主体性自由并不一定包含福利自由。对主体性自由而言，开放的条件性(open conditionality)是其特点，也就是说，如果一个人决定去追求福利，那么对这个人的主体性自由的评估就要包含他的福利自由。但是，这种包含并不是一贯的、绝对的。例如，森给出这样一个情景假设：在一个惬意美好的春天，A 在河边享用三明治，此时，一个不会游泳的人溺水了，因为溺水的人与 A 有数百英里的距离，所以 A 不能做任何事情去帮助他。假设这个不会游泳的人就在 A 面前溺水，那么此时，A 的主体性自由就提升了，A 可以选择扔掉三明治，冒着生命危险跳入冰冷的河水中去把这个不会游泳的人救上岸。如果 A 这样选择并且这样行动，那么他的个人福利(综合考虑)非常有可能减少。同时，他的福利自由也在减少，因为 A 不再能够无忧无虑地享有在河边吃三明治的机会。这个情景假设告诉我们，在主体性自由(可选择的机会)增多时，福利自由有可能降低。因而，虽然主体性自由的范围比福利自由广泛，但是主体性自由并不一定能够把福利自由纳入自己的范围之内。总之，森认为，当我们评价一个人时，主体性与福利是非常重要的两个方面："福利在评价一个人的个人优势时是重要的层面，而主体性在评价一个人在他的善观念下可以做什么的时候是重要的层面。"(Sen，1985：206)也就是说，从主体性层面看一个人，他是一个决策者和行动者；而从福利层面看待一个人，他是一个受益者(与个人利益和个人优势相关的受益者)。

森认为，主体性自由自身含有两个不同的要素：权力(power)和控制力(control)。权力是"有效的权力"(effective power)的简称，自由的"有效的权力"这一层面是指一个人达成他选择的结果的自由。有效的权力并不关注在机制和程序上的控制，同时，一个人的选择是如何执行或者如何实施的对有效的权力并没有影响。“有效的权力”具有的意义之一是它可以注意到反事实选择——现实中并未实现，但如果一个人可以控制结果的话他意愿做出的选择就是反事实选择。与自由的权力方面形成鲜明对比的是自由的控制力方面。控制力是“程序的控制力”(procedural control)的简称，一个人是否成功地达成他做出的选择对自由的程序控制力这一方面没有影响。森认为，当代政治哲学界对自由的关注多是关注其控制力的一面，并且作为控制的自由往往会和基于限制的进路(在一些事物上不要干涉其他人的控制性自由)相结合。森提醒我们，如果只着眼于自由的程序控制方面，会把“自由”这一概念变得狭隘，他呼吁人们加强对自由的有效权力层面的重视。为了说明自由的权力和控制力二者的区别，森举了一个例子：假设一个朋友在一场事故中受伤并且失去了意识，医生说有两个治疗方案A和B，两个方案的有效性是一样的，只是方案A会让人少受一点罪，因为这个方案的副作用小一些。但是，我们清楚地知道自己的朋友如果处于清醒状态，他的选择会是方案B。因为治疗方案A涉及动物实验，而自己的朋友完全不同意在活着的动物身上做实验。所以如果为朋友选择治疗方案B，选择的初衷并不是为了他的福利(方案A更有利于朋友的个人福利)，而是因为他的自由——他达成他选择的结果的自由，这里体现的就是自由的有效的权力一面。从这个例子我们可以看到，只关注作为控制的自由是不够的。并且，我们如果只从控制力的维度看待自由，会忽视当我们自己不能控制一些情况时对自由的要求。例如，我们都不想在街上遇到抢劫事件，这时我们寻求的是有效的权力——达成我们选择结果的自由。由谁来执行控制与达成我们选择的结果相比，显得没有那么重要。如果警察把街上的抢劫犯都清理掉，我们在街上自由行走的时候，自由的权力方面与控制力方面并没有冲突。冲突发生于当我们考虑被抢劫还是不被抢劫的时候——警察把街上的抢劫犯清理掉了，我们不能自己控制这个选择，我们也丧失了被抢劫这个选项，然而，在我们自己不能控制这种情况的时候，我们依旧实现了“不在街上遇到抢劫”这个选择，此时被实现的是自由的有效的权力层面。由此可见，从权力和控制力两个方面看待自由，会使我们对自由的分析更加全面。

总之，森在以“福利、主体性和自由”为主题的1984年的“杜威讲座”中，主要是从主体性和自由这一维度延展和扩充了他关于可行能力的思考。1982年，在“汉尼普曼讲座”中，森提出在各种功能性活动组合之间进行选择的自由具有重要意义。在 1984 年的"杜威讲座"中,森重点论述的是这种自由(可行能力层面的自由)只是自由诸多种类中的一种,可行能力被视为与积极自由类似的一种自由。从福利和主体性两个方面看待人们,有助于我们更加全面地对一个人的行为和状态做出评价。福利无法涵括主体性,反之亦然。福利是测评个人优势的重要参考标准,当评价人们的个人优势时,我们不仅要关注人们现有的福利水平,还要意识到实现福利的自由是非常重要的考量要素。主体性在评价一个人在他的善观念下做什么时是重要的参考要素。主体性自由有别于福利自由,主体性自由指的是一个人追求他认为重要的任何目标或价值的自由。相比于福利自由,主体性自由的范围更加宽广,具有开放的条件性。

对于被斯坎伦称作"哲学功利主义"的学说所秉持的"唯一的基本道德事实就是关于个人福利的事实"的主张,森证明了其错误性。福利不等于效用,一个人所能达成的功能性活动——他能做什么或者处于什么状态——才是一个人的福利的首要表现特征。而个人福利的核心特征是实现有价值的功能性活动的能力。这种把物资转换成功能性活动的能力是因人而异的,普遍存在的人际差异性对社会政策分析具有深远影响。相较于森之前将可行能力应用于对个人优势的评测上而言,将可行能力进路运用至政策分析层面,是这一时期森对可行能力应用的扩展,但是可行能力对政策的影响并没有在这场讲座中得到充分讨论。森强调,我们在评测个人福利时,不仅要关注他所选择的或业已实现的功能性活动向量,还要把注意力放在他的可行能力集上,可行能力集被森定义为"人们能达到的功能性活动向量的集合"。这一阶段,森明确提出信息多元性是功能性活动进路的本质特征,并且他认为,当我们把焦点从功能性活动转向可行能力时,信息的多元性会得到进一步的扩展。森区分了一个人对外面的事物的控制力(富裕)和他所达到的内在于他的东西(享有福利),从这个分析视角看功能性活动,它是一个人所达到的内在于他的享有福利的状态。并且森提出,当我们在寻找通往福利的路径时,需要避免纯粹主观和纯粹客观两个危险的方向。总之,在 1984 年的"杜威讲座"中,森对可行能力所体现的自由与主体性自由等其他自由的形式做了比较,对可行能力的适用范围进行了延展,也进行了限制。从福利、主体性和自由三个方面给予可行能力进路更为清晰的定位和更为丰富的内涵阐发。

2.3.3 批评与辩护

罗伯特・萨格登曾批评森的可行能力进路及他的自由观。萨格登认为，森的可行能力理论虽然强调自由，但其实在内涵上限制了自由：由于森的可行能力进路在应用过程中包含了社会或者理论家对"对人们而言什么是最好的"这个问题做出的判断，这种判断也许和(某些)人们真正的需求并不一致，因而这种做法为限制人们的自由打开了大门。"我对森的提议感到不安的地方在于，森将集体选择置于一些个体的真正意愿之上，一个人真正想过什么样的生活是被另外一些人所抉择的人们有理由去意愿的生活所决定的。"(Sugden，2006：41)萨格登关注的焦点是一个人不受干扰地做出选择的机会，也就是消极自由，这跟森讨论的主体性自由相关。

社会中不同个体的关注点、偏好、困境都不一样，在这种不一致中，政府有能力满足所有人需求的可能性几乎为零，但是达成一项令人信服的集体判断(例如社会应该选择某项政策)是否可能？这个问题正是激发社会选择理论的核心问题。对于个人而言，人们为自己做判断只需要反思，而无须任何人际之间的意见一致。而对于社会事务而言，要进行社会评价，"就必须对于权数(weights)，或至少是权数的区间，有某种理性的'共识'。这是一种'社会选择'工作，它要求公共讨论，以及民主的理解和接受"(Sen，1999a：78-79)。森认为，作为反思性的生灵，我们有能力去体察他人的生活，"更主要的是承认我们所共享的人性在决定我们面临的选择上的意义，而不是确定一些严格的规则以准确地规定我们应该如何行事"(Sen，1999a：283)。在《理性与社会选择》(Rationality and Social Choice)一文中，森证明了运用推理和理性评价，可以有效地消除来自不同群体的意见集合的不准确性，并且有益于提高生活质量。在加尔各答的一次以阿马蒂亚・森的名字命名的公民招待会上，森这样概括社会选择理论："它解决了如何在来自不同阶级、不同社群、不同经济和社会背景、不同文化和宗教信仰的不同社会成员迥异的兴趣和偏好的基础上，系统性地实现社会决策的问题。"(萨克塞纳，2016：68)在20世纪70年代的大部分时间里，森都在研究这些问题。随着森对社会选择理论研究的日趋深入，他开始关注如何在人们可以选择的多种不同的评估方法中选择出最能服务于我们平等与正义的价值观的社会决策方法。

森区分了自由和责任。我们每个人都有为自己的处境负责的责任，责任以自由为条件：如果一个人没有实质自由和可行能力去做一件事情，那么他就不能为做那件事负责；反之，如果他有自由和可行能力去做某事，他对做与不做的考虑就涉及个人责任。当然，我们履行责任的自由很大程度上取决于社会的、个人的和环境的具体情况，在这个意义上，国家、社会组织、非政府机构等主体或组织就会实施对个人自由的社会承诺。森认为，国家和社会不能逃避对正义的社会安排所承担的责任，同时应该由成年人来决定如何使用他们的可行能力。“一个集中注意实质自由的、关于正义和发展的视角，必定不可避免地聚焦于个人的主体地位及其判断；不能把人们仅仅看作发展过程所带来的利益的接受者。”(Sen，1999a：288)人们的主体性及主体性自由在成年人承担责任的维度上具有重要意义。例如，实行相关政策提供给人们广泛就业的机会、接受基础教育的机会、享受基本医疗的机会等是社会应该负起的责任，而如何运用这些机会(选择哪一种工作，如何运用学到的知识和医疗条件，等等)，则是个人的责任。

森对权威者决断一直持反对意见。他认为，不论是政治统治者还是文化专家，都不能代替公众讨论和民主决策。森在谈到传统与现代性的问题时写道：“在对传统的维护与现代性的优点之间的任何真实的冲突，都需要通过参与来解决，而不能由政治统治者、宗教当局或历史遗产的人类学崇拜者单方面做出决定来拒绝现代性。”(Sen，1999a：32)公众参与对于森而言，一直都是重要、重大的问题。其实，萨格登对森的可行能力进路限制自由的批判有其自身的问题。例如抽烟，按照萨格登的观点，一个人应该有权决定自己抽烟与否，以及在哪里抽烟，一些国家或地区如果有“不能在公共场合抽烟”的规定，那么这种规定就限制了烟民抽烟的自由。按照萨格登的思路，是否能在公共场所抽烟这件事情是不能交给民主的讨论与公共选择的，这是个人的自由选择问题。萨格登的自由观其实混淆了政治性的自由(liberties)与一种跟政治无关的自由自在的状态(freedoms)。

森认为，可行能力的本质是自由，可行能力进路的使命是推进、扩展人们的实质性自由，同时森强调，可行能力所代表的自由只是“自由”的一种。除了区分福利自由和主体性自由，森还强调自由本身就含有两个不同的要素：权力(power)和控制力(control)。这两个要素对应了森在《理性与自由》中对机会层面的自由与过程层面的自由(不受干扰地自由地选择)[①]的

---

① 森认为，自由蕴含诸多方面，其中包含有两个不同的特征：“(1)它有助于我们获取在我们各自的私人领域，例如个人生活中，想要选择去获取的东西(这是自由的机会层面)；(2)它让我们得以直接掌握私人领域中的各种选择，无论我们是否会去实施(这是自由的过程层面)。”(Sen，2002：92)

区分，这种区分又与传统的积极自由（如自由地选择、自由地行动等）和消极自由（不受干扰地做某事）相对应。森早期，例如，在《福利、主体性和自由：1984 年杜威讲座》中，把可行能力诠释为积极自由。[①] 但是森后期的作品不再强调这种区分，因为他认为积极自由包含了不受外部环境和自身的限制，也就是说，对消极自由的违背必然是对积极自由的违背（但反过来不成立）。“我要强调，自由具有许多层面。”（Sen，1999a：292）森自始至终认为可行能力只是自由的某一层面[②]而已。

2.4 可行能力在测评生活水平方面的应用

森于 1985 年在剑桥大学“坦纳讲座”中进行了两场以生活水平为主题的演讲。在第一次演讲中，森批判了评定生活水平的一些常用方法，包括效用法和财富法。在第二次演讲中，森较为详细地探讨了可行能力法在测量生活水平中的应用问题。

2.4.1 论一般生活水平观

“你可能生活富裕，但没有良好的状态。你可能状态良好，但是没有办法过上你想过的生活。你可能过上了你想过的生活，但是并不幸福。你可能幸福，但是没有太多自由。你可能有很多自由，但是没有太多成就。”（Sen，1987b：1）森认为，各种生活美好观并存于生活水平一般的概念中，多元性是描述生活水平的一个特点。面对这种多元性，森主张我们采取开放的态度，不能为了获得某个简明的生活水平定义而牺牲其丰富内涵。直面多元性的第一步是分析多元性，在森看来，生活水平有两种多元性：可以相互替代的不同观点之间构成了“竞争性的多元性”，一种观点内部的互为补充的不同方面是“构成性的多元性”。而森（在 1985 年“坦纳讲座”中）关心的是竞争性的多元性——“我希望在本讲结束时能够证成一种替代方法的合理性”（Sen，1987b：3）。

证明可行能力方法合理性的第一步是证伪一些较为流行的审视生活水

---

① 在《资源、价值与发展》一书中，森也将可行能力诠释为积极自由，具体可参见：Sen，Amartya，1984，*Resources，Values and Development*. Cambridge，MA：Harvard University Press. pp. 310-316.

② 尽管比较中可行能力进路包含了民主、公共理性，但是依然存在不能涵括自由的过程层面的短板，这一点森在他的作品中也做了同样的自我评论。

平的方法的合理性。同往常一样，森从诠释效用的三种进路（幸福和快乐、欲望的满足及选择）开始，对其进行逐一批判，继而得出用效用来评价生活水平是不可取的结论。与之前对功利主义的批判不同的是，森在 1985 年的“坦纳讲座”中区分了传统功利主义对效用的两种不同定位：一种是把效用（utility）本身看作有价值的东西，另一种是把效用视为评价其他东西所具有的价值的手段。按照这两种不同的用途，效用或为评价对象，或为评价手段，加上对效用的至少三种不同的诠释方法，就至少有六种方法需要考察。

首先被考察的两种方法是把生活水平视为快乐或幸福的一般生活水平观。如果把幸福和快乐作为评价对象（把幸福和快乐看作其本身是有价值的东西），那么一个受剥削、贫困潦倒、疾病缠身的人，因宗教、政治或文化宣传的原因对自己的状况感到满意，我们如何评定他的生活水平？显然，当我们评测人们的生活水平时，不能只把幸福和快乐作为评价对象，视幸福为有价值的排他合理性无法得到证明。如果把幸福和快乐作为评价生活水平的手段，森认为也非常不合适，“因为其他价值概念和价值评估无须依靠快乐或幸福来引起重视，就能凭借自身的内涵得到相应考虑”（Sen，1987b：9）。

其次被考察的两种方法是把生活水平视为欲望的满足的生活水平观。如果把欲望的满足视为生活水平的评价对象，在森看来还不如把快乐和幸福视为评价对象更合理。因为我们在评价一个人的生活水平时，幸福具有直接相关性，它可以成为具有不同价值的被评估对象之一。但是，欲望的价值还有待评估，“如果一个人对一些东西有欲望，但同时他并没有赋予这些东西任何价值，甚至在深思熟虑后还是没有赋予其任何价值，那么，我们就没有合理的理由在评价这个人的福利或生活水平时将欲望考虑进去”（Sen，1987b：11）。如果把欲望的满足作为生活水平的评价手段，它比幸福和快乐具有优势。因为，欲望与价值评估之间的关系要比快乐与价值评估之间的关系更加直接。然而，欲望具有很强的环境依赖性，社会弱势群体往往会把自己的欲望调整到“可行”的程度，以对社会现实做出妥协。因此，“欲望的度量标准没有多少公平性可言，并且欲望不能反映价值评估的程度，尤其是不能反映一个人经过认真、无畏的深思熟虑之后做出的价值评估”（Sen，1987b：11）。将欲望作为生活水平的评价手段也不合理。

最后被考察的两种方法是把生活水平视为选择的生活水平观。选择法是对效用进行诠释的第三种方法，对选择法较为温和的诠释版本是有 X、Y 两个选项供人们选择，如果人们选了 X，那么 X 对人们的效用比 Y 大。选择法较强的表述版本是，从更高要求的行为模式（如抽彩票）的选择里对效用进行基数测量。森对选择法的讨论一直比较少，原因是他认为这种对效用的诠释方法不值得讨论。用森的话说，选择法是“相当牵强附会的效用阐释方法”(Sen，1987b：13)。如果把选择作为生活水平的评价对象，则是把选择行为和受益行为混为一谈。如果把选择作为生活水平的评价手段，选择动机的复杂性又使其无法胜任。例如，选择做某事是为了民族自豪感或者是为了他人的利益，这跟做出选择行为之主体的生活水平关系不大，因而把“选择”作为生活水平的评价手段并不可取。

综上所述，森认为效用进路并不能作为审视生活水平的合理方法。“效用和生活水平相关，但是它们是第二代堂表兄弟姐妹而不是亲兄弟姐妹。”(Sen，1987b：14)离开功利主义这种主观主义的错误方向，我们很自然地朝着客观主义的方向努力。在客观主义的方向上有一种选择：用以商品占有量为表现形式的财富来审视生活水平。森对这种以财富论生活水平的方法也提出了批判。他认为，生活中的一个例子就足以说明这种对生活水平的测度方式存在缺陷：假设有A、B两个比较贫穷的人，A有比B高的收入，他成功地买到并且消费了更多的食物。但是A的新陈代谢率比较高，并且患有某种寄生虫病。因而，尽管A摄入了较多的食物，但是他营养不良、身体虚弱，身体状况不如B。面对这样的两个人，我们可以说A的生活水平高于B吗？恐怕不能。“生活水平必然是直接与一个人所过的生活有关的问题，而不是与一个人拥有的生活资源和手段有关的问题。”(Sen，1987b：16)森指出，马克思对拜物教的抨击在某种程度上也与生活水平相关。财富是我们达到目的的手段，生活水平的关注点应该是人们过着怎样的生活、人们能够做什么或处于什么状态，亦即“功能性活动”。这里，森将可行能力(capabilities)表述为达到或完成功能性活动的能力(ability)((Sen，1987b：16)。

2.4.2 生活水平的测度与评价

森认为，生活水平实质上是与功能性活动和能力相关的问题，并且对这种观点进行了理论溯源：“这种进路不仅可以追溯到马克思，而且可以上溯到亚当·斯密那里。”[①](Sen，1987b：16)森指出，人们常常认为亚当·斯密主要关心“财富最大化”，其实，斯密的观点恰恰是不要过度关注财富本身。例

① 《生活水平》已有中文译本：沈国华译，机械工业出版社，2015年。该译本有较多尚待商榷之处，例如，对这句话的翻译为“这种观点并没有回到马克思那里，而是回到了亚当·斯密那里”(森，1987b，2015：22)。译文的错误直接扭曲了森的理论溯源，否定了马克思对森的影响。森的原文为：“This approach goes back not only to Marx，but also to Adam Smith.”(Sen，1987b：16)。

如，斯密对“体面地出现在公共场合”的分析，森认为他着重强调的是出现在公共场合的“体面条件”如何因社会习俗和文化规范的不同而不同。斯密的这种分析引起了森对人际相异性的重视，他将亚当·斯密视为“证明财富与完成社会性功能活动之间的不同关系的拓荒者”(Sen，1987b：22)。

森讨论、梳理了对生活水平测度的各种方法。他主张，在测评生活水平的时候，无论使用哪种方法，都需要做到以下两点：第一，正确处理生活水平这个概念的丰富性内涵；第二，具有实用性。回顾历史，生活水平的统计与量化始于古典政治经济学家威廉·配第(William Petty)，他在估算中专注于财富，按照收入法与支出法测算国民收入。数学家拉格朗日(Lagrange)在政治经济学量化的领域里引入了创新性方法，“拉格朗日把在消费中具有相似作用的物品按照它们的特性转换成彼此等价的等价物”(Sen，1987b：22)。具体来说，这种转换是把植物性食物转换成用营养价值表示的小麦单位，把肉类食物转换成牛肉单位，把所有饮品转换成葡萄酒单位……森认为，这种方法根据物品对消费者生活的作用来评估其价值，并且注意到了食物摄入量因活动而异、因地区而异的问题，相对于仅专注于财富的收入支出法而言是一种进步。可是，生活水平不能仅仅从国民收入的数据来判定，我们还需要其他统计资料。“基本需要观”的出现代表着人们开始超越国民生产总值增长，关注社会成就问题。“基本需要观”的问题在于支撑物的选择——是以财富为基础的“基本需要”，还是以可行能力为基础的“基本需要”？森的选择自然是后者。

从历史的角度纵向梳理人们对生活水平的测度方法之后，森开始横向分析：在评定生活水平时，有两种评价方法——“自我评价”(self-evaluation)与“标准评价”(standard-evaluation)。“自我评价可以告诉我们一个人(按照他自己的评价标准)与处于其他地位的人对比之后对自己的生活水平的判断，而标准评价是按照某种社会标准(体现为被社会普遍接受的价值观)来决定自己的生活状况在社会总体排名中的位置的方法。”(Sen，1987b：30)自我评价关注每个人对自己的生活水平相对于他人的生活水平的评定，这种评价与个人功利不同，二者不应相混淆。标准评价可以按照“当代标准”去衡量各种社会问题，其要点是在选定社会公认标准时保持主观性和客观性的平衡。森认为，我们要清楚生活水平的综合排名只是审视生活水平评价方法的一种，这种加总的综合指标并不一定能够充分展现出人们的生活水平。譬如说，一个人的营养水平有所提高但是住房水平有所下降，这样的情况虽然很难综合起来评定他的生活水平是提高了还是下降了，但是这种状况本身具有研究价值。因此，森主张，“生活水平首先应该通过功能性活动和可行能力集来进行评测，像之前论证过的那样，综合排序作为第二步”(Sen，1987b：33)。例如，我们在对比中国和印度两国国民的生活水平时，两国国民之间平均寿命、读写能力等类型的功能性活动之比较，往往比国民生产总值(GNP)的排序更能反映出中国相对于印度在人们的生活水平方面取得了什么样的成就。如果单一地依靠国民生产总值这种标准评价，很可能出现错误。森依靠其扎实而广博的数学、经济学、哲学等的知识背景敏锐地发现了这一点，他在以生活水平为主题的“坦纳讲座”中列举了这样一处错误：世界银行 1984 年的世界发展报告里写到，1960 年到 1982 年中国人均 GNP 以每年 5%的增长率增长，而同期印度人均 GNP 的增长率只有 1.3%；同期的世界发展报告里又写到，中国 1982 年的人均 GNP 比同期印度的高出 19%。那么，按照人均 GNP 增长率往回推算，1960 年印度的人均 GNP 要比中国的高 54%。事实上，这是很荒谬的结论。蒙·库兹涅茨的研究显示，1958 年中国比印度的人均 GNP 高 20%左右(Sen，1987b：34)。据此可以得出结论，国民生产总值用数字反映出的财富总体情况不能作为测评生活水平的唯一标准，生活水平其实是关乎生活状况的问题，我们评定人们的生活水平时应该关注的是人们的功能性活动。

如果依照功能性活动的方法，我们如何评定一个人的生活水平？这个问题的实质是我们怎样测评一个人的功能性活动。如果把人们在生活中取得的各个方面的成就都作为评价对象，那么有可能根本无法完成总体生活条件的比较。因为人们的活动和状态可以从不同的方面来审视，按照这种思路，功能性活动需要开具一张无限长的清单，不具有可行性。如果通过部分排序，则有可能实现我们的目标。但是需要注意的是，关于生活水平的评价，“在所有选项的完整排序和占优部分排序之间，还有很多中间状况”(Sen，1987b：33)。森认为，在生活水平测评中不能比较每一对生活方式并不是令人尴尬的事情，我们完全可以清晰地比较一些对象，同时承认尚有未进行比较的问题存在。现实生活中，部分排序往往已经可以清晰地呈现并解决我们面临的问题。仍旧以中国和印度的生活水平对比为例，在世界银行 1984 年的世界发展报告里，中国人的平均寿命是 67 岁，而印度人的平均寿命是 55 岁；在世界银行 1983 年的报告里，三分之二以上的中国人有读写能力，而在印度，掌握读写能力的人口仅占总人口的三分之一左右(Sen，1987b：34-35)。有关平均寿命和读写能力的统计在整个生活水平的范畴里属于部分排序，这些统计可以直观且清楚地告诉我们中国相对于印度在生活水平方面取得了什么成就。“即便是有关重要的功能性活动的碎片化信息也比非常精确的总量化国民生产总值能告诉我们更多的东西。”(Sen，1987b：35)森在 1982 年“汉尼普曼讲座”中和 1984 年“杜威讲座”中都指明，功能性活动不要求完整排序，部分排序是功能性活动路径的特征。在 1985 年的“坦纳讲座”中，这种“部分排序”被冠以具体事例得以呈现，我们在评定生活水平时并不需要把所有涉及的方面汇总起来，进而对其进行完整排序——这几乎是不可行的测度方法。单就某些功能性活动进行部分排序，已经可以呈现出来生活水平的优劣高低，有关中国和印度生活水平的对比就是典型例证。

可行能力和功能性活动在进行生活水平的测度比较时，各自扮演怎样的角色？“一项功能性活动(functioning)是一项成就(achievement)，一种可行能力(capability)是达到这项成就的能力(ability)。”(Sen，1987b：36)功能性活动和生活状况之间的关联更加直接，因为功能性活动体现的就是生活状况的不同方面。可行能力则是“有关自由的概念”，这一时期森依旧将可行能力视为与积极自由类似：“有关你可能会过上的生活的实质机会。”(Sen，1987b：36)可行能力在生活水平测评中的重要作用在于，它揭示了在不同的生活类型之间选择的机会和自由在某种意义上是生活水平价值的体现。例如，一个人有不同的生活方式 A、B、C 和 D，他选择了 A。又假设，在另一个情景中，B、C、D 三种生活方式对他来说变成了非选择项，他能且只能选择 A。那么从可行能力的视角看，虽然两种情况的选择结果相同，但是在后一种情况下，这个人可以选择的机会与自由减少了，他的生活水平还是有所下降。在讨论福利自由的时候，森也用选择机会的多少来论证可行能力的价值。生活水平和福利水平是两个相关的概念，相较于生活水平而言，福利水平的范围更广。[①] 例如，一个人因为他者的痛苦而感到悲伤，假定其他条件不变的情况下，这个人的个人福利会下降，但是这并不会让这个人的生活水平降低。所以我们有必要区分福利水平与生活水平，“一个人的福利会受到各种各样的影响，应该通过评价一个人所过的生活的原本状态来评价他的生活水平”(Sen，1987b：27)。功能性活动反映了生活状态的各个方面，而可实现的功能性活动集合就是一个人的可行能力，功能性活动与可行能力是双向同步关系。森认为，在评定一个人的生活水平时，我们不

① 结合森在 1984 年“杜威讲座”中对个人主体性和个人福利的区分，我们可以得出个人主体性、个人福利和生活水平三个概念的范围是逐渐缩小的结论。

仅要重视对功能性活动的测评，还应当把有关自由的思考作为对生活状况的合理性思考的一部分。“可行能力进路，从广义的定义上来讲，并不仅仅关心一个人从可选择的功能性活动束里选择了哪一个功能性活动集合，还会从与自由相关的这样一种合理且丰富的角度来看待功能性活动本身。”(Sen，1987b：37-38)以可行能力进路看待生活水平，其优越性或者说合宜性、全面性正是源于这种自由的视角。

森在1985年“坦纳讲座”中发表的以生活水平为主题的两次演讲中，驳斥了效用法、财富法等被广泛应用于生活水平评价的方法，提出应该用可行能力看待并评定生活水平的观点。虽然自1979年提出基本可行能力概念以来，森对可行能力思考的方向都指向自由——可行能力是各种功能性活动的集合，可行能力是实现功能性活动的能力，可行能力代表了在不同的功能性活动之间选择的机会——但明确定义“可行能力是有关自由的概念”，则是在1985年以生活水平为主题的“坦纳讲座”中。森不仅从自由的维度诠释了可行能力，还对这种观念进行了溯源——可行能力观来源于马克思和斯密。同时，可行能力的应用范围得到了扩展：评测生活水平是可行能力进路在实践中新的应用。森对考察、测量生活水平的先驱们所用的方法进行了梳理和评价，并对自我评价和标准评价两种方法进行了讨论。森认为，在运用标准评价的方法来评测生活水平时，首先应该通过功能性活动和可行能力集来进行评测，综合排序作为第二步。他讨论了测评功能性活动时部分排序的合理性，并澄清了生活水平与个人福利的关系，以及功能性活动和可行能力之间的双向同步关系，对可行能力和功能性活动在进行生活水平的测度比较时各自扮演的角色进行了区分、说明。笔者认为，森将可行能力方法运用于生活水平的测评上，标志着他的可行能力开始从薄的视角向厚的视角过渡。

阿马蒂亚·森的可行能力包含了厚的视角和薄的视角，这种观念由莫扎法尔·齐齐尔巴什提出(Qizilbash，2011)。从薄的视角看，可行能力就是一种评价优越性、平等、正义、发展的指标(与效用、基本善、资源等其他评价指标相对的指标)，这种评价不需要对怎样衡量功能性活动和可行能力进行说明。例如，森指出一个残疾人的生活质量仅仅用他占有的资源来衡量是有失偏颇的，因为不同的人将资源转换成想过的生活的可行能力是不同的。这种评价虽然用到了可行能力的概念，但是不要求我们提供如何对可行能力进行测量与估值的方法，也不需要罗列出可行能力的清单。森特意将功能性活动看作开放性的存在，他主张，人们可在不同的条件下根据所要评价的不同标的去选择不同的可行能力衡量方式(例如,设定不同的功能性活动清单、选定测评功能性活动与机会的不同路径)。

在可行能力进路的发展过程中,许多学者期望将可行能力细化并赋值,以衡量社会进步水平,这就涉及针对不同的衡量目标而对功能性活动有所选择与测度设计。森提出可行能力路径之后,也在不断发展着他的可行能力理论,例如,他对生活水平的研究、对适应性偏好[①]的研究,以及对可行能力路径如何应用到社会实践中去的思考,都使得森的可行能力进路在薄的视角下的内容逐渐丰富、不断超越,这些对可行能力应用型的探索和研究构建了可行能力的厚的视角下的内容。当然,厚的可行能力清单也是不完全的(incomplete)。在森的概念中,一份适用于任何时代、任何社会、任何事物的可行能力清单是不存在的。森把公共讨论与辩论放在公共选择的核心位置,人们会对不同的可行能力赋以不同的权重,其中的一些可行能力又会涉及社会评价指标,所以对可行能力的测度就涉及社会选择理论。厚的视角下的可行能力内容,旨在寻求一种在人们不同的选择与赋值之中通过公共讨论达成一项可被接受的公共决策的方法(当然,森并不预设通过公共讨论,一致的决策总是能够达成)。森承认,在特定情景中为评价一项既定目标可以列出一份有限的可行能力清单,例如,由联合国发展计划署组织的对全球人类生活质量的测评指标的拟定工作中,森针对人类发展及其相关事项的测评参与设计出了人类发展指数(Human Development Index,HDI),这里面便包含了特定的、详细的功能性活动清单及其明确权重赋值。同时森也指出,"这项测评工作中只包含了非常有限的功能性活动"(Sen,2005:159)。我们不能确定这份由专家们制定出的人类发展指标是否经过了公众讨论和辩论(由世界人民广泛参与的公共讨论,而不仅仅是由专家组进行的公共讨论),但是可以确定的是,使用这份包含了可行能力清单的人类发展指标来评定人类发展,比起单纯靠收入来评定,更加全面、优化和进步。

2.5　可行能力与平等

人们在对平等问题进行伦理分析时,必然会涉及两个问题——什么要

① 适应性偏好是指当那些长期处于被剥夺状况下的人们无法改变自身的处境时,就会调整自己的欲望,使之限定在自身有可能获得的极为有限的东西上,如自我满足的奴隶就是适应性偏好的一个例子。

平等？为什么要平等？对第一个问题的争议是，在人们的收入、财富、权利、自由、机会、需求的实现程度等方面，哪些方面的特征应该平等？这个问题是各思想流派之间的争论核心之所在。罗尔斯主张基本善的平等分配，诺齐克主张每个人都应享有平等的自由权，德沃金主张资源平等，等等。森指出，"平等"这一术语往往是指在一个具体的评估领域里面的平等，而在既定评估领域(例如自由)里面要求的平等，往往意味着否定其他评估领域的平等。

2.5.1 平等的评估域

在森看来，平等具有普遍重要的意义，"要使社会安排具有合理性，就伦理要求而言，需在某些极为重要的层面上对所有人都给予起码的平等考量"(Sen，1995：17)。森认为，公正和平等的思想是所有伦理学和政治哲学的共同理论背景。要谈论平等问题，不可忽略的是人际差异性——由自然环境、社会环境和个体特征、群体特征(例如，孕妇或需要照看初生婴儿的妇女就要比一个没有这些牵挂的男士有少得多的自由去追求她的人生目标)的不同导致的人际差异性。人际差异性的结果之一就是在一个领域的平等到了其他领域可能会变成不平等。例如，如果我们接受了诺齐克所提倡的自由至上主义的权利的平等，则其全部后果包括收入、福利等的不平等就是合理的。森强调，有关平等议题的伦理学必须对影响到不同评估域之间关系的、普遍的人际相异性予以充分考虑(Sen，1995：28)。如果森所说的"在极为重要的层面上对所有人给予平等考量"是被人们共同接受的共识，那么，"什么要平等"的问题就等同于"什么是基本平等的适宜的评估域"的问题。

自由、权利、收入、效用、基本善、需求的满足、资源等都可以提供一种视角，以看待不同个体的生活状况，每一种视角都有相应的对平等的诉求。譬如，功利主义者为追求效用总和的最大化，要求为每个个体的效用赋予平等的权重；经济平等主义者要求收入或财富平等；积极自由主义者要求自由权平等。那么在基础层面上，人们应当选择哪一种分析视角？在思考这个问题的过程中，人们往往会觉得我们可以用如此多的方式来解释平等，平等的评估域的多样性带来的不确定性使得平等似乎不可能有真正的实质内容——平等内容的多样性会导致平等的"空洞无物"。森认为，这种观点是错误的。他给出三点理由。首先，"即便没有选好评估平等的具体评估域，但只要认为在某个特别重要的评估域内应有平等的诉求，则该要求本身就并不是一个空洞的诉求"(Sen，1995：24)。森这句话意在表明，当我们质疑一些没有基本结构的理论，或者质疑一些缺失对平等的要求的理论时，这种必要性的要求就会显示出重要性。其次,“一旦平等的内容得以确定,平等就成为一个极有力量又严格得近乎苛刻的要求”(Sen,1995：24)。森认为,一旦锁定某个评估域,平等被赋予具体的内容,那么这种要求就会变得极具约束力。最后,森指出,平等的评估域的多样性实际上反映了一个深层次的多样性,即在某个价值目标的语境下,人们对如何评价个体优势的看法具有多样性。也就是说,评估域的多样性并不只是平等所面临的问题,多样性并不能成为平等内容空洞无物的指责理由。没有唯一的判断标准并不代表空洞无物,而代表了我们对各种有理由支撑其观点的思想派别的尊重,多元性与丰富性是平等问题乃至人际比较问题的特征,我们要做的是正视这种多元性,在比较中选择较优方案来指导我们,以减少社会中的不平等、不公正现象。

2.5.2　总和、平等主义与效率

当我们在不同人之间谈论、测量、评价平等的问题时,一般有两种信息焦点,一是人们的成就(attainments),二是人们的潜能。森将这两种界定方式称为成就平等(attainment equality)和差数平等(shortfall equality)。成就平等是指“我们对人们的实际的成就水平进行比较”(Sen,1995：90),以求成就水平的平等。差数平等是指“我们对人们实际取得的成就与他们各自可以获得的最大成就之间的差值进行比较”(Sen,1995：90),以求差值平等。前者关注的是纯粹的成就水平(不管一个人的最大潜力是多少),后者关注的是个体潜能的发挥程度。森认为,两者各有长处。假设有两个人,A 的潜能完全发挥,他的成就可以达到 X,B 的潜能完全发挥,他的成就可以达到 2X,如果将成就平等作为唯一的测评标准,依据这个标准,我们会要求降低 B 的成就水平至 X,这显然不具有合理性。如果将差数平等作为测评标准,我们会要求每个人的成就与他们各自可实现的最大成就之间的比值是相等的,这样处理看起来似乎不会像成就平等所要求的那样极端。但是,如果 A 是残疾人,差数平等的测评标准并不会让社会分配对他们有任何倾斜,也就是说,差数平等不能够解释我们为什么要优先帮助弱势群体成员 A 尽可能地实现其最大成就 X。另外,残疾人的差数与健全人的差数并不相同,不管是原值还是比例值,差数平等的要求实质上无法顾及弱势群体的利益。在这个问题上,森的观点是,我们在分析问题的时候,在成就平等不可行的情况下,不见得一定要在成就平等和差数平等之间做出非此即彼的选择(Sen,1995：91)。在对待弱势群体的问题上,森在某些层面同意罗尔斯的观点,例如,社会应为处于最不利地位的人们提供最大可能的利益。

从这个考量点出发，森认为，我们应该认真对待成就平等的主张，哪怕每个人的成就最大值各不相同，甚至千差万别。当然，森也反对仅仅为了追求成就平等而拉低高才能人士的成就水平。那么应该如何解决这个问题？森提醒我们思考另一个问题：平等是唯一的原则吗？

由此，森引出了总和与分配的问题。森认为，我们在进行社会安排时，平等只是众多考虑因素中的一个，并且，"它往往和包括效率在内的总和因素一起被考虑"(Sen，1995：92)。当然，总和考量(例如不管分配，只注重增加人们的个人优势)与分配考量(例如要求降低优势分配的不平等)之间总是有冲突，一般来说，总和考量会使我们与平等的目标发生偏离。但是，"总和"(包括对效率的要求)与"分配"(包括对平等的要求)必须结合起来考虑，社会才能有良序地安排与发展。"不但平等诉求最终不得不同其他竞争性诉求放在一起权衡比较，而且，对平等诉求的解释必须接受来自其他已经获得承认的考量因素(如总和考量)的评估。"(Sen，1995：144)森举出两个例子来佐证他的上述观点。第一个例子是，将总和考量与成就平等结合起来，上文讨论的案例可以这样解决：A 可以优先得到帮助以实现其最大成就 X，而不将其他所有人的成就都从最大成就 2X 拉低至 X。在结合考虑了总和考量的因素之后，成就平等的要求就是值得赞许的要求。森用来佐证总和与分配必须结合起来考虑的第二个例子是机会均等的例子。罗尔斯在作为公平的正义理论里，主张机会均等——每人都有相同的机会去竞争对所有人都开放的职位。由于人们在道德和智力能力以及技术上有所差别，因而最后能者上位，这是公平竞争的结果。森认为，罗尔斯的这种主张是与效率相联系的。从效率优势的视角看，通过总和考量，可以最好地理解罗尔斯在社会制度设计中允许的人们在能力方面的不平等，"如果消除了这种不平等，可能会大大拉低很多人的能力并导致无效率，因而是不可接受的"(Sen，1995：146)。森认为，罗尔斯所辩护的机会平等有的时候是可以接受的，并不是说基本善的视角比可行能力视角更好，而是说这种辩护启示了我们，"个体优势的平等诉求应该与可带来这些优势的效率因素综合考虑"①

① 森较为赞同公开竞争的制度安排的公正性。20 世纪 90 年代印度对其前总理辛格(V. P. Singh)的一项议案展开了激烈的政治争论，议案内容是"将政府里的公共服务部门中一半以上有影响的职位留给在种姓等级制中处于较低地位的种姓及其他相对劣势群体"(Sen，1995：147)。最终辛格的议案没有被通过，并且这场争论导致了辛格的下台。森认为，通过为社会习惯所认为的无特权的人预留职位，就像对基本善的分配状况的某种固定优先安排，这不是解决问题的合理方式，因为这种安排忽视了总和考量的要素。

(Sen,1995: 146)。同时森提醒我们要清醒,罗尔斯的机会平等有时候也是不可以接受的。森指出,罗尔斯观点的实质其实是只要通过机会平等基础上的公平竞争(每个人都有相同的受教育机会和竞争机会),就不会有不公平或者不正义。如果在罗尔斯设计出来的能者上任的"贤能政治"(meritocracy)制度下,执政者并没有带来高效,而且导致社会中的弱势群体受到不平等对待,那么,罗尔斯提倡的基于基本善的社会安排就不具有合理性。总之,只有把总和与分配结合起来,社会才能良序发展。

罗尔斯正义两原则中的差别原则,打破了他对效率的辩护,他要求社会安排给予处于社会最不利地位的人们优先权来保障他们的最大利益。在对平等的要求上,森同意罗尔斯的这种价值判断,但是森认为,罗尔斯仅从基本善的拥有状况来考虑分配正义的问题,并不能从根本上解决不平等。由于每个人将相同的基本善转换成他们各自生活状况的可行能力是不同的,罗尔斯基于基本善做出的制度设计必然会因为缺少必要的信息而存在局限性,很难实现公正。可行能力可以反映出基本善反映不出来的不平等,因而我们有必要认真审查人们在可行能力方面的不平等,"并且也有必要用效率的理由来检视这种不平等的合理性"(Sen,1995: 147)。可行能力可以全面反映人们的实质生活状况及实质自由,我们考察、比较个人优势时,可行能力视角比基本善视角更具优越性。因而,罗尔斯所坚持的差异原则应该结合可行能力视角,才能更为根本性地解决不平等问题。当然,可行能力视角不等于成就视角。森认为,如果一个有责任、有能力的成年人享有的自由不比其他人的少,但是他浪费了很多机会,最终沦落到比其他人的处境差很多的地步,在这样的案例中并不存在不正义或不平等。如果我们选择可行能力视角代替罗尔斯基于基本善的机会均等视角,再结合总和考量与分配考量,那么正义的社会安排应该是,"不同的具体社会安排既要充分考虑到其对人们有效自由和可行能力的总和影响,又要考虑到其对人们有效自由和可行能力的分配状况的影响"(Sen,1995: 147)。

2.5.3　对平等的诉求

平等必须在足够广阔的视野里才能得到恰如其分的评估。当然,在社会安排的见解中,有很多学者为不平等的合理性辩护。森将这些辩护归纳为三种:"错误域论"(the wrong space argument)、"激励论"(the incentive argument)、"运行不对称论"(operational asymmetry argument)(Sen,1995: 138)。"错误域论"主要针对讨论平等的评估域进行辨析,"激励论"

主要关注不平等可提升效率，促进人们实现目标。很长时间以来，在有关不平等的辩护中，主张不平等之合理性的观点主要援引的是“激励论”。“运行不对称论”是指因人们能力上和技术上的差异，在实际运行中不能平等对待所有人。不对称的社会角色需要不对称的待遇，例如，有些人就应该比别人拥有更大的权威和权力。“激励论”主要关注个体的激励问题，“运行不对称论”主要关注不对称的社会作用。森指出，我们要厘清人际相异性与激励问题的价值之间的关系。如果个体间的成就差异是勤奋程度的不同造成的，那么“激励论”可以得到很好的应用。如果个体的成就是性别、年龄等原因造成的，那么相应的政策应该为因性别或年龄歧视而遭受更多剥夺的群体提供特殊的援助。人际差异的选择变量很重要，森认为，从激励的视角看，“解决与人际相异性相联系的不平等的平等主义政策要胜过解决由于个体之间的努力和勤奋程度差异所造成的不平等的政策”（Sen，1995：143），因为诸如性别、年龄、阶层等前定的多样性（antecedent diversities）是人们在现实生活中拥有不平等的自由的背后的核心要素，也是我们需要关注的与平等、正义相关的重要影响要素。

在森看来，个体在社会排序中的相对位置可以从两个方面来进行判断：实际成就和可实现成就的自由。我们可以从这两个方面来审视不平等，但二者的判定结果未必重合。判断一个人的成就的标准是非常多元化的，比如，效用（如快乐和欲望的满足）、财富（如获得的收入或者消费水平）、生活质量（如生活标准的某种指标）等。功利主义将社会评价中的人际比较项仅限定在一个人获得的成就上，并用效用来界定成就，而自由被功利主义作为实现成就的手段。阿罗的社会选择理论所关注的焦点是个体对社会事务状态的偏好，但社会选择理论的最新发展已经试图将在社会事务各种状态中进行选择的自由的考量引入评价结构。罗尔斯和德沃金用不同的方式反对了只关注成就的进路，他们分别通过对基本善和资源的强调，将我们的注意力从成就引向自由。基本善或资源可以提供商品束的集合，根据个体对基本善或资源占有的多少来判断个人优势的分析策略可以将我们的关注点从已实现的成就转为可实现自由的手段。[①] 但是，森将罗尔斯的工作评定为“建设了一半的房子”[②]（half-way house）。他指出，罗尔斯没有考虑到的

① 例如，在消费视域里，如果用预算集表示人们在可供选择的不同商品集合中进行消费的自由，亦即表示个人自由的程度，用资源来表示人们在给定价格条件下在某收入水平内购买商品的机会。那么构成预算集内容的资源与预算集的区别就是实现自由的手段与自由的程度之间的区别。

② 这一观点来源于森与笔者的邮件交流。

是，由于个体因素、群体因素、社会因素和环境因素等的影响，不同的个体在将基本善（或德沃金所主张的资源）转换为自由时，转化率会有很大的差异。因而，虽然罗尔斯和德沃金在朝着重视自由的方向努力，但是这种转向还不足以洞悉自由。森认为，不仅实现成就的程度和实现成就的自由之间是有区别的，而且获得自由的手段与自由本身的实现程度之间也是有差别的。实质自由的特征是，“可以从我们有能力获得的不同的‘成就束’组合进行选择”（Sen，1995：34）。自由不仅仅有别于成就，还有别于实现自由的手段——资源或基本善等。

在森的概念中，可行能力体现了自由，它是对人们可获得的有价值的功能性活动的一个基本反映。可行能力视角直接聚焦于这种自由而不是追求达到这种自由的手段，从这个意义上讲，可行能力可以被视为实质自由的体现。“功能性活动是个体福利的构成要素，而可行能力反映了一个人可获得个体福利的自由度。”（Sen，1995：49）森认为，一个人的福利（well-being）可以从他的生存质量来判断。人们的生活是由一系列相关联的功能性活动组成的，功能性活动包括人们所处的状态（being）和从事的活动（doing）。人们在福利方面的成就可以被视为“功能性活动的向量”。与功能性活动概念密切相关的是实现功能性活动的可行能力，“可行能力代表了人们可以达到的不同的功能性活动（个人状态和活动）的组合。因此，可行能力是一组功能性活动向量，反映了一个人过某一种生活或者另一种生活的自由”（Sen，1995：40）。可行能力不仅与可实现的个体福利的自由有关，还会影响到已被实现的个体福利水平，这种视角的优越性在于，它将我们关注的焦点从商品域、收入域、效用域等转向了生活的构成要素域，在这个评估域里面，功能性活动是一个点，而可行能力是这些点的集合，“只要是在生活的构成要素域，是关注功能性活动还是关注可行能力就没什么区别了”（Sen，1995：50），因为它们都是用相同的核心变量来定义的，而森说的这种无差别是将功能性活动视为全部选择方案和已经实现了的选择的综合体。

个人福利与可行能力相关，至少体现在两个层面。第一，如果说已经实现的功能性活动组成了个人福利，那么实现这些功能性活动的可行能力，亦即人们在各种功能性活动组合中选择的自由，将构成人们拥有各种福利的实质机会，亦即福利自由。森指出，这种福利自由与伦理分析和政治分析直接相关。例如，在有关社会状态的良善程度的描述中，人们各自享有的福利自由是十分重要的要素，福利自由是一个良好的社会结构中极为重要的东西，从这个视角来看，“一个良好的社会同样是一个自由的社会”（Sen，

1995：41）。第二，业已实现的个人福利本身取决于实现功能性活动的可行能力。这个层面又可以从两个方面理解。首先，能够做出选择，这本身就构成了有价值的生活的一部分，“能够在重大的选择项中真正做出选择的生活可以被视为更富足的生活”（Sen，1995：41）。因而，对个人福利而言，有一些可行能力有直接的贡献。其次，当个体福利并不取决于可选择的自由的程度时，可行能力所扮演的角色是工具性的，可行能力集合提供了各种功能性活动向量的信息，功能性活动是构成个人福利的要素，因而可行能力对于个人福利而言具有重要的作用。

把功能性活动及可行能力作为评估域，免不了要评估和筛选，乃至要权衡各项功能性活动和可行能力，以确定有关功能性活动和重要的可行能力的列表。森认为，像不同的商品必定有贵有贱一样，功能性活动和可行能力也一定有不同的重要性。但是，这并不意味着我们可以按照重要性的大小对其进行精准排序，从而获得一个完整的序列。对个人福利的人际比较和对不平等的评估一样，都允许不完备性的存在，不明确性（ambiguity）和不完整性（incompleteness）是个人福利比较和不平等评估的概念方法中的一部分。评估域的多元性以及测量的不同方法是个人福利比较和不平等评估存在不明确性的原因，而由于可进行比较的信息的缺乏或者是出于尊重各种不同理论的合理性的需要，不完整性是必然存在的。森认为，我们要正视这种不明确性或者说模糊性，而不是祛除它——“这里应避免过于追求精确的危险”（Sen，1995：48）。这句话强调的是我们可以充分利用那些可以挑选出来的不模糊的排序部分以付诸行动，而不是坐等所有功能性活动都被挑选出来、一切都变得完全清晰之后再行动。森承认，运用可行能力视角在实际评估中会出现数据获取的困难，但他强调，“即使是在实际应用中接受了获取数据的有限性并迫使我们无法全面描述能力集，也要对眼前的数据保持一种基本的分析动机，并将其视为在现有条件下我们能够做到最好的实践性妥协，这一点很重要”（Sen，1995：53）。即便是因获取数据的限制而对现实有妥协，可行能力的信息基础仍然胜于其他广泛使用的变量（例如效用或商品等）。

在进行人际比较时，主体性和个人福利是我们需要注意的既相互区别又相互依赖的两个方面。对个人福利的追求是主体性自由的一个方面，同时，作为能动者的个体如果没有达成非福利目标，他会感到受挫，他的个人福利也会因此降低。因而我们在分析主体性和个人福利时，既要注意到二者的差异，又要注意到二者的联系。主体性方面和个人福利方面谁更突出一些，需要依情况而定。有时候我们必须在相互冲突的选项中做出选择，但是选择一项并不代表着否定另一项的意义。例如，要生活美满还是事业有成？无论选择哪一项，都不会使另一个选择变得不重要。以此为例，我们很容易理解，不论我们是否将主体性目标中的非福利目标看得比个人福利更加重要，都不影响个人福利的重要性。在社会层面，“个人福利方面在诸如社会保障、反贫困、消除一般意义上经济不平等及一般意义上对社会公正的追求等问题上尤为重要”(Sen，1995：71)。一个社会可能为个人福利的实现承担某些责任，例如，社会有责任确保没有人会因饥饿而死亡，但是社会在促进其他主体性目标时未必承担责任，例如，社会没有责任为某个人特别崇拜的英雄立雕像。然而，在有些情况下，我们会以主体性为基础进行人际比较。例如，我们检视人们各自的目标是什么以及实现程度时，主体性成就和主体性自由就是我们进行比较的对象。在社会层面，如果一个社会里一些人可以达成他们所想达成的所有目标，而另一些人在达成目标时却不得不面对一些无法克服的巨大障碍，在对这样的社会做出政治评论和道德评价时，我们的评论所基于的正是生活在这一社会里的人们的主体性成就与主体性自由层面的标准。另外，森指出，即使我们对社会不平等的分析的首要关注点在于个人福利和个人福利自由，我们依然要关注人们的主体性，因为人们对福利自由的运用依赖于影响他们做出实际选择的主体性目标。在主体性目标里，森认为，个人总是优先考虑追求自身的福利，这一点是无条件成立的。并且，这与自我中心主义无关。“个体对主体性目标的全面衡量就是她思索她想要实现的目标的权重，这种权重与她想要实现的事情给她自身带来的福利相联系。”(Sen，1995：69)因此，在分析平等问题的时候，我们的评估重点应该放在个人福利成就和个人福利自由的平等上。

综上所述，森认为，我们有理由重视自由方面的平等，自由的平等可以与不同的评估基础[①]相关，“可行能力进路所提供的视角可以被用来分析和评估与这些不同的动机相关的自由的平等状况”(Sen，1995：151)。无论自由是作为个人福利本身还是作为追求个人福利的工具，对于一个良序运转的社会而言，人们享有的自由程度都有直接的相关性与重要性。森从平等概念及其内容的多元性出发，讨论了平等问题的一些普遍特征，例如，平等

① 森在《权利与主体性》(Sen，1982，“Rights and Agency”，*Philosophy and Public Affairs*，11.)一文中详细讨论了功利主义、义务论、作为目的的权利体系等评估基础，并对消极自由和积极自由有较为详尽的论述。

涉及成就平等和差数平等两种信息焦点。森认为，我们在进行社会安排时，平等问题要和包括效率在内的总和因素一起考虑，社会才能良序运转。在结合考虑了总和考量的因素之后，成就平等的要求就是值得赞许的要求。平等必须在足够广阔的视野里才能得到恰如其分的评估，正义的社会安排应该是既要充分考虑到其对人们有效自由和可行能力的总和影响，又要考虑到其对人们有效自由和可行能力的分配状况的影响。

森指出，功利主义将社会评价中的人际比较项仅仅限定在一个人获得的成就上，罗尔斯和德沃金等人根据个体对基本善或资源的占有多少来判断个人优势的分析策略，将我们的关注点从已实现的成就转为可实现自由的手段，他们在朝着重视自由的方向努力，但是这种转向还不足以洞悉自由。能够体现实质自由的是人们的可行能力。"可行能力集"被森定义为"个体可享受的、追求她自身福利的全面自由"(Sen，1995：150)。可行能力所关注的信息焦点已经从商品或者基本善等手段域转向了与人们的生活状况直接相关的功能性活动域，并且，它会考虑人们从不同的功能性活动中进行选择的自由。因此，可行能力进路提供的视角可以更全面地反映出社会中存在的各种不平等的状况，并为我们解决不平等的问题提供更为深刻和本质的指导。在用可行能力评估平等问题时，要允许不明确性(ambiguity)和不完整性(incompleteness)的存在，避免过于追求精确。森主张，我们可以充分利用那些可以挑选出来的不模糊的排序部分以付诸行动，而不是等到所有功能性活动都被挑选出来排序、一切都变得完全清晰之后再行动。

森再次讨论了个人福利自由与主体性自由的关系。即使我们分析社会不平等的首要关注点在个人福利及个人福利自由上，我们依然要关注人们的主体性，因为人们对福利自由的运用依赖于影响他们做出实际选择的主体性目标。森把主体性成就分为"已实现的主体性成就"和"参与性的主体性成就"，与之相对应的是"有效自由"和"作为控制的自由"这两种主体性自由。对两种主体性自由的区分，森在1984年"杜威讲座"中已经提出，在《再论不平等》这本专著里森提出了与之相呼应的两种主体性成就，他重申了我们应该把注意力从作为控制的自由转移一部分到有效自由上的观点。

至此，可行能力在森的整个学术体系中已然成为一个成熟的概念。它涉及功能性活动、个人福利、可行能力与个人福利的关系、主体性成就与个人福利成就的关系、个人福利自由、主体性自由、主体性自由与个人福利自由的关系等重要内容。它具有多元性、不完整性和模糊性等基本特征。它所关注的信息焦点不仅超越了功利主义，还从商品或者基本善等手段域转向了与人们的生活状况直接相关的功能性活动域，并且，它会考虑人们从不同的功能性活动中进行选择的自由。因此，可行能力进路所提供的视角可以更全面地反映出人们的生活水平及社会中存在的各种不平等的状况，并为我们解决社会不正义或不平等问题提供更为深刻而根本的指导。

2.5.4　对可行能力之不可操作性的批判

罗伯特·萨格登 1993 年在为森的《再论不平等》这本书所写的书评①里，批评了可行能力的不可操作性。他认为，由于功能性活动无限的宽泛性以及可行能力方法对自由、机会的评价信息的宽泛性，我们在现实中根本无法运用可行能力对社会生活中的事务进行评价。这其实是萨格登对可行能力之不完整性的批评，因为功能性活动清单并不是一个“闭合”的存在，按照可行能力方法，在评估过程中需要参考的要素太多、太不固定，以至于我们对一个人的整体优势及劣势根本无法做出判断。

森承认，可行能力方法在具体测度中会受到信息来源不充分的限制，同时森指出，某些可行能力比其他一些可行能力更难测度，“在试图对它们进行‘度量’时，由此所隐藏的东西有时可能比所揭示的还多”(Sen，1999a：81)。于是在很多时候，森指明，收入水平可以作为赋值工作的一个很有用的起点材料。关于可行能力的应用问题，森一直在思考、探寻较为优化的实践操作方案。在其后期著作中，森将可行能力(作为判断个人处境、进行人际比较的基础性原则)在实践中的测度归纳为三种方法：直接法、补充法、间接法。

所谓直接法即通过直接考察功能性活动(或可行能力)来评价人际优势的方法。这种方法又内含三种形式：对所有可行能力逐一按照贫困或不平等或所涉及的其他标准进行排序的“全面比较”形式②、对某些可行能力相对于另一些可行能力进行排序的“局部排序”形式、对选定作为焦点的可行能力(如就业、寿命、基础医疗条件等)进行比较的“突出的可行能力比较”形式。当然，从对某些突出的可行能力比较可以过渡到对不同组的突出可行能力的汇总排序，也就是局部排序。这是可行能力应用的第一种方法。

第二种为补充法，具体是指在人际比较的过程中，可行能力方面的因素只是作为主要比较方式(例如通过收入进行比较)的一种补充方式。例如，

---

① Sugden，Robert，1993，“ Welfare，Resources，and Capabilities：A Review of Inequality Reexamined by Amartya Sen”，*Journal of Economic Literature* 31(4)：1947-1962.

② 森认为这个目标过高了，我们完全不必对所有的状态做完整排序。

在贫困问题的比较上，除比较收入之外，还可以比较医疗和教育水平、家庭内部分配中的性别歧视、失业的严重程度等。这些比较有的是比较功能性活动本身，有的则是比较会影响可行能力的工具性变量。

可行能力从理论到实践的第三种方法是间接法，它比补充法的要求更高一些。“它仍然聚焦于我们所熟悉的收入空间，但加以适当的调整。收入之外的可行能力决定因素可以用来计算‘调整后的收入’。”(Sen，1999a：83)例如，家庭收入水平可以因教育水平高而上调，因文盲存在率高而下调，总之要使家庭收入水平反映可行能力成就。这种方法并不比直接评价简单，因为它涉及对可行能力进行赋值的种种因素。

此外，把收入作为测量不平等的标尺，尽管具有简单可测性和数值明晰性，但是森提醒我们，收入测度法所显示的实际的数量大小可能非常具有误导性，收入差别很小并不代表两个人生活状态的差别很小。例如，当我们考察贫困问题时，随着收入水平的下降，一个人开始挨饿的可能性也在变化，在某一点上这个人能生存下来的概率可能会急剧下降，因此在收入空间紧挨着的两个数字之中，也许存在着生存机会的巨大变化。“如果因为缺少一根钉子而输掉一场战役(通过一系列因果联系，如那首古老的诗歌所描述的那样)，那么那根钉子就造成了巨大的区别，不管它在收入或支出的空间里是多么微不足道。”(Sen，1999a：84)这是我们在收入测度法的运用中特别要注意的问题。

总之，森针对在实践中如何测度可行能力这一问题罗列了以上三种方法，这几种可行能力的不同用法会根据测量工作的性质(the nature of the exercise)、信息的可获得性(the availability of information)和需要做出决策的紧迫性(the urgency of the decisions)而显示出各自所具有的随条件而异的优点。森强调，可行能力方法具有普遍相容性，用直接法中的全面比较这一极端严格的方式来解释可行能力的视角是偏狭的，并不可取。2001年，诺贝尔经济学奖获得者约瑟夫·E. 斯蒂格利茨曾和森一起在“经济表现和社会进步测度委员会”工作，该委员会由法国总统尼古拉斯·萨科齐设立，“其目的在于将阿马蒂亚的某些理念付诸一个国家经济表现的实际测评中”(森、马斯金等，2016：3)。该委员会的成果之一是联合国发展计划署的人类发展指数[①]，这一指数现已成为一种标准的关于发展的评价方法，“阿马蒂亚在该指数的创造和发展过程中扮演了核心角色”(森、马斯金等，

① 参见 http://hdr.undp.org/en.

2016：4)。联合国发展计划署这一指数的制定，正是森对可行能力方法从理论到实践应用的事实证明。可行能力并不是乌托邦式的设计，虽然可行能力方法在实际应用中会因信息获取的限制而对现实有所妥协，但是这种方法具有可操作性，并且相对于其他广泛使用的变量(例如效用或商品等)，可行能力的视角具有全面性、本质性和深刻性。

2.6　可行能力进路所面临的支持与批判

自森首次提出可行能力进路至今已经有 40 多年，无论是森本人还是关注可行能力进路的其他学者，都对这种进路进行了大量的研究，为可行能力进路的发展做出了杰出贡献。在 1979 年"坦纳讲座"中，森首次提出基本可行能力的进路，并将基本可行能力定义为"一个人有能力做一些基本的事"(Sen，1997：484)。1982 年，在"汉尼普曼讲座"中，森以功能性活动诠释可行能力，将可行能力定义为"一个人所能达到的不同功能性活动的各种组合"(Sen，1987a：9)。在 1984 年的"杜威讲座"中，森将可行能力放在更为广阔的视野下，以主体性自由和福利自由为切入点，厘清可行能力的内涵与外延。这个时期，森把可行能力视为与"积极自由"(positive freedoms)相似的自由，一个人的可行能力集被定义为"他或她能达到的功能性活动向量的集合"(Sen，1985：200-201)。1985 年，在以生活水平为主题的"坦纳讲座"中，森明确地以自由定义可行能力，"可行能力，相比之下，是有关自由的概念，从积极意义上讲，是有关你可能过的生活的实质机会"(Sen，1987b：36)。森将可行能力的方法运用到测评生活水平与生活质量上，之后他还将这种视角运用到平等与社会正义问题的分析与讨论上，以及对社会发展的衡量上。在《再论不平等》一书中，森对可行能力有了更为完整的定义。"可行能力代表了人们可以达到的不同的功能性活动(个人状态和活动)的组合。因此，可行能力是一组功能性活动向量，它反映了一个人过某一种生活或者另一种生活的自由。"(Sen，1995：40)"可行能力集"被森定义为"个体可享受的、追求她自身福利的全面自由"(Sen，1995：150)。功能性活动是个人福利的直接构成要素，而可行能力则反映了一个人可获得个体福利的自由度。至此，森的可行能力已经成为一个清晰、成熟的概念。森一直在扩展可行能力进路的应用范围，他除了参加制定联合国发展计划署的人类发展指数之外，2004 年，人类发展与可行能力协会成立，森任第一任会长。该协会每年召开大会，并有自己的期刊《人类发展与可行能力》(*Journal of*

Development and Capabilities)。

2.6.1　狭义的诠释与广义的诠释

萨比娜·阿丽吉尔、弗拉维奥·科米姆和莫扎法尔·齐齐尔巴什合编的论文集《可行能力进路：概念、测度、应用》(*The Capability Approach: Concepts, Measures, Applications*)，是研究可行能力方法的论文集之一。莫扎法尔·齐齐尔巴什指出，后人对可行能力进路的诠释有狭义和广义之分，狭义的诠释可行能力进路的方法主要关注功能性活动和可行能力的信息，广义的诠释路径除了关注可行能力之外，还关注权利、过程等森的可行能力路径本身没有达至的领域。在测量评价一件事情时，森认为，可行能力的视角并没有覆盖所有因素，“例如，我们可能认为不仅自由和成就重要，规则和程序也很重要”(Sen，1999a：77)。他承认，可行能力在过程平等与程序正义方面存在短板，“可行能力的理念虽然在测评自由的机会层面具有可观的优势，但是这种方法不能完全处理自由的过程层面的问题，由于可行能力是个人优势的测度标尺，因而它在过程平等(公平)层面缺乏对人们的充足的指导”(Sen，2005：155-156)。关于可行能力在过程平等方面的短板，森举了一个例子，在相同条件下，女性比男性的寿命要长。如果我们只考虑可行能力平等的要求而不考虑其他任何评价要素，就会得出结论说我们应该给予男性更多的医疗资源与医疗关怀来克服这种天生的能力不平等，但是当一位男性和一位女性患有同一种疾病，同时需要救治时，给予男性更多的医疗资源显然违背了过程公平的要求。在这种情况下，森认为，对自由的过程公平的需求会比对自由的机会层面——尤其是可行能力平等——的需求更值得关注。对可行能力的广义的诠释就把自由的过程这一重要测评要素也包含其中。在齐齐尔巴什看来，这种广义的诠释其实是森关于自由和社会评估等事宜的多年理论观点的综合。与此同时，还有一批学者在森的可行能力进路的基础上综合了其他哲学家和自己的观点，形成了新的可行能力学说，主要代表人物有玛莎·纳斯鲍姆。

2.6.2　新的可行能力学说

纳斯鲍姆是在亚里士多德的感召下进入哲学领域的，她的博士学位论文是关于亚里士多德的《论动物的运动》的。《善的脆弱性》是纳斯鲍姆的成名作，她认为，在导致善之脆弱性的诸多原因中，并非所有原因都来自不可避免的自然必然性，公正的社会就是缓解运气对人类生活之影响的一种重要方式。对人的功能能力的界定将她对善的脆弱性的认识与对正义的追求连接起来。纳斯鲍姆对森的可行能力进路与亚里士多德思想之间的关系研究、对妇女权益及性别平等问题的研究、对人与动物及与大自然和谐相处的重视以及对教育的强调，都为可行能力拓展了研究领域，极大地丰富了可行能力的内涵，为可行能力进路的发展做出了杰出贡献。森对纳斯鲍姆在可行能力方面所做的研究工作给予了很高的评价——“玛莎·纳斯鲍姆向我指出了这种方法与亚里士多德思想之间的关联，她在这一不断壮大的研究领域内做出了开创性的贡献，并对这种方法的发展产生了深刻的影响”（Sen，2009：231）。

纳斯鲍姆认为，可行能力进路分为两个分支：社会正义版的可行能力与生活质量比较版的可行能力，这也是可行能力进路的两个重要的价值。她将可行能力定义为“用于生活质量的比较评估和从理论上说明基本社会正义的一种进路”（Nussbaum，2011a：19）。纳斯鲍姆认为，森的可行能力理论主要关注生活水平、生活质量的评估和比较（虽然森也关注社会正义）。而她的可行能力理论则是侧重于依可行能力进路建构一种最低限度的正义理论。“这一进路以一种稍微不同的方式由我在哲学上、由阿马蒂亚·森在经济学上予以发展。”（纳斯鲍姆，2016：49）纳斯鲍姆在哲学上坚持可行能力进路下的正义论应采用政治自由主义的理念和重叠共识的理念（Nussbaum，2011b：footnote 9），她的正义理论建立在对罗尔斯正义论的批评的基础上，并且，纳斯鲍姆对自己的正义论做了如下定位：“我把能力进路补充到罗尔斯的观念中的建议，是提升而不是替代罗尔斯的宏大计划。”（纳斯鲍姆，2016：5）纳斯鲍姆认为，契约主义存在三个悬而未决的问题。首先，决定政治原则的群体把生理和精神方面不健全的人排除在外。其次，契约论的逻辑均是先在一个自给自足并且独立于其他社会的封闭社会中选定社会原则，国家之间所面对的正义问题只能放在第二阶段并且是衍生性的。但是，全球各地区之间相互依赖，并且霸权国家常常给贫困国家强加各种条件，从而加深已经存在的不平等，在这样的国际环境中，在第二阶段的自然状态里假设国家间的独立和平等是否有意义仍是一个问题。同时，发展阶段仍处于前工业水平的贫困国家和社会契约第一阶段中不健全的人一样被排除在第二阶段的最初契约群体之外，也是一个问题。“它们的需要是出于仁慈而不是作为基本正义的组成部分来予以讨论的。”（纳斯鲍姆，2016：14）最后，契约主义并没有思考非人类动物的正义问题，在纳斯鲍姆看来这是契约论的重大理论缺陷。纳斯鲍姆修正罗尔斯契约论之理论结构的主要切入点是尊严。在纳斯鲍姆看来，森虽然也认为尊严概念是重要的，却没有把它作为理论的核心要素，这是她有别于森运用可行能力进路的地方之一。“我运用这一进路为核心的人类资格——应该被所有国家的政府作为尊重人类尊严所要求的最低限度所尊重和实施——的解释提供了哲学上的支撑。”(纳斯鲍姆，2016：49)纳斯鲍姆从人类尊严观开始，为一个列有十种可行能力的清单辩护，将这份可行能力清单视为一个正义社会最低限度解释的一部分。她确信，一个社会如果不能对其所有公民保证这十种可行能力，那么它就不是一个完全正义的社会。

森对纳斯鲍姆基于可行能力进路所设计出的正义理论予以肯定，同时也强调他本人的可行能力视角与纳斯鲍姆运用该视角所获得的成果之间的区别：“近年来，玛莎·纳斯鲍姆和其他人通过应用可行能力方法，在社会评价和政策问题上做出了很多突出的贡献。应将这些作品的全面性及其成效与它们所基于的信息视角区分开来。”(Sen，2009：232)这种区分有两个层次。首先，纳斯鲍姆的作品所基于的森的可行能力信息视角是开放性的，而不是全面性的。其次，可行能力的视角本身并没有提出任何具体的政策决定。森认为，纳斯鲍姆等人运用可行能力方法在社会评价和政策问题上的辨析是对可行能力应用的一种解读和运用，还有很多种不同的解读和运用都是被可行能力视角所容纳和允许的。而是否应该列出一张具体的可行能力清单，可以说是森和纳斯鲍姆两人对可行能力进路诠释和发展的主要区别之一。

1988 年，纳斯鲍姆发表了《自然、功能和可行能力：亚里士多德论政治分配》一文，该文分析了森的可行能力观念和亚里士多德思想中的共同元素，这是她在其所发表的作品中首次对可行能力进行讨论。在该文中，纳斯鲍姆认为，森以印度一些贫困地区的妇女为例(她们虽然因传统文化和价值观的影响，在社会和家庭分配中处于不平等的弱势地位，但是当被问及过得好不好时，她们会觉得自己过得很好)，说明了功利主义以快乐和欲望的满足为标准无法真实反映出人们的实际生活状态。“但是对于我来说，可行能力进路会展示出类似的缺陷，除非我们可以具体说明一个客观评价程序，来批判对被歧视和不平等包围的功能性活动的评估。”(Nussbaum，1988：175-176)纳斯鲍姆认为，森对功利主义的批判是正确的，但是不够彻底。森应该用一个更加客观的观点来诠释好的生活，例如，列一个清单，将好的生活的内容或者标准呈现出来。“在对功利主义的福利论述的批评中，森需要比他迄今为止所做的表现得更为彻底，其方法是引入一种对人类功能性活动的客观规范性论述，并且描述一个客观评价的程序，据此，人们的功能性活动可以通过其对人们美好生活的贡献而得到评估。我认为，亚里士多德可以在这件事情上提供实质性援助。”(Nussbaum，1988：176)在纳斯鲍姆看来，只有将人类功能性活动和可行能力具体客观化，才是对功利主义的彻底批判，否则，可行能力和欲望的满足一样，人们可以用“我们的文化教给我们应该珍视这种而不是那种功能性活动”来对其进行随意调适。在森看来，纳斯鲍姆这一观点的本质，是消除可行能力方法的不完备性、使之完备的一种方法。森不反对纳斯鲍姆按照这一路径(对于人类美好生活而言，只有唯一的一系列功能性活动)走下去，但是他依旧强调不完备性是可行能力进路的特点，纳斯鲍姆的研究路径不是可行能力路径向前发展的唯一路径。他辩解说，“我之所以不愿妥协主要是由于这个考虑：可行能力方法本身的使用并不要求采用这条路线，可行能力方法审慎的不完备性允许采取也有某种合理性的其他路线”(Sen，1993b：47)。

循着列出人类功能性活动和可行能力清单的这一思路，在后来的研究中，纳斯鲍姆将可行能力细化为基本可行能力(basic capabilities)、内在可行能力(internal capabilities)和复合可行能力(combined capabilities)。基本可行能力又被称为核心可行能力，是人们的固有组成部分。这些潜在的可行能力经由周围环境的支持而转化为一个人的内在可行能力，而复合可行能力则是为了练就某种功能而在内部可行能力和外部适宜条件上的结合(Nussbaum，2000：84-86)。纳斯鲍姆以一种由具有人类尊严的直觉生活理念所赋予的方式，以每一个人类存在者的基本可行能力都要得到充分实现为设计公正社会的基本要求，将人类尊严和人类可行能力发展作为重点，列出人类十项核心可行能力。而且她认为，只有当人们的可行能力都达到核心门槛，才可以称得上过上了值得过的有尊严的生活，社会才是基本合乎正义的社会。这十项核心可行能力如下。(1)生命：能够活到一个正常的人的生命的尽头，不会夭折，不会因为生活质量的大大降低而过早结束自己的生命。(2)身体健康：能够具有和保持良好的健康状况，包括生育健康、有充分的营养和适当的住所。(3)身体完整：能够自由地迁徙；免于受到暴力攻击的威胁，包括性攻击和家庭暴力；具有性满足以及在生育问题上进行选择的机会。(4)感觉、想象和思维：具有感觉、想象、思考以及理性推理的能力，用一种“真正像人”的方式，即一种由适当的教育来告知和培养的方式来从事这些活动，包括(但不限于)具有读写能力、得到基本的数学和科学训练。在按照自己的选择来体验和创作各种作品和事件(宗教的、文学的、音乐的等)方面能够使用想象力和思维。能够在言论自由的保护下在政治言论、艺术言论以及宗教信仰的自由方面使用自己的心智。(5)情感：能够对其他事情和其他人形成依恋；能够爱那些爱我们和关心我们的人，对他们的离去感到悲伤；一般来说，能够爱、感到悲伤以及体验到渴望、感激和合乎情理的愤怒。不因恐惧和焦虑而让自己的情感发展枯萎。(6)实践理性：能够形成自己对善的认识，能够对自己的生活计划进行批判性反思(这意味着需要保护人的良心自由和宗教服从的自由)。(7)友好关系：①能够与他人相处，能够承认和显示对他人的关怀，能够从事各种形式的社会互动；能够想象他人处境(保护这种可行能力意味着保护构成和培育这些关系的制度，也意味着保护集会自由和政治言论的自由)。②具有自尊和不受羞辱的社会基础；能够被当作一个与其他人具有同等价值的有尊严的存在者来对待。这要求禁止种族、性别、性取向、民族、种姓、宗教、国别方面的歧视。(8)其他物种：能够与动物、植物和自然界一道生存并表现出对它们的关心。(9)玩耍：能够欢笑、玩耍和享受娱乐活动。(10)对环境的控制：①政治的——能够有效地参与制约自己生活的公共选择；具有政治参与的权利，言论自由和结社自由得到保护的权利。②物质上的——能够拥有财产(包括不动产和动产)，与其他人在平等的基础上拥有财产权；与其他人在平等的基础上具有寻求雇佣的权利；具有不受无根据的调查和查封的自由。在工作中总是能够像人那样工作，能够行使自己的实践理性，并与其他工作者结成有意义的互相承认关系(Nussbaum，2011a：33-34)。

这份能力清单在纳斯鲍姆不同阶段的著作中不断被重申(参见Nussbaum，1990，2003，2006，2011a 等)，清单的内容没有大的变化，这是她的可行能力进路的基础。每个人的基本功能能力都要得到充分实现，纳斯鲍姆以这一要求来作为设计公正的社会制度的约束。相比于森，纳斯鲍姆更强调通过制度体系实现社会正义，因此她致力于将上述可行能力清单与国家的宪法基本结构相连，将她对人类核心可行能力的要求通过法律规定，在社会政策中加以具体化。纳斯鲍姆的可行能力清单受到了一些学者的批判，例如，大卫·克拉克(David Clark)认为，这份清单在实践上会面临来自一些贫困国家普遍存在的拒斥普遍价值的挑战(Clark，2002：78)。弗朗西斯·斯特沃特(Francis Stewart)则更加犀利地指出，由纳斯鲍姆——来自北美的中产阶级哲学家来为其他文化和社会确定可行能力清单这种行为具有浓厚的家长式作风(paternalistic)(Stewart，2001：1191)。实际上，对可行能力进路的讨论，正是在这种“百家争鸣”的学术氛围中、在批评与反批评中，不断得到丰富与发展。

纳斯鲍姆认为，可行能力进路的两个分支(用于生活质量的比较评估和从理论上说明基本社会正义)有异有同。二者相同的部分是，它们都有五个基本元素：共同遵守将每一个人作为目的对待的原则；聚焦于选择或者自由，而不是成就；价值多元性；深切关注社会已有的不公正和不平等；向政府和公共政策描述一件紧急任务的责任感(Nussbaum，2011a：18-19)。需要说明的是第一点，不同于康德式的将人看作目的，纳斯鲍姆的第一个共享的基本元素的重点是说，可行能力进路把人们看成不同的个体，而不是用一个平均水平的方法去对待人们的可行能力。关于这一点，纳斯鲍姆在其著作《妇女与人类发展：可行能力进路》中有详细的阐述(Nussbaum，2000：55-59)。对于第二点，许多学者提出异议，例如，英格瑞德·罗本斯认为，可行能力进路不仅要关注自由，也要关注功能性活动，而功能性活动就是成就的一种。罗本斯认为，纳斯鲍姆总结的可行能力进路的不同版本之间所共有的元素，只有第一点和第三点是成立的，而真正的可行能力进路的核心，应该概括为十二个特征：功能性活动和可行能力是可行能力进路的核心概念；手段与目的的区别；人们有不同的将资源转化成功能性活动的能力；人类多样性；人们的可行能力会受到法律或社会规范的结构性限制；考虑主体性对可行能力的影响；功能性活动和可行能力构成“评价的空间”(evaluative space)；我们需要具体说明哪些可行能力对我们特定的可行能力理论有影响；功能性活动和可行能力并不是唯一的内在价值要素；规范的个性特征(这一点和纳斯鲍姆总结的第一点所强调的重点相同)；无论公正是否包含善观念，我们都需要运用由可行能力进路的核心特征所引出的善论(例如，如果我们认为给处于社会最不利地位的人以优先权是正当的，我们就要优先考虑这些弱势群体的可行能力，而不是优先考虑他们的快乐、幸福或者他们对资源的控制)；存在与可行能力进路的善观念无关的权利的主张(例如，主张选择一种专制的政治制度来统治国家常常是错误的)(Robeyns，2016：405-408)。罗本斯是森指导的博士毕业生，她对可行能力的研究对该进路的发展也起到了重要作用。罗本斯在可行能力领域的研究成果主要是《福利、自由和社会正义——再论可行能力进路》(专著)。罗本斯将学术界对可行能力的研究分为三种：(1)对可行能力理论之不可选择的核心理论的研究，例如，功能性活动、可行能力是目的而不是手段、价值多元论等；(2)对不可变的模式和可变的内容的研究，例如，运用可行能力进路对贫困问题、平等问题或发展问题进行的研究；(3)结合实际，运用可行能力进路在某一领域或者针对某一问题进行的具体应用型研究。本书第 3 章在对先验制度主义的必要性的讨论中，将详细讨论罗本斯与森的具体争论。

2.6.3 中间状态与可行能力

G. A. 科恩在他的《什么的平等？——论福利、善和可行能力》一文中，将阿马蒂亚·森与罗尔斯两人的思想进行了对比分析。科恩认为，森的可行能力视角在对平等问题的分析上超越了功利主义、福利主义以及罗尔斯的基本善，"森对他自己的问题的回答，是对这一主题的当代反思的一大飞跃"(Cohen，1993：10)。但科恩认为，森是一个实现了一场革命却错误地描述自己成就的思想家。森的成就在于，他提出人们应把注意力从商品及效用转到个人状况上。"例如，我们必须看到她的营养水平，而不是像罗尔斯主义者所做的那样，仅关注她的食物供应，或者，如福利主义者所做的那样，关注她从所吃的食物中得到的效用。"(Cohen，1993：19)科恩赞同森引领的这场思维革命，他认为，森注意到了"一种在以前的文献中令人吃惊地在很大程度上被忽略的情况"(Cohen，2011：48)。然而科恩认为，森用可行能力来表述这种情况是错误的，因为可行能力概念没有穷尽拥有商品之后、产生效用之前的所有个人状态，他提出用"中间状态"[①](midfare)来替代可行能力表述。"我把商品的非效用性效果称为'中间状态'，因为在某种意义上，它是处于商品和效用之间的。中间状态是由因商品所产生的那些个人状态构成的，通过这些状态，效用水平承受了它们所产生的价值。"(Cohen，1993：18)中间状态是由商品引起的个人状态构成的一种异质性的组合，这个组合包括了商品可以为人们所做的三个异质层面的事情。第一，商品赋予人们能力——人们能够用商品做什么的能力。第二，商品促使人们运用这些能力展开有价值的活动，达到可欲求的状态，也就是说人们实际上用商品做了什么。第三，商品直接导致合意状态，不需要人们运用任何能力，例如，杀死害虫的杀虫剂，又如，当婴儿的母亲为他穿上衣服，婴儿不需要用任何能力就能享有的保暖状态。因此，可行能力和功能性活动都只是中间状态的一部分。

森认为，科恩的意见在很多方面是积极的。"科恩的分析非常有助于我

① 国内学者对 midfare 一词有三种译法。龚群在译文《什么的平等？——论福利、善和能力》(载于《生活质量》，社会科学文献出版社，2008)中将 midfare 译为"中介性好"。高景柱在《超越平等的资源主义与福利主义分析路径——基于阿马蒂亚·森的可行能力平等的分析》(载于《人文杂志》2013 年第 1 期)中将其译为"中间福利"。段忠桥、常春雨在《G. A. 科恩论阿马蒂亚·森的"能力平等"》(载于《哲学动态》2014 年第 7 期)中将其译为"中间状态"。笔者认为"中间状态"更能表达科恩使用 midfare 要表达的含义，故本书采用该译法。

们精确地发现某些焦点或热点的问题，并且还有助于我们清醒地认识到清楚地论述这些问题的必要性。”(Sen，1993b：46)需要清楚地论述的问题包括功能性活动与可行能力的概念、可行能力与个人福利的关系、自由的多层面、以实质自由看待可行能力的重要性等(这些正是在森看来科恩对他有所误解的问题)。首先，森指出，“科恩的‘中间状态’与我称之为个人的功能性活动的东西相对应，而不是与可行能力相对应”(Sen，1993b：43)。森申明，不仅是功能性活动，可行能力也与个人福利密切相关。[①] 其次，科恩把森的可行能力概念理解为完全主动性的，继而认为“森打算让可行能力具有一种竞技性的特征(athletic character)”(Cohen，1993：24)。森解释到，科恩被“获得”这样的词所误导，错误理解了可行能力概念。森提出的可行能力代表了一个人过上他有理由选择的生活的自由。但是自由有许多层面，“以一个人所喜欢的方式生活的自由可以得到他人选择的巨大帮助，如果仅依据他自己的主动选择来考虑成就将是错误的”(Sen，1993b：44)。森在 1984 年“杜威讲座”以及《再论不平等》这本专著中曾详细讨论了“有效自由”和“作为控制的自由”这两个层面的自由，相应地区分了“已实现的主体性成就”和“参与性的主体性成就”。如果我们理解了这种区分，就会明白并不存在这样的假设，即“只是当我们亲自动手去消灭疟疾疾病的虫子的时候，才能让我们具有过一种免于疟疾的生活的可行能力”(Sen，1993b：45-46)。可行能力并不仅仅是主动性的，他人的选择、公众的行动、公共政策的影响都会使我们的可行能力得到增强。最后，我们需要从实质自由的角度理解可行能力，只有这样，我们才能看到享有同样功能性活动的人们的异同之处。如果我们仅仅从中间状态的角度看待可行能力，“我们可能就要如同为挨饿的穷人担忧那样而为斋戒的富人担忧”(Sen，1993b：45)，虽然他们都享有挨饿的功能性活动，但是其背后，他们可选择的机会和自由是完全不同的：富人可以得到高质量的营养但他有意选择挨饿，而穷人则完全是被迫挨饿，他没有任何获得良好营养的选择。可行能力正是因为自由的视角，才在社会分析中具有重要性、全面性与优越性。

如果我们把对(森所提出的)可行能力进路的研究划分为赞同并发展森的观点类研究、赞同森的观点的同时较为温和地指出其不足类研究、批判驳斥森的观点类研究三类，则莫扎法尔・齐齐尔巴什、玛莎・纳斯鲍姆、英格瑞德・罗本斯等是第一类研究的代表，G. A. 科恩等是第二类研究的代表，

① 森对可行能力与个人福利的关系的讨论详见 2.5 节。

罗伯特·萨格登等是第三类研究的代表。即便是那些明显否定的结论，也可以视作对发展可行能力进路的有益帮助，罗伯特·萨格登对可行能力的批判[①]如此，罗尔斯对可行能力进路的不同见解也是如此。下一章我们将进入森与罗尔斯之间有关正义问题的论辩。

① 罗伯特·萨格登对可行能力的批判，前文论述相应内容时已有详细讨论（见2.3节、2.5节）。

第3章　基于可行能力进路对罗尔斯正义论的批判

我们怎样评价一个社会比另一个社会更加正义？评价标准是什么？我们想从有关正义的理论研究中获得什么？本章从约翰·罗尔斯的“基本善”与阿马蒂亚·森的“可行能力”的内涵与特点出发，通过对两位思想家有关正义问题信息焦点的论辩，论证基本善作为人际比较的尺度面临诸多问题，最明显的是无法解决人际差异性。相对于基本善，可行能力能够为我们在现实社会中帮扶弱势群体、比较各种社会安排等诸多问题提供更加有力的指导。在对两位哲学家有关正义问题的出发点、视角、目的、方式等方面的比较中，我们可以发现，先验制度主义（以罗尔斯为代表）在消除非正义、促进正义的方面均不及比较现实主义（以森为代表）合理有效。先验制度主义所选择的正义原则的非唯一性令其政治模型在理论根基处得到动摇，具有理论不可行性。先验制度主义方法本身无法对各种使我们的社会变得更加公正的方案进行比较，对于令社会变得更加公正而言，先验制度主义既非必要条件又非充分条件，这构成其冗余性。按照先验制度主义的要求，人们在做出公正判断的过程中根本不考虑任何焦点团体之外的观点，这种具有封闭性的判断具有程序上的偏狭性、焦点群体的可塑性与排他性。这些弊端在理论层面上难以克服，从实践的维度，先验制度主义因其“封闭的中立性”而在现实中不具有任何借鉴价值。

3.1　正义的评判标准

当我们讨论正义问题时，衡量尺度至关重要。在评价正义与非正义时，我们需要选择一个信息焦点，也就是说，在判断一个社会是否正义时，我们需要决定将关注点集中在这个社会的哪些特征上。在这个背景下，如何评价个人的总体优势便具有重要意义。“要想了解当代的各种正义理论，罗尔斯的理论是一个自然的出发点。罗尔斯的理论支配着当代政治哲学的争论，并不是因为人人都接受他的理论，而是因为其他不同的观点通常是在回应罗尔斯理论的过程中产生的。”(金里卡，2003：19)阿马蒂亚·森以可行能力为进路的正义理论亦是建立在对罗尔斯正义论批判反思之基础上的。我们先从罗尔斯对正义社会的安排开始，比较基本善与可行能力两种测评个人优势的尺度。

3.1.1 基本善与正义的两个原则

罗尔斯正义理论的力量很大程度上体现在他对两个正义原则的论证中。两个正义原则按照其如何调整公民所分享的基本善的份额来评价社会基本结构。在罗尔斯作为公平的正义里，公民被视为自由、平等地从事社会合作的理性人，他们具备两种基本道德能力，即正义感的能力和善观念的能力。罗尔斯认为，在原初状态中，尽管每个人都有自己的人生计划和各自的目标，但由于无知之幕的设计，立约者不知道自己具体的人生计划和目标是什么。具体人生计划和目标的不同是由个人的能力、环境和需求的不同造成的，人们知道基本善可以使他们推进自己各种与正义相容的善观念。于是，人们的期望就是由他们手中可利用的基本善的指标确定的，基本善占有的越多，人们在实现他们的目标时越有希望取得成功。这样，人际比较问题就简化为基本善的比较，基本善作为社会分配的中心要素而成为衡量个人优势的标尺。在《正义论》一书中，基本善被定义为一个理性的人无论他想要什么都会需要的东西。社会的基本善包括权利和自由、权力和机会、收入和财富等；自然的基本善包括健康和精力、理智和想象力等。2001 年，罗尔斯在其生前最后一本著作《作为公平的正义：正义新论》里，融合了《正义论》出版以来所受到的各种批评所带给他的反思，试图以一种全面、系统、简略的方式，重新统一阐述自己的正义理论。在这本著作中，罗尔斯给出了一个基本善的“最终清单”：

(1) 基本的权利和自由：思想自由、良心自由和其他自由。对于两种道德能力的全面发展和充分使用，这些权利和自由是必需的本质性制度条件。

(2) 在拥有各种各样机会的背景条件下的移居自由和职业选择自由，这些机会允许人们追求各种目标，也允许人们修正和改变它们。

(3) 拥有权威和责任的官职和职位之权力与特权。

(4) 收入和财富，它们被理解为为达到众多目标通常所需要的适于各种目的的手段(具有一种交换价值)，而无论这些目标是什么。

(5) 自尊的社会基础，它们被理解为基本制度的组成部分，而对于公民是否能够强烈地感觉到他们自身的价值，并且是否能够带着自信来推进他们的目标，它们通常是极其重要的(Rawls，2001：58-59)。

这个清单主要包括制度的各种特征，也就是基本的权利和自由权、制度性的机会、职位与职业的特权、收入与财富、自尊的社会基础。以基本善为前提，罗尔斯推导出正义的两个原则：

第一个原则：每个人对所有人所拥有的最广泛平等的基本自由体系相容的类似自由体系都应有一种平等的权利。

第二个原则：社会和经济的不平等应在与正义的储存原则[①](just savings principle)一致的情况下，适合于最少受惠者的最大利益，并且依系于在机会公平平等的条件下职务和地位向所有人开放(Rawls，1971：302)。

两个正义原则对公平的要求，尤其是差异原则(要求正义的分配应该符合最不利者的最大利益)是罗尔斯正义论的亮点，而在差异原则中识别谁是最不利者的判断标准就是基本善的占有额。基本善是罗尔斯根据理性人全面发展和充分运用两种道德能力所需要的基本条件和资源而设计的，是自由和平等的人作为公民所需要的那些东西。基本善的设定目的是"根据可预见的公民社会境况的客观特征来寻找一个切实可行的人际比较的基础"(Rawls，1988：257)。

3.1.2　可行能力的内涵与特征

阿马蒂亚·森对罗尔斯把基本善作为评价一个人总体优势的标准提出了诸多质疑。1979 年，在以讨论人类价值为主题的"坦纳讲座"中，森发表了名为"什么的平等?"的演讲，在这场演讲中，森第一次提出"基本可行能力"这一概念。他认为，将"基本可行能力"作为评价一个人总体优势的标准较之于基本善有许多优势。可行能力是一个人实际拥有的做他所珍视之事的自由，是一个人能够过上他有理由珍视的生活的能力。这种方法不仅关注人们能过上什么样的生活，而且关注人们在不同的生活方式之间做出选择的机会和自由，其与基本善的区别在于"可行能力方法正式提出了超越对于生活手段的关注，而转向实际的生活机会的视角"(Sen，2009：233)。

总体来讲，可行能力具有三大特征。首先，多元性与不完整性是森的可行能力路径最重要的特征。可行能力包含了人们可以选择的功能性活动组

---

①　实现代际正义的具体原则，目的是当代人为子孙后代"储存"其必须的生存和发展的资源，使得每一代都从前面世代获得好处，又为后面世代尽一份公平的职责。

合的所有信息。功能性活动是一个人所珍视的各种生活状态(being)和活动(doing)的总称,其具体包括人们有充足的营养,有健康的体魄,不受本可避免的发病率的侵害,生活幸福,有自尊地生活,参与社区活动,等等(Sen,1995：39)。把这些活动列一个清单,一个人的可行能力就是对于这个人是可行的、列入清单的所有活动的各种组合。值得注意的是,森故意将人类基本功能性活动的清单视为开放性的(open-ended),这是因为在森看来,没有一个人可以罗列出一个完整的、适用于任何时代、适合于任何社会的人的基本功能性活动的清单。支撑该观点的理由至少有三个方面。其一,人们的生活目的各异,为了达到各不相同的目的会运用不同的功能性活动。其二,社会中有不同的群体(可根据性别、国籍、语言、职业、宗教信仰、各种非政府组织等划分出各种不同的群体),不同群体的功能性活动又会呈现不同的组合方式。其三,社会环境和社区条件各异,人们对功能性活动组合的需求不尽相同。例如,亚当·斯密对"不能体面地出入公共场所"的描述就体现了这一点：生活在发达地区的人们与生活在贫困地区的人们对"体面地出入公共场所"所需要的条件有不同的要求。即便社会环境是既定状态,森认为,公共讨论与公共理性也会比个人给人类基本功能性活动列清单更合理、更能得到广泛理解。"问题并不在于列出一些重要的可行能力,问题在于坚持给出一个事先决定好的权威性可行能力清单……这样一份完全来源于纯理论的固定的可行能力清单,是对公共参与讨论什么应该包括在清单里、为什么应该包括在清单里的可能性的否认。"(Sen,2005：158)虽然拒绝罗列一个完整的、完美的可行能力清单,但是森认为,以某些具体问题为讨论主题,在已知诸多社会条件下设计可行能力的"部分排序"是可行的。事实上,联合国自1990年以来每年发表的人类发展报告就包含了森帮助设计的、用来评价各国发展状态的可行能力清单。

多元性与不完整性不仅仅是可行能力的特征,它还贯穿了阿马蒂亚·森的整个正义理论体系。森的正义观一直在论证相对于追求什么是完美的社会制度的完整排序而言,不完整的部分排序足以对消除现实中的诸多非正义现象做出政治决策。例如,废除奴隶制,18—19世纪,人们在为废除奴隶制而激辩不已的时候,并没有幻想过这个世界会因为废除奴隶制而变得绝对公正。又如,消除饥荒,我们不需要寻求一个完美的社会制度的完整安排蓝图,仅仅就消除饥荒这一主题进行公共讨论而取得一致意见,就足以做出正确的有助于社会正义的政治决策。废除奴隶制、消除饥荒以彰显正义,正是部分排序对消除社会非正义之充分性的例证,允许多元性与不完整性产生的不完全排序，是森的正义理论的整体特征。

可行能力的第二个特征是，它关注的焦点既不是一个人占有的资源，又不是一个人的成就，而是一个人实际能够做什么(无论他是否会选择使用该机会)。在哈佛大学求学于森时，笔者问森教授的第一个问题是："是什么激发了您对可行能力的思考?"他说："财富本身没有价值，亚里士多德、斯密、马克思都有相关论述，他们的思想对我有启发。例如货币，它只是一张纸，因为可以交换其他物品而成为我们得到其他东西的手段。财富并不是我们的生活目的，也似乎并不总是能真实地反映出我们的生活品质，例如一个健康的中产阶级可能比一个患有严重残疾的富豪享有更高品质的生活。比金钱更重要的是人们实际上能够过上怎样的生活，可行能力超越了对手段的关注，也许可以更加全面地衡量我们的生活水平和生活质量。"森对可行能力进行思考的出发点就是为了超越某些本身并无价值的"手段"式事物。一个人也许有很多资源，但由于个体差异(例如身心健康的人与身体或精神有残缺的人的差异)、物理环境(例如极地气候与热带气候的环境差异)、社会条件(例如公共医疗卫生资源、教育资源的配置)等方面的影响，他可能有非常受限的可行能力。可行能力关注人们转化资源、运用资源的能力，关注个体在功能上的差异，相较于着眼于工具层面的资源，可行能力的着眼点在人类实际生活。

关于可行能力与成就的区别，我们可以从三个维度理解。第一，可行能力包括了一个人"能够选择"的所有功能性活动组合的信息，而不仅仅着眼于人们"所实现"的功能性活动。第二，两个具有相同可行能力的人可能会有不同的成就，因为他们各自的目标不同，或者，他们有同样的既定目标，但采取了不同战术(选择了不同的功能性活动组合)去完成目标，导致最终的成就因人而异。第三，两个人在实现的功能性活动上完全一样，他们在可行能力上可能有明显的差别，这种差别会使我们认识到其中一个人真正的劣势所在。例如，一个为了减肥而不吃晚餐的富翁与一个没有钱买晚餐的穷人，他们都因未吃晚餐而短时间缺乏营养，但富翁比穷人具有更大的可行能力。我们必须区分"做某事"与"自由地做某事"这两种情况，可行能力正是在这个区分上凸显了机会与选择的重要性。站在社会安排的角度，政策制定者应从机会和自由的角度而非事实成就的角度，来看待个人对于社会的诉求。

综上所述，森通过一个人可以选择的他有理由珍视的生活的维度来定义一个人的可行能力，把可行能力的关注焦点引向了自由和机会——可行能力反映了一个人在各种生活可能性之间选择的自由和机会。可行能力的大小并不一定与资源的多少或已经实现的成就大小呈正比关系，更不能在它们之间画等号。可行能力视角不仅关注一个人所拥有的资源和他所实现的成就，还关注人们实际上可以过上怎样的生活，关注人们选择的自由与选择的广度，关注人们过上其有理由珍视的生活的可行能力。与仅仅着眼于资源或所实现的功能相比，可行能力视角包含更多的信息，具有更为广泛的信息基础。

可行能力虽然具有广泛的信息基础，但阿马蒂亚·森的可行能力方法并不就如何使用这些信息提出任何具体的方案，或者说，制定任何具体的社会政策——这是可行能力的第三个特征：评价性。森的可行能力方法通过一个人做他有理由珍视的事情的自由来评价他的优势，然而，通过可行能力方法对个人优势或社会政策的评估并不要求我们制定出某种社会政策以使人们具有同样的可行能力。本书从两个方面诠释可行能力的第三个特征：作为评价方法的优越性；可行能力方法的主要任务。人们过上有价值的生活的实质自由既包括人们享有怎样的机会，又涉及个人选择的过程，同时还关注人们最终实现的功能活动，因而可行能力方法是一种信息基础广泛、包容性较强的评价标准。这种评价标准较之于功利主义、自由至上主义和以罗尔斯正义理论为代表的公平主义，具有无可比拟的优越性。森认为，功利主义以所有人的最大效用或最大福利作为评价标准，优点在于它着眼于社会机制的后果（福利），不足之处在于它忽略分配、权利、自由以及其他因素，无法进行人际比较（例如无法处理“幸福的奴隶”与“不幸福的自由人”一类的问题）。自由至上主义以法治权利保证的受最少限制的个人自由为评价标准，优点是反对专制、促进法治、保护人权，不足之处在于，它只关注程序，不考虑后果，这就缺失了对很多重要因素的考量，从而影响评价的客观正确性。罗尔斯正义理论的评价标准是基于基本善的两个正义原则，其优点是从公平出发，通过规范性分析要求自由权优先，缺点是事先排除了影响全面价值评价的其他要素。可行能力作为一种评价标准，共同考虑各种价值要素，通过公共讨论和民主的社会选择过程，给特定的价值要素以特定的权重，既能够顾及功利主义对福利的关注，又能满足自由至上主义对选择过程和行动自由的关切，还能保持以罗尔斯为代表的公平主义对个人自由权和实质自由所需要的资源的高度关注。可行能力作为一种评价方法，在适用范围的广度上和判断敏感度上都具有优越性，能够对很多重要因素给予评价性关注（诸多因素在别的方法中以各种方式被忽视了）。同时，我们要明确，森的可行能力的主要任务“是通过个人和公共理性都可以触及的比较判断使事情朝着正确的方向发展，而不是必须对所有可能被考虑的比较进行逐一的评价”(Sen,2009：243)。虽然玛莎·纳斯鲍姆等学者通过应用可行能力方法,在社会评价和政策问题上提出了很多非常有意义的建议,但是森的可行能力方法一直坚持在评价社会正义时不制定任何蓝图、不组织社会的具体设计、不就如何使用这一信息焦点提出任何具体的方案。“这一方法所选择的信息焦点,即对于可行能力的关注,使我们将注意力放在必须做出的决策和必须考虑到的对适当信息的政策分析上来。这种方法所专注的信息,可以深刻地影响人们对社会和社会制度的评价,而这正是可行能力方法的主要贡献。”(Sen,2009：233)这是可行能力的第三个特征——长于比较、分析、评价政策或制度,但是不设计、不制定任何政策或制度。

3.2　罗尔斯与森有关基本善与可行能力的争论

3.2.1　残疾人是否应该参与制定社会正义原则

在 1979 年的“坦纳讲座”中,森详细分析了罗尔斯基本善所存在的局限性。森认为,当我们说某一道德原则有缺陷时,除了直接诉诸道德直觉之外,至少有两种方式可以为批判提供依据。一种方式是举例以对这种原则的推论进行检测(即人们通常所说的例证法),“举出一些特殊的个案,从这些个案中可以明显地看出运用这种原则的结果,然后再对违背我们直觉的这些推论加以考察”(Sen,1997：476)。另一种方式是通过另一个更加普遍的原则进行判断,即从一般到更一般,用另一个更加抽象的、被公认更基本的原则,对被考察原则的一致性加以检测。森认为,罗尔斯对功利主义的批判就采取了第二种方式：罗尔斯断定人们在初始状态中,在无知之幕背后,不会选择使效用总和最大化这样的原则。而森用了第一种方法对罗尔斯的差异原则进行检验：他举了一个跛脚人的例子。

假设有一个残疾人,因为跛脚而需要更多的基本善,才能达到健全人的生活水平。然而,基本善的进路不会因为他是残疾人——无论身患多严重的残疾——而令基本善的分配对他有所倾斜。“差别原则既不会因为他跛脚而增加他的收入,也不会减少他的收入。”(Sen,1997：483)其实,罗尔斯并不否认我们对残疾人的道德义务(虽然残疾人并不包括在制定社会正义原则的群体内)。森也说：“在罗尔斯的著作中,随处可见他对于弱势群体的同情。”(Sen,2009：260)虽然同情,但是罗尔斯始终坚持应该首先聚焦于在道德、智力、体力上都健全的、能够充分参与社会合作的社会成员。“我之所以这样做，是因为正义的首要问题涉及那些终其一生都能正常活动和充分地参与社会合作的公民之间的关系。"(Rawls，1982：168)罗尔斯认为，当自由、平等的理性人选出具有说服力的正义原则后，于立法阶段再去处理一些类似残疾人的特殊案例比较合适——因为一些棘手的个案有可能"通过令我们思考那些与我们不同的、命运会引起同情和忧虑的人们来分散我们的道德感知力"(Rawls，1975：96)。

罗尔斯在1982年的《社会统一与基本善》这篇论文中提出，"在特殊的健康和医疗需要的例子中，我们最好作一个初步的让步"。罗尔斯的让步是指在制定社会制度的时候，我们暂且不考虑特殊的健康和医疗需要的例子，先由健全的、可以充分参加社会合作的人选出正义原则，再根据正义原则制定出正义的社会制度，这是制定出能够照顾所有人的、真正正义的社会制度的第一步。如果某社会制度对健全人都是不合理的，那么对于更加具有挑战性的棘手案例而言，这种社会制度必然毫无吸引力，甚至无效得令人反感。"如果我们能为通常的情况找到一种解决办法，那么它就可能扩展到更加棘手的情形中去。如果它无法为通常的情形找到一种解决方案，那么我们就可能要抛弃基本善的理念。"(Rawls，1982：168)因而罗尔斯将目标群体锁定为能够充分参加社会合作的健全人，由这些人首先制定出对他们而言是合理的、正义的社会制度，然后在立法阶段，再考虑残疾人等棘手案例。"我相信，当我们尝试去处理特殊的健康和医疗需要这个问题时，就需要一个不同的、比(至少比文中所阐述的)基本善的理念更具综合性的理念；例如，森所关注的人的基本可行能力的一种指标，在处理此问题上可能是富有成效的；并且它可以作为基本善的重要补充。"(Rawls，1982：168)事实上，罗尔斯与森在关于正义问题的诸多方面既存在不同、相互批驳，又彼此肯定、相互影响。① 罗尔斯面对森对基本善的批评，从已发表的作品上看，他逐步地越来越肯定森的可行能力。如果用可行能力来衡量罗尔斯差异原则中最少受惠者的最大利益，会比基本善更全面、帮扶更到位。但是，森的可

① 森对于罗尔斯正义论的批评最早体现在1965年他与加里·朗西曼(Garry Runciman)合写的《游戏、正义与公意》(Games，Justice and the General Will)一文中。该文的发表早于罗尔斯的巨著《正义论》(1971)的发表，森主要是针对罗尔斯1958年发表的论文《作为公平的正义》(Justice as Fairness)中所论述的选择正义原则的理论设计提出质疑。1968年森应邀到哈佛大学做为期一年的访问学者，他跟阿罗及罗尔斯同教一门课。森同罗尔斯在课上课下就平等、正义等相关问题展开了多次讨论，甚至是争辩，两位哲学家在几十年的争辩中各执己见又相互肯定。罗尔斯在其晚年对森的评价是："他的理念具有本质的重要性。"(Rawls，1999：13)而森把罗尔斯太太亲手画的罗尔斯的画像装裱起来，一直挂在家中客厅里，足见森对罗尔斯的敬重。

行能力基于比较现实主义的方法，用的是社会选择理论，以不完整性部分排序为主要特征，这与罗尔斯追求完美正义社会制度的先验制度主义视角相比，是完全不同的另一种研究进路。可行能力如何作为基本善的重要补充？是在选择正义原则的时候就加以补充还是到立法阶段再补充？这是值得我们慎重思考和认真讨论的问题。森本人从来不同意用自己的正义论排除、替代任何一种正义理论[①]，就像他一直坚持罗尔斯把残疾人排除在制定社会规则的群体之外是错误的一样。当正义原则、社会制度已经确定，即便在立法阶段考虑残疾人等弱势群体的问题是对他们的照顾，也不能改变这些有特殊需求的弱势群体没有资格对社会基本制度有任何影响的事实。因而，森对罗尔斯的让步并不满意。“棘手的个案确实存在，但把残疾、特别的健康需要，以及身体或精神的缺陷看作与道德无关，或者因为害怕犯错误而不考虑，都可能导致犯相反的错误。”(Sen，1997：483)

1985年，罗尔斯在《作为公平的正义：政治性的而非形而上学的》一文中，以“政治性”的人对这一问题进行解释，他申明“作为公平的正义”是一个“政治性”的正义观念，是为政治制度、社会制度和经济制度而构造出来的道德观念，而不是一个统合性的道德学说。同时，作为公民的人也是一个政治观念，基本善的清单依赖于这种关于人的政治观念。所谓人的政治观念，即把人视为自由而平等的、有两种道德能力(正义感能力和善观念能力)和理性能力，并能够成为一个完全的社会合作成员的个体。残疾人因为智力或体力上不具备成为完全的社会合作成员的能力而被排除在制定社会正义制度的人群外。但是，具有充分参与社会合作的社会成员的能力并不意味着不会患病或发生意外。罗尔斯说：“这样的不幸发生是人类生活的常态，我们必须假定这些偶然事件会出现。但出于我们在这里的目的，我暂时不考虑严重的永久性身体残疾和精神错乱妨碍人们成为通常意义上的健全和充分的社会合作成员的情况。”(Rawls，1985：234)因而罗尔斯笔下作为公民的人是“终身”可以充分参与合作的社会成员，一旦发生意外失去充分参加

① 笔者曾就“可行能力对于罗尔斯的基本善是替代还是补充”这个问题请教过森教授，他毫不犹豫地说是补充。森从来都倡导用宽容、谦和的态度看待各种不同的正义学说。他说，虽然自己和罗尔斯在有关正义问题的看法上存在诸多不同，但他们也有很多观点一致的层面，例如，他同意罗尔斯对理性的重要性的强调，他也认同罗尔斯对自由的优先性(而不是绝对优先)的论证，等等。总之，森认为，在我们身边存在着多种正义理念，每一种在某些方面都是合理的。他从来不倡导将自己的正义理论放在最正确、最优的位置以至于应该替代其他的正义理论。他强调，“对正义的解说有很多方式，可行能力只是其中的一种”。

合作的能力，就不再属于制定社会公正原则的群体。其实，罗尔斯自始至终并没有正面面对残疾人为什么失去资格参与社会正义原则讨论与社会制度设计的问题。除了这个问题，罗尔斯也没有接受森提出的人与人之间在转化机会上的差异——罗尔斯把我们对身体不健全的弱势群体的义务推后至立法阶段考虑，也只是考虑将多少社会资源分拨给他们，并未考虑他们把资源转化成理想生活时在可行能力上与健全人的差距："我们可以到了立法阶段，再根据现存的社会条件以及对疾病和意外的发生概率的合理期望，来决定应将多少社会资源分拨到照顾这样的公民对正常健康和医疗的需要的服务上去。"(Rawls，1982：168)但是森认为，残疾人的"赚取障碍"(即他们赚取收入能力的障碍)所产生的效应往往会受到"转化障碍"(即他们将收入和资源转化为良好的生活品质的障碍)的进一步放大而让他们更加弱势。这种在转化机会上的差异是普遍存在的，因而森批判基本善的第二个着力点就是零弹性(inflexibility)：基本善在处理人际差异性的问题上有很大的劣势。

3.2.2 基本善与人际差异性

"如果人们基本上是非常相似的，那么基本善的指标也许就是一个非常恰当的判断优势的方法。但事实上，因健康情况、是否长寿、气候条件、地理位置、工作条件、气质性情甚至高矮胖瘦(影响着对食物和着装的需求)的不同，人们似乎有着截然不同的需要。因此，这里所牵扯的问题并不仅仅是忽视一些棘手的个案，还包括忽略了极为广泛而实际的困难。"(Sen，1997：483)森指出，这种实际的困难来源于人自身的性格特点和外界环境的不同，以及受到相对剥夺等因素的影响，人与人之间对基本善的需求和转化率不同，因而基本善的平等和可行能力(人们实际上可以过上怎样的生活)的平等之间必然存在很大差距。罗尔斯对人际比较问题的回应是，在作为公平的正义理论里，人际比较取决于该正义观所使用的人的观念以及社会统一的构想方式。罗尔斯对人际比较问题的解说从善观念的多元性存在开始，不同于柏拉图和亚里士多德以及基督教的传统认为的人只有一种理性的善观念，以洛克、康德和密尔为代表的自由主义认为存在许多相互冲突的善观念，而它们当中的每一种善观念与人类的充分自律和理性都是相容的，罗尔斯的立场正是后者。承认这种善观念的多元性是罗尔斯正义理论(包括人际比较问题)证成的前提，正义论的目的就在于追寻对于持有不同甚至相互冲突的善观念的自由平等的道德人而言，什么是正义。正义原则限制着善观念,它决定了在一个正义的社会中,哪些善观念是可允许的；基本社会制度的作用就是在正义原则的规范下建立一个框架,人们在此框架内自由地追求他们各自的善观念。虽然善观念不同,但当正义问题产生时,公民对提出怎样的主张才是恰当的这个问题能有共享的理解。在此背景下,在“作为公平的正义”的理论中,人际比较的问题就被表述为“给定一个组织有序的社会中存在着不同的、冲突的,甚至是不可化约的诸种善观念,这样的一种公共理解是如何可能的”(Rawls,1982：161)这一问题,而基本善和人的政治性就是解开这一问题的钥匙。虽然公民的善观念各不相同,但是人们具备部分的相似性,也就是说,无论人们的目的是什么,为了达到目的会需要一种共同的、基础的、无论做什么都需要的背景条件和通用手段,即基本善,这就是人们在多元论事实背景下的重叠共识(overlapping consensus)。并且,罗尔斯规定,对基本善的使用,预设了我们对自己的目的负责的能力——“这种能力是形成、修正和理性地追求一种善观念的能力的一部分”(Rawls,1982：169)。罗尔斯通过对基本善的设定,将森提到的外部环境对人的影响的问题进行了澄清：在作为公平的正义理论里,在基本的社会结构产生的过程中,我们用基本善这种相同指标来比较每一个人的社会地位,并且正义的原则规定了人际比较的基准——将基本善平等分配给每一个公民。而当正义问题产生时,公民能够对“怎样的主张是恰当的”这个问题有一种公共理解,原因在于“作为公平的正义”所使用的人的观念是,人是平等自由的、为了互利而进行合作的、以两种道德能力为最本质特征的理性人。前文已经对政治性的人的观念有所介绍,这里再用罗尔斯所列的一个函数,对其“人的观念”做进一步理解。

罗尔斯用一个函数体现了效用主义在做人际比较时的判断：$w=u(x,y)$,这个公式中 w 是广义上的把一个人的总体情况都考虑进去的总体满足度的福祉,u 是一个效用函数,向量 x 包括了一个人所处的环境的一系列东西,y 包含了可能对人际比较产生影响的全部个人特征。[①] 罗尔斯认为,函数 u 是充分完备性的,它把可能影响一个人的福祉的所有因素都考虑在内,并不像基本善——仅限于对公民境况的客观特征有一个有限的清单。如果用一个函数体现根据“作为公平的正义”组织起来的社会中的人际比较问题,罗尔斯把这个函数表示为 $g=f(x_i,\mathrm{p})$,其中 g 是基本善的指标(一

① 阿罗反对将个体降解成一个包含种种性质的具体清单,他认为这种做法否定了人的个体性(individuality),森颇为赞同阿罗的观点。

个确切的数字)，f 是确定 g 对于个体 i 的价值的函数，x_i 是由个体 i 所享受到的基本善的向量。向量 y，在 $w=u(x,y)$ 中涵括可能影响满足度的个体的所有特征的所有相关条目，在这里，它被一个常数向量 p 所代替，仅仅包含那些被视为终其一生都能充分地参与社会合作的自由平等的道德人的特征(Rawls，1982：178)。因为罗尔斯规定了所有公民都在最低程度上具有这些特征，所以 p 是一个不变的常量，人际比较相应地仅根据基本善而做出。函数 f 与 u 的区别反映了在作为公平的正义中，人们不同的目的、欲望，以及他们或高或低的满足这些目的和欲望的能力(最低必要能力以上的能力)，在决定基本结构的正义原则上根本不发挥任何作用，它们并不进入常数 p 中。因此，当我们进行人际比较或评定一个人比另一个人具有优势的时候，基本善的持有额是唯一评判标准。

罗尔斯对人际比较问题的解释并没有回答森对基本善的零弹性(inflexibility)的质疑，罗尔斯对人的观念的限定不仅排除了残疾人群体、儿童，也似乎倾向于忽视生活在寒冷地带(如北极)的人需要更多的衣物以抵御寒冷，怀孕的妇女需要更多的营养以孕育婴儿等情况。森的观点是，"由于个体的差异，或者物质和社会环境的影响，或者通过相对剥夺(当一个人的绝对优势取决于其相对于他人的位置时)，不同的人所拥有的可以将普通资源(如收入和财富)转化为可行能力——他们能或不能做到的事情——的机会也会有很大差异"(Sen，2009：261)。基本善提供了人们过上其有理由珍视的生活的一种手段，可行能力是人们在若干个不同的生活状态中进行选择的自由，手段和自由之间的联系因人而异。例如，一个处境不利的人从基本善中得到的东西会比其他人要少。而罗尔斯对人际比较问题的论述只是解释了为什么基本善是人与人之间比较的指标，并没有回答人们从基本善中得到什么、得到多少的相异性。1988 年，罗尔斯在《正当优先性与善的诸理念》一文中，把森对他的批判归结为"聚焦于基本善，使得大部分工作都是在错误的场域中进行的——这项工作错误地在制度性特征和物质的场域内进行，而不是在基本道德价值的场域内进行"(Rawls，1988：258-259)。罗尔斯对森的反对意见的回应是："基本善的指标并不是由任何特殊的完备性学说依据其对道德价值的解释来界定的、具有终极重要性的东西的近似物。"(Rawls，1988：259)罗尔斯认为，森对他的批判源于用完备性学说的视角看待基本善及其分配原则。

3.2.3　可行能力与完备性学说

罗尔斯认为森的可行能力进路下的正义论以一种完备性学说为前提，因而与他的政治性的正义观有冲突。所谓完备性，罗尔斯的定义是："当我们说一个观念是完备性的时候，意味着它涵括了关于人类生活中什么是有价值的观念、个人美德和品格的理念等此类意图指导我们大部分非政治行为(在我们的生活作为一个整体的限度内)的东西。"(Rawls，1988：252)罗尔斯申明作为公平的正义是一种政治性的正义观，是为宪政民主政体的基本结构所制定、作为一种仅仅适用于基本结构的合乎情理的观念而制定、按照某些被看作潜藏于民主社会公共政治文化中的根本性的直觉理念来制定的正义观，不按照任何完备性学说来制定，也不以接受任何特殊的完备性的宗教、哲学或道德学说为前提。也就是说，这种"作为公平的正义"的观念仅仅在特定的范围内有效，并不是放之四海而皆准的可被应用到各种范围的正义观，"政治的观念"(a conception of politics)与有关整体生活(the whole of life)的观念截然不同，在这个维度上，罗尔斯说："我不能讨论基本善是怎样与阿马蒂亚·森的基本可行能力相关的，并且我也无法讨论关于这些基本善的指标是否可以制定得足够有弹性，以便能够令人充分满意的问题(这正是森所要提出反驳的问题)。"(Rawls，1988：259)

面对罗尔斯的回应，森再次发文辩驳，他认为罗尔斯没有理解他批判基本善的立场，并曲解了他的观点："罗尔斯的这个回应的主要问题在于对我的反对意见的实质的曲解。可行能力反映了个体在若干个不同的生活状态(生活内容项组合)里进行选择的自由，未必以某具体的目标集合(如罗尔斯所谓的'具体的完备性学说')的一致为先决条件。如前面所讨论的，区分自由(由可行能力来反映)和成就(表现为实际的生活内容)很重要。可行能力评估未必建立在某种完备性学说(这种完备性学说决定了成就和生活方式)的基础上。"(Sen，1995：83)森从可行能力的第二个特点——既不同于资源又不同于成就——来论证可行能力未必以完备性学说为先决条件：罗尔斯所说的完备性学说决定的是人们的成就，而可行能力指向的是在各种机会之间选择的自由。所以，森认为罗尔斯并没有理解可行能力，也没有理解他对基本善的批判的着力点。其实森的可行能力虽然有广泛的信息基础——考虑了物理环境、气候条件、个人目的、个人性格、疾病抵抗力等各种要素，但是并未讨论具有终极重要性的价值与美德。"一种学说，当它将所有被认可的价值和美德囊括于一个表述得非常精致的思想体系中时，我们就说它是充分完备的；而一个学说只涵盖了一定的而不是所有的非政治价值和美德，并且知识比较松散地被表述出来时，我们就说它是部分完备的。”(Rawls，1988：253)笔者个人理解，罗尔斯认为森的正义的理念是部分完备性的学说，而森并没有绝对否认可行能力视角下的正义论与完备性学说的关系(按照罗尔斯的定义与划分)，他强调其正义的理念“未必”以完备性学说为先决条件。之所以说“未必”，是因为森的基于可行能力进路的正义观与罗尔斯政治性的正义观是两种出发点不同、立场不同、研究方法不同、研究目的不同的正义观。如果按照罗尔斯对完备性学说和政治性正义观的定义，单单“为了宪政民主政体的基本结构所制定”这一条政治性正义观的必要条件就把森的正义的理念排除在政治性的正义观的范畴之外了，而森在思考正义问题时，关注的焦点又不是价值、美德等问题，森尊重每一个人选择过他有理由珍视的生活的自由，尊重多元性，并未讨论什么是最值得过的生活，也绝不赞同对于什么是最值得过的生活只有一种标准答案。因而森回应罗尔斯时说的“未必”，是谦逊地站在罗尔斯的方法论上、用罗尔斯的思维模式及概念定义来回应罗尔斯对可行能力进路下的正义论的批判，其实政治性的正义观和完备性的学说两种定义都不符合森的正义论的特点。森说的“未必”，是一种弱反驳，也符合他一贯“拒绝定论、尊重多元”的治学风格。森实际上想强调的是，可行能力代表实质的自由，基本善提供了获得自由的一种手段，但是手段与实质自由之间的转换因人而异，这种差异性是罗尔斯所忽视的。罗尔斯对完备性学说与政治性正义观的区分，并不能解决手段(基本善)与目的(人们实际过的生活以及选择过他们有理由珍视的生活的自由)之间的转换因人而异的问题。

总之，森认为，一种正义的学说“既要关注过程的公平，又要关注人们可享有的实质性机会的公平与效率”(Sen，2005：156)。他批评罗尔斯基本善的初衷是建议作为公平的正义这个理论应该更加直接地、更深入地关注人们把基本善转化为他们的目的的可行能力、人们享有的实质自由，以及人们实质能过上怎样的生活。森赞同罗尔斯正义的第一原则(自由优先性)及第二原则中的“在机会公平平等的条件下职务和地位向所有人开放”，并认为可行能力在过程公平的方面不及罗尔斯正义理论对该(过程公平)环节的设计，“可行能力和自由的机会层面固然重要，它仍需要过程公平及不侵犯人们的使用权的补充”(Sen，2005：156)。森一直坚持倡议的是，在处理罗尔斯差别原则的时候，可行能力因其对人们的相异性所具有的敏感性及其所拥有的较之于其他指标更加广泛的信息基础，可以提供给我们一个更优的视角来思考如何帮助处于社会最不利地位者的问题。值得注意的一个重要改变是在罗尔斯的后期著作中，他不再那么坚持残疾人的案例必须被推迟到立法阶段再予以考虑，“更极端的情况我没有加以考虑，但这不是否认它们的重要性。我将这种观点当作理所当然的和为常识所接受的，即我们对所有人类都负有责任，无论他们具有多么严重的残疾……我不知道作为公平的正义能够被成功地扩展多远，以涵盖更极端的情况。如果森能够对这些问题提出一种更可取的观点，无论是经过必要的调整能够被包括在扩展后的‘作为公平的正义’框架之中，还是作为正义框架的补充部分，它都会成为一个重要问题”(Rawls，2001：176)。罗尔斯的这种回应证明，森对基本善的批评及可行能力的思想在罗尔斯关于正义问题的再思考中占有更加重要的位置。鉴于上文讨论的可行能力与基本善的区别，可行能力似乎并没有希望对罗尔斯正义原则和正义制度的设计产生影响。因为基本善的设定与罗尔斯作为公平的正义的构建是浑然一体的，可行能力属于另一种(致力于消除现存社会中非正义现象的)研究进路，无论怎样修改，都无法在保持可行能力本色的基础上使其成为一个“政治性”的概念。森自己也说：“我相信罗尔斯同样关注自由和可行能力分配的公平程度，然而，通过将正义原则建立在差异原则所包含的基本善的信息基础之上，罗尔斯把实现公平分配的‘正义制度’的决定因素完全置于基本善的孱弱肩头，冀望以此来提供基本的制度框架。这就使得他内心对于可行能力的关注无法在制度层面，也就是其正义原则所关注的层面发挥影响。”(Sen，2009：262)可行能力和基本善之所以不能相互替代，是因为这两个概念的构思背后都有一个更加综合的理论体系，森称之为先验制度主义与比较现实主义。

3.3　森对先验制度主义的批判

在欧洲启蒙运动时期的激进思潮中，社会正义问题的研究得到了蓬勃发展。森把启蒙运动时期哲学家们对正义的思考划分为两大阵营：先验制度主义与比较现实主义。先验制度主义致力于建立起一套能先验地确立理想社会制度的正义理论，其关注的焦点在于探寻终极的社会正义的特征，研究什么是正义的本质，怎样的制度安排可以达至绝对的公正。该思想阵营发轫于17世纪的托马斯·霍布斯，后继者有约翰·洛克、让-雅克·卢梭、伊曼努尔·康德和约翰·罗尔斯等，这些思想家均以社会契约论为基础，主要着眼于公正的制度安排，同时也会涉及与社会行为相关的公民道德与社会责任。与追寻理想的社会制度侧重点不同，比较现实主义着眼于现实的正义研究方法，这种研究方法主要致力于消除这个世界上显而易见的不公正，用比较性方法研究、评价社会现实问题，发展各种比较标准以指导现实的决策。该思想阵营的代表人物有亚当·斯密、马奎斯·孔多塞、杰里米·边沁、玛丽·沃斯通克拉夫特、卡尔·马克思、约翰·穆勒和阿马蒂亚·森等。这些思想家对社会正义的看法各异，进行社会比较的方式也大相径庭，但他们都着力于"对现实的或可能出现的社会进行比较，而并非局限于先验地去寻找绝对公正的社会"(Sen，2009：7)。森指出："两种研究正义的路径截然不同，并且任何一种进路都不能将另一种涵盖。"(Sen，2006b：216)

当代主流政治哲学多采用先验制度主义的研究方法，其中最具有代表性的论述当数罗尔斯的正义论。《正义论》的开篇便讲："我一直试图做的就是要进一步概括洛克、卢梭和康德所代表的传统的社会契约理论，使之上升到一种更高的抽象水平。"(Rawls，1971：preface viii)罗尔斯又有名言曰"正义是社会制度的第一美德"(Rawls，1971：3)，他的正义论堪称先验制度主义的当代典范。于是，森以罗尔斯的正义理论构建思路为切入点，展开了对先验制度主义的批判。

3.3.1 森对先验制度主义之不可行性的批判

森认为，先验制度主义存在三个问题：不可行性、冗余性和封闭性。

首先，森对先验制度主义一致地选择出唯一的正义原则之可行性提出了质疑："对于罗尔斯在初始状态中选择一套公正社会所需要的公正制度原则的唯一性，我深表怀疑。"(Sen，2009：56-57)森的观点是，由于人们对公正的理解各式各样，有时甚至是互相冲突的关注，我们不能武断地认为只存在一套公正原则。例如，三个小孩与一支长笛的故事。[①] 在森看来，故事中每个小孩的理由背后都隐含着一条以无偏见方式来对待他人的一般道理：三个小孩分别关注的是效率与效用、经济平等与分配公平、自己享有个人独立劳动成果的权利。功利主义者、经济平等主义者、自由主义者都可能会认为，在三个小孩争夺一支长笛的故事中，公正的解决方案一目了然，但

① 故事梗概是，曾经有三个孩子，安妮、鲍勃和卡拉，他们在争抢一支长笛。安妮是三个人中唯一会吹奏长笛的人，其他两人认可这是事实，因而安妮说她应该得到这支长笛。鲍勃说他是三个人中最贫穷的、唯一没有自己玩具的孩子，其他两个人已经有很多好玩儿的玩具了，因而他想要这支长笛。卡拉说这个笛子是她独自一人一手制作的玩具，其他两个人没有理由跟她抢夺这支笛子，她才是应该拥有这支长笛的人。

是他们各自给出的选择可能互不相同。同样的道理，“不同的正义原则，即使都能通过批判性审思并具有中立性，它们之间仍然可能存在巨大差异”(Sen，2009：10)。于是，我们有理由重新思考罗尔斯所认为的人们在初始状态中、在无知之幕下选择出来的“两个公正原则”是怎样从各种各样的理由中脱颖而出的，这一点罗尔斯并未给出充分有力的说明或论证。例如，自由优先原则——罗尔斯将自由置于优先地位，从而使得人们在衡量一个社会制度是否公正时可将自由视为评判的首要因素。在森看来，将自由置于绝对优先的位置这一观点过于极端：“为什么我们总是认为饥饿、饥荒以及医疗卫生的缺乏没有对自由的侵犯那样严重?”(Sen，2009：65)现实生活中，不同的现实情况能使各个因素在不同的时间、地点和条件下具有不同程度的优先性，将自由置于优先的地位为什么是所有人在初始状态中一致同意的原则？其他原则为什么会被淘汰？罗尔斯在其后来的著作，尤其是《政治自由主义》中，对自由的绝对优先权做了修正，使得对自由的优先性考量不再那么极端。针对森对“唯一性”的质疑，罗尔斯在其后期著作《作为公平的正义：正义新论》中写道：“某些考虑支持一种备选的正义观念，而另外一些考虑则不支持这种正义观念。除非我们能够将这份考虑的清单完整地开列出来(我们无法做到)，否则，即使所有事情都被计算在内，也很难确定对这些考虑进行的权衡最终会出现什么结果。我们所能做的最优选择，就是认为这些已经加以考虑的东西是一些最重要的东西，而且我们相信，那些我们没有加以考虑的东西不会打乱对这些理由的权衡。”(Rawls，2001：133-134)

罗尔斯的回复是我们无法做到严格的演绎推理，因为我们无法穷尽所有的选项，我们能做的就是给当事人一份关于正义的清单，列出我们在政治哲学传统中发现的比较重要的政治正义观念。从作为公平的正义视角来看，两个正义原则会从这份有限的清单里脱颖而出并得到大家一致赞同，虽然无法从所有可能的选择中确定最好的正义观念，但是，“对于我们首要的和最低的目标来说，这就足够了：也就是说，去发现一种能够规定民主制度之适当道德基础的政治正义观念，并且能够在面对其他已知的现存选择时坚持自己的选择”(Rawls，2001：83)。如此看来，罗尔斯承认森所说的正义原则的多样性，却又维护两个正义原则的唯一性，方法是用正义的清单来限制范围，在清单里的是政治哲学传统中被大家公认的各种重要的正义观。罗尔斯通过对功利主义的批判，彰显了作为公平的正义之两个原则的优越性。能够在已知的选项里保证两个正义原则是最佳的，并相信没有考虑到的东西不会对此造成颠覆式影响，这是罗尔斯对森所提出的问题的解决方式。然而站在森的角度看，罗尔斯并没有实质性地解决他对两个正义原则"唯一性"的质疑。相反，罗尔斯承认了他提出的正义原则的多样性这一事实，并且没有对两个正义原则如何脱颖而出而成为所有人一致选择的正义原则给出详尽而合理的、具有说服力的说明。"在很长一段时间里，罗尔斯自己对这些问题的思考前后存在矛盾。尽管他并未明确放弃其'作为公平的正义'理论，但似乎也承认通过初始状态企望一致地得出一组关于公正的原则存在不可克服的困难，而这一点对其理论危害极大。"(Sen，2009：58)森进一步指出，如果不能在初始状态中一致得出一组唯一的关于公正的原则，那么罗尔斯后面基于该原则确立的基本社会结构所需要的制度就被架空而成为不能成立的无根之木，"其唯一性的消失将会从根本上动摇这一理论的基础"(Sen，2009：58)。

回顾历史，森对于罗尔斯设计出的正义理论之可行性的质疑最早出现在1965年他与加里·朗西曼合写的论文《游戏、正义与公意》(Games，Justice and the General Will)一文中，该文发表的时间早于罗尔斯的巨著《正义论》(1971)。文章的主要目的是针对罗尔斯1958年发表的论文《作为公平的正义》(Justice as Fairness)中所论述的正义原则的选择提出质疑并证明其不合理性。森引入了囚徒困境(prisoner's dilemma)：两个嫌疑犯作案后被抓，因缺乏足够的证据，他们的罪行尚未最终判决。律师告诉他们，如果两人都认罪，则可以从轻发落——由原来的各判十年减刑为各判六年；如果两人都不认罪，则他们将以非法持有武器的罪名受到每人入狱两年的惩罚；如果两人中一方坦白认罪而另一方拒不认罪，则坦白的一方将因提供证据而仅受到入狱一年的惩罚，不肯认罪的一方将获得入狱十年的惩罚。两个囚徒的选择及后果如表3-1所示(设定：竖排为第一个嫌疑犯的选择，横排为第二个嫌疑犯的选择；括号里面第一个数字表示第一个罪犯判刑的年数，第二个数字表示第二个罪犯判刑的年数)：

表3-1 两个囚徒的选择及后果

选择	不认罪	认罪
不认罪	(2,2)	(10,1)
认罪	(1,10)	(6,6)

面临这种情况时，不管同伙选择什么，每个嫌疑犯的最优选择都是认罪：如果同伙不认罪，自己认罪的话判刑一年，自己不认罪的话判两年，认

罪比不认罪好；如果同伙认罪，自己坦白的话判六年，自己拒不认罪的话将得到入狱十年的惩罚，认罪还是比不认罪好。于是，两个嫌疑犯各自权衡利弊后都会做出坦白认罪的选择，结果是两个嫌疑犯各判刑六年。这个结果显然没有两人都不认罪而各判刑两年的结果好。在这个情景中，两个人都明知彼此合作，拒不坦白，可为全体带来最佳利益(各判两年)。但在不能确定对方选择的情况下，彼此出卖虽然违反最佳共同利益，但是自己的最大利益所在。囚徒困境是博弈论的非零和博弈中具有代表性的例子，这个例子说明了为什么甚至在合作对双方都有利时，保持合作也是困难的。虽然这种困境本身只属于模型性质，但现实中的人际关系、国际关系、价格竞争、环境保护等方面，也会出现与囚徒困境类似的情况。有时候个人的最佳选择并非团体的最佳选择。因而，即使存在假设中的契约，“某些人仍可能不会一贯地采取‘理智’的行为，而这可能会影响所有社会安排的恰当性(当然也包括制度选择的恰当性)。由于强行假设所有人都会遵循某种具体的行为规范，罗尔斯使这一问题大为简化了”(Sen，2009：90)。这是森 2009 年在《正义的理念》中对罗尔斯的批评，该批评早在 44 年前森讨论的囚徒困境中已经初现端倪，尽管森在 1965 年的文章中并没有直接表明。

在陈述完囚徒困境后，森指出，囚徒困境中寻求个人利益较优与整体利益最优之间的冲突，正反映了卢梭所说的“众意”(will of all)与“公意”(general will)之间的差别。在囚徒困境中，“公意”虽然主张拒绝认罪，但是每个人的“个人意愿”却都是认罪，这时就需要一个有强制力的契约来保证他们按照公意来执行行动。可是，即便我们假想有一种社会契约可以让所有人都保持合作(不出现囚徒困境)，也仍存在问题：如果一部分人选择某一种社会安排而另一部分人选择另外一种——例如在一个国家里，一些公民喜欢汽车的驾驶座位在左边，一些公民喜欢驾驶座位在右边——我们如何保证社会安排的“唯一性”？答案应该是在此之前就有一个规则，以让人们来遵守，例如规定少数服从多数原则等。在这种情况下公意不仅要考虑公共利益(common interest)，也要考虑利益冲突的情况下正义的解决方法(the just resolution of conflicting interests)，例如，公平正义地对待类似左边开车和右边开车的问题。森指出，在制定这种规则时，真正的困难在于，我们会面对合作并不能让每一个人的境况都变得更好的案例，例如零和游戏，也就是说，一个人或者一个群体的获得以另一些人的损失为代价的情况。当我们制定零和游戏的规则，又面对一些人要接受损失的情况时，我们只能说此时的公意是让一个人用短暂的损失换长远利益的更优化，此时，他才会接受这种短暂的损失。罗尔斯对这个问题的处理方式是用“无知之幕”抹去个人偏好、社会地位等影响个人选择的因素，同时又预设了诸如“需要”与“应得”之间的冲突是不存在的。森认为，罗尔斯这种获得社会正义原则的方式需要商榷，由于相互冲突的原则真实存在，人们在初始状态中一致选择同一个正义原则只能是罗尔斯的理想状态。森把公意的原则与罗尔斯社会正义的原则之间的关系归结为三点：(1)公意的原则是社会正义原则的一个子集；(2)社会正义原则中的非公意原则可能是非空集合；(3)因为关于谁应获得、谁应失去的原则可能出现真实的冲突，很难决定不属于公意原则的原则是否属于社会正义原则(Sen & Runciman，1965：561)。

森早年的这篇论文意在表明人们在罗尔斯设计出的无知之幕后面做出的选择不一定是公意的选择。又由于存在互为冲突的原则，如“需要”原则与“应得”原则，人们很难确定哪个非公意原则属于社会正义原则。这是森对罗尔斯“作为公平的正义”的理论提出的有关“唯一性”与“可行性”的最早质疑。这种质疑与思辨一直持续到森的晚年时期，在《正义的理念》一书中，森对他有关社会正义问题的思考进行了较为成熟、系统的阐述。

沃尔泽曾从“过于理想化”的维度批判过罗尔斯构建正义原则的方式，他指出，如果脱离了罗尔斯对理性人的假定，人们一旦“有着对自己身份的牢固观念，手里有自己的善，陷入日常心事中”(沃尔泽，2002：4)，便不会再在正义原则的挑选问题上做出一致选择。沃尔泽的批判具有合理性，但是对罗尔斯的理论构建本身伤害性不大，亦即沃尔泽的批判并没有否认在罗尔斯的预设与逻辑下，可以顺利推出一套正义原则且会被大家一致选出。森的批判比沃尔泽更进了一步，他从公意的原则是社会正义原则的一个子集、非公意原则因存在互为冲突的原则而不能确定哪条原则属于正义原则的维度，论证了通过批判性审思并具有中立性的正义原则并不一定是单一的，它们可能形态各异，甚至互相冲突。也就是说，理性的人们在初始状态中选择正义原则，选择的结果并不一定会呈现出唯一性，被人们选出的正义原则有可能是多元的。而非唯一性的丧失从理论根基上动摇了罗尔斯正义论构建的合理性，这是森对罗尔斯正义理论方法论的第一条批判性质疑。

3.3.2 森对先验制度主义之冗余性的批判

先验制度主义框架存在的第二个问题是冗余性。首先，先验主义方法本身并不能对各种使我们的社会变得更加公正的方案进行比较。森举例言之，假设一个人认为《蒙娜丽莎》是世界上最好的画，这并不能表明他能在毕加索和梵高的画之间做出孰优孰劣的评价；与此同时，当我们在毕加索和梵高的两幅画之间进行选择时，我们不需要去寻找一幅世界上最完美的画，就像我们在比较乞力马扎罗山和德纳里山孰高孰低时，去谈论珠穆朗玛峰是世界上最高的山峰毫无必要一样。

"如何才能使这个一致且连贯的政治模型为评价现实生活中的公正问题提供指导原则，而不是只为罗尔斯所关注的想象世界中的公正问题提供指导原则？"(Sen，2009：79)这是森提醒先验制度主义思考的问题。罗尔斯对自由而理性的市民的要求是，他们都拥有正义感的能力和形成自身善观念的能力——这被罗尔斯称为公民个体所拥有的两种道德能力，这样，人们在初始状态下达成协议之后会产生理性行为，进而在制度和理性行为的共同作用下，社会有序运转。但是，在一个制度"不尽理想"的现实世界中，在每个人的行为未必完全符合那些被认为是合理行为的社会中，被选择的制度应该如何运作？我们终会发现，一个完美的正义社会所制定并执行其制度的方法只能对现实制度和当前行为提出不切实际的要求，并不能够有力而精准地纠正现实世界中存在的不公正问题。无论先验制度主义设计出来的正义制度多么完美，社会良性运转需要的仍是立足于现实、因地制宜地建立制度规范以消除各种非正义，逐渐达至正义。森认为，在我们生活的世界里，判别制度好坏的标准是看其"能否实现可接受的或出色的社会成就"(Sen，2009：83)，如果一项制度对实际发生的事情束手无策、无动于衷，那么这种制度在现实中就是不可行的。

有人会认为，我们需要首先将面前选项与理想选择的距离进行远近排序，然后再做出优劣评价，森的观点与此相反。他指出这种比较是冗余的，并且由于现实存在诸多影响因素使我们的评价不能像理想中一样简单化，这种比较与排序操作起来非常困难。以测量现实社会与理想正义社会的差距为例，森指出，我们在比较和排序时至少会面对以下三个方面的难题：(1)现实社会在不同领域与理想正义社会存在的差距；(2)同一领域不同方向的差距；(3)测量差距的方法千差万别(Sen，2006b：219)。这三个问题都是难题，几乎无解。例如，社会中对各种具体自由不同程度的践踏，使得现实中的自由在多个方面与理想社会中的自由存在差距，这种差距不能够简单地被排序比较。我们还会面临测量现实社会诸现象的过程与理想正义社会所要求的程序平等的背离，无论是从社会差异、文化传统异质上，还是从程序平等的要求上，我们每一次的测量与比较都面临困扰，步步难行。事实上，当我们真正参与到相关公正问题的讨论中时，很少会用到公正社会的完美状态，例如，新型冠状病毒在中国的传播过程中产生了很多与社会公正相关的问题，中国政府及领导人在统筹应对疫情、对失职领导依法问责、对弱势群体予以更多关怀时，不需要首先去寻找正义社会处理类似事情的完美的应然状态，继而再对如何减少现实中的不公正现象做出决策。在新冠疫情严重的时候，医护人员们挺身而出、逆流而上，顽强地与病毒抗战，各岗位工作者在家办公，学生在网上学习，通过少流动、少接触来减少病毒的传播机会。守护我们生命与家园的从来都不是超人，而是14亿同根的家人，人们尚且承认平凡的自己（而不是虚幻的超人）可以最实际地解决问题，为什么相信社会正义的实现需要建立起一套并不存在也不可能存在的完美的社会制度来助力呢？给我们削减社会不公正现象的从来都不是先验主义者们设计出来的最正确的社会制度，对社会不公正的分析也不要求我们规划出最完美的社会安排，对于在不同的公正政策之间进行比较和选择而言，绝对公正的理想社会没有任何帮助。这是社会现实对森所说的先验制度主义之冗余性的注解。“先验主义方法针对公正问题所能给出的答案，与真正促使人们参与到对世界上公正和非公正问题的讨论之中的各种关注（饥饿、贫困、文盲、酷刑、种族歧视、性别压制、随意囚禁和缺乏基本的医疗卫生服务等），迥然不同且相距甚远。”（Sen，2009：96）因此，“如果一套正义理论旨在指导合理的政策、战略或制度选择，那么试图确立绝对公正的制度可以说既非必要条件又非充分条件”（Sen，2009：15）。这是先验制度主义的冗余性问题。

许多学者对森的观点持反对意见，英格瑞德·罗本斯认为，促进社会正义需要先验制度主义与非先验理论相结合。虽然先验制度主义是不充分的，并且先验制度主义的理论学说在学术界占有了过高的地位，但是并不能用“冗余”来评定先验制度主义——先验制度主义是研究正义问题的必要条件。罗本斯论证先验制度主义方法之必要性的论据有二。第一，现实中许多非正义问题往往是复杂而微妙的，所以识别并分析非正义问题比对最基本的非正义问题的识别和分析要困难得多（Robeyns，2012：160）。她以性别平等为例，当我们讨论“在某一个自由社会中性别平等已经完全实现了”这个命题时，我们需要一个（有关性别平等的）先验的原则，根据这些原则我们才可以说当某些要求被达到或者被满足时，该社会中的性别平等可被评定为已经完全实现。罗本斯认为，无论是在学术上还是现实生活的公共讨论中，先验制度主义可以给我们提供一个判断的标准，这是其存在的必要性之一。先验制度主义不可或缺的第二个原因在于正义的非先验理论的特征

(Robeyns,2012：160)。罗本斯指出,非先验主义理论包含比较现实主义路径,但并不仅限于此。它还包含如何衡量不同正义原则的理论,达到一个更为正义的社会我们应该如何行动的理论等。"如果我们把自己局限于比较主义路径,我们也许会选择一个短期有利于我们消除非正义的做法,但是长远来看,(从正义的出发点来说)由于我们选择的路径,我们会处于一种次优状况。"(Robeyns,2012：160)罗本斯举了一个假想的例子,假定 100 分代表了实现了完美正义之社会的正义值,社会 A 现在的正义评分为 50 分,A 现在有两个选择：B 路径可以把 A 改革提升至 70 分,S 路径可以把 A 改革提升至 55 分。我们运用比较现实主义方法会选择 B,这一选择会影响我们之后的走向：我们会从 B 达到 C,C 是 80 分的正义值社会；而我们会从 S 走向 T,T 是 95 分的正义值社会。由此可见,离开了先验制度主义,我们就容易在现实的比较中"目光短浅"地失去"长远优势"。因此罗本斯认为,我们之所以需要先验理论,是因为它可以给我们提供"导航地图",让我们清楚我们的目的地,以避免迷失前行的方向。

同时,罗本斯指出,当代学术界的正义研究将先验制度主义置于过高的地位,把现实主义研究仅仅作为应用伦理学或者消除非正义的例证研究,这是需要调整的。正义理论家们应将关注的焦点从先验制度主义理论转向对加强、促进正义的思考,均衡先验理论研究与现实理论研究,这样才能促进社会正义发展。

拉吉普·伊格、赫拉德·伊格尔斯海姆和夏洛特·勒查普兰对森所做出的先验制度主义具有冗余性的判断也持相反意见。与罗本斯的批判路径不同,他们认为："如果没有社会 Z(亦即一个完美正义社会),人们就不能做出判断说'社会 X 比社会 Y 更加正义'。"(Eg,Igersheim & Chapelain,2016：522)也就是说,纯粹的比较理论无法存在,先验制度主义是比较现实主义存在的必要条件。其论据是森在 20 世纪 70 年代提出的元排序(metaranking)的概念隐含了"社会 Z 是正义的"这一先验主义判断的存在。元排序即优先顺序的排序(ordering of the preference orderings),包含"X 比 Y 更加正义"这一判断形式。三位学者认为,当我们做出 X 比 Y 更加正义的判断时,前提是承认 Z 是正义的这个标准已然存在,这正是先验制度主义所致力于探求和追寻的标准。他们的例证之一是,森把自由和平等置于不可置疑的优先地位,正是涵盖了 Z 社会是正义的、正义的社会应该将自由和平等置于优先考虑这样一种前提,森才能做出他的正义的理念设计。事实上,笔者认为,做出 X 比 Y 更加正义这一抽象比较可以和我们现实生活中一个桃子比另一个桃子更甜这样的例子来类比，我们无须知道“一个最好最甜的桃子是怎样的”这样的概念或者评判标准，尝一口就可以在两个桃子之间做出最直观的比较。同样，在消除非正义的问题时，我们无须知道一个完美的正义社会Z是怎样的，我们的生活体验和理智思考会给我们一个判断，我们理智思考的能力让我们可以对自己的判断进行批判性考察，审思我们的判断是否合理，再经过人们的公共讨论，社会非正义的问题完全可以离开完美正义社会的标准而拥有一个较优的策略选择。再者，具体的公正社会同时取决于有效的制度和人们实际的行为方式。社会是不断发展的，人们的认识总会受到时代的局限，我们这一代人所认为的完美正义社会，很可能并不适用于下一代人的标准。先验制度主义几乎只关注抽象的公正制度，而制度来源于现实，现实是不断变化的，几百年前的人们想不到现在的我们所面临的人工智能、试管婴儿、量子技术等科技发展所带来的伦理问题，及其对社会正义的新挑战。人类历史不会静止，“完美正义的社会”是不存在的。最后，我们没有必要将过多的精力放在完美上面，如亚当·斯密所言，“当他脑中只有完美这个概念时，他的注意力会全部放在作品的瑕疵上。但如果他能换一个角度，把这个作品和其他同类型的作品相比较，那么便会发现这个作品所拥有的卓越美感”(斯密，2016：29-30)。我们需要批判现实、改变现实，同时也要享受现实、珍惜当下。

笔者认为，以先验制度主义的“前提性”来驳斥阿马蒂亚·森对先验制度主义“冗余性”的论断很难证成，先验制度主义对公正制度的抽象思考并不能够作为比较现实主义存在的前提。比较现实主义是从社会视角出发，关注人们的现实生活以及人们在不同生活方式之间的选择自由，它允许不完整排序，允许存在多种合理的正义原则(而不是唯一正确的判断原则)，可以在全球范围内对不同的社会状态进行比较——它的出发点、关注对象、研究方法、特征特性等都与先验制度主义不同，二者均做不了彼此成立的前提。因而以“前提性”反对森的“冗余性”的论点证成方式并不如罗本斯的反驳有效。

森对罗本斯的批评专门撰文进行了正面回应：“当我们想要表明某一特定情形X是相对而言不正义的，只需要展示存在一个行得通的比X更加正义的可供替换的Y。我们不需要考虑X是否比一个理想国家Z缺乏正义的问题。”(Sen，2012：175)对于罗本斯的两点反驳，森也逐一进行了回应。对于第一点，他以性别平等为例，讨论“先验制度主义作为判断标准而具有存在必要性”的观点。森认为，那些自以为我们生活在一个性别平等的世界里的想法简直是令人吃惊的，暂且先不管这些不切实际的论断，单从理论上讲，当我们面对社会非正义现象（例如男女不平等）时，揭示、讨论、分析这些不正义现象的特征及其改进或替换方式，并不需要说服人们去一致认同一个完美的性别平等的世界应该是怎样的。从实践的层面上来讲，将现实社会与理想社会对比也许并不是一个能够说服大众的有效方式，因为现实中存在许多人，虽然他们承认现实中的不正义现象，但不赞同理想社会的各项指标。关于第二点，森认为，在特定情境下，我们诚然需要对不同正义原则进行相对重要性的赋值，但是这并不能够直接得出罗本斯的结论，因为我们可以通过讨论（进而采取措施）来避免可预防的灾难性事件发生。在对现实中的非正义现象的比较讨论中，我们无须绕路去思考完美正义的问题：首先，完美正义社会的划定并非一个容易解决的问题；其次，这种绕路在解决现实非正义问题上并没有用。"所以我恐怕不能够声明说，我已被罗本斯关于先验制度主义在非先验的现实比较中具有存在必要性的论辩说服。"（Sen，2012：176）

3.3.3　森对先验制度主义之封闭性的批判

先验制度主义的第三个问题是其封闭性。在对社会公正问题的评价中，中立和客观是我们要遵循的基本原则。在森看来，中立可以分为"开放的中立性"和"封闭的中立性"。"封闭的中立性"是指在某个既定群体（例如某个社会或国家的成员）内做出中立判断的过程。与之相对，"开放的中立性"是指中立的评价包括来自所关注群体之外的人们的判断。二者的根本区别在于"公正评价的范围是否限制在（或更精确地说，试图被限制在）一个固定的团体上，我把它称作焦点团体"（森，2006：434）。森认为，正义要求无偏颇的中立与客观，这种无偏颇的评价应该包括来自焦点团体（focal group）之外的人们的判断，亦即需要超越国家或民族等边界，在全球范围内讨论、评价公正问题。森的这一观点受亚当·斯密"中立的旁观者"的启发，斯密在《道德情操论》中提出了这个思想，他把"中立的旁观者"称为内心的那个人，斯密的描述如下：

我们在孤独时往往非常强烈地感觉到同自己有关的东西……一个朋友的谈话使我们的情绪好一些，而一个陌生人的谈话使我们的情绪更好一些。内心的那个人，我们感情和行为的抽象而理想的旁观者，经常需要由真实的旁观者来唤醒并提醒（我们）想起自己的职责。往往正是从那个旁观者那里，即从那个我们能够预期得到最少同情和包容的人那里，我们才有可能学好最完善的克己自制这一课(Smith,2004：178)。

斯密认为,将外部人的判断纳入评价体系的考量,可以拓宽人们的认识,促进人们反思。他所说的“抽象而理想的旁观者”(abstract and ideal spectator)启发了森。森认为,斯密所讲的他人观点的“启发作用”非常重要,在涉及公正问题的考量与评价时,以“他人的眼睛”从“旁观者”的视角看问题,可以帮助我们避免狭隘性与局限性,让我们做出更为全面和完整的评价。“如果我们不离开自己的位置,并尝试以一定的距离来看待自己的情感和动机,就不可能对它们做出审视,也不可能对它们做出任何判断。”(Smith,2004：128)森把斯密式关于中立性的思考与要求称为“开放的中立性”,因为“斯密式的推理不仅承认,而且要求考虑来自远近各处的他人观点。从这个意义上来说,这种实现中立的程序是开放的,而不是封闭的、只限于地方社区的视角与认识”(Sen,2009：126)。与之相对,先验制度主义的中立性被森称作“封闭的中立性”。关于这一点,我们可以从理论和实际两个维度进行讨论。

首先,从理论上看,先验制度主义将追求公正的参与者限定在某个既定的政体之内,因而制定契约的焦点群体是固定的,具有封闭性。此外,他们所制定的基本结构是封闭的,如罗尔斯在《政治自由主义》中所言：“我设定,基本机构是一个封闭的社会结构,也就是说,我们将把它看作自我包容的、与其他社会没有任何关系的社会。”(罗尔斯,2011：11)因而契约的范围是与外世隔离的、具有封闭性的。按照先验制度主义的进路,人们做出公正判断的程序也是封闭的,在做出判断的过程中人们根本不考虑任何焦点团体之外的观点。森对此进行了批判,他认为,关于正义的公共理性应该超越一个国家、一个民族或者一个地区的界限,评价公正问题需要全人类的眼睛共同参与。如果一种公正理论只用于解决一部分人的问题和困境,而置其他人于不顾,我们是否可以说这种理论本身就是一种不公正的理论？这是英国早期女权主义思想家玛丽·沃斯通克拉夫特提出的问题,在其著作《女权辩护——关于政治和道德问题的批评》[①]中,她申明,我们不能只保护男性的权利而置女性的同样利益于不顾,应该在道德上和政治上顾及所有人。森对此颇为认同,他指出,沃斯通克拉夫特所要求的“那种普遍性的包容是中立性不可或缺的一部分”,“对于某个特惠群体的有选择性的包容,而不顾

① Mary Wollstonecraft,1792,*A Vindication of the Rights of Woman：With Strictures on Political and Moral Subjects*,Cambridge University Press.

其他利益相关方和持重要意见者，是一种偏见的表现”(Sen，2009：117)。森认为，封闭的中立性所面临的困难与问题至少有三个方面。第一是程序上的偏狭性(procedural parochialism)，封闭的中立性之各种设计可以消除焦点团体内部人们的偏见，但是无法处理整个团体所具有的局限性与偏见。例如，罗尔斯正义论的制定者是“生长在该社会中”的人们，这些人在“初始状态”中、在“无知之幕”下不知道自己的既得利益、兴趣爱好和人生目标，做出选择时具有客观性，但是这些人受同一社会文化和社会风俗等诸多因素的影响，可能会出现整个团体共有偏见而集体浑然不知的状况。斯密在《道德情操论》中给我们列举出被地方性风俗支配的典型例子：

……杀害新生婴儿，几乎在所有希腊城邦都是一种被允许的做法，甚至在有教养的和文明的雅典人中间也不例外；一旦父母的处境不便抚育孩子，那么，任其饿死，或者被野兽吃掉，都不会受到责备或非难……这种延续下来的习惯到了这个时代仍完全容许弃婴的做法，以致不仅世人松散的行为准则容忍这种暴虐的特权，而且，甚至是哲学家的学说——它本应更加公正和更加准确——也都被既定的习惯引入歧途，在这里就像在许多其他场合一样，不去加以谴责，反而依据社会功利这种牵强附会的理由来支持这种可怕的陋习。亚里士多德把这种做法说成是地方长官在许多场合应当加以鼓励的事情。仁慈的柏拉图也持同样的意见，他的全部作品似乎都充满着对人类的爱，但却找不到一处指责这　习俗的地方(Smith，2004：246-247)。

因此，地方风俗与社会文化将使封闭的中立性面临群体共有偏见而不自知的难题。森认为，我们之所以需要开放的中立性，需要跨越国界在全球范围内评价一个国家内部的公正，正是因为每个社会都可能存在狭隘的地域观念，诸如男女不平等、死刑的适用范围等。而来自远方的旁观者的观点可以审查、纠正这种偏狭观，这是开放的中立性较之于封闭的中立性的优越性之所在。“在一个社会中被当作天经地义的东西却经受不住一种基础广泛的、缺少限制的审查。”(森，2006：448-449)这是封闭的中立性面临的第一个问题。

封闭的中立性所面临的第二个困难与焦点团体有关，因人口规模会随着社会结构的变化而变化[①]，参与选择“基本结构”的焦点团体会受到选择本身的影响。焦点团体的这种可塑性使得封闭的中立性具有了潜在的矛

① 森援引德里克·帕菲特(Derek Parfit)的观点，认为“经济、政治或社会制度的任何重新安排都会通过婚姻、配偶、同居和再生产的其他参数影响产生的团体的规模和成分”(森，2006：452)。

盾：焦点团体如果选择了会产生多于他们所代表的团体人数的制度结构，多出来的人没有代表参加正义原则和正义制度的设计，但是这种制度安排却影响到他们生活的方方面面。焦点团体如果选择了会产生少于他们所代表的团体人数的制度结构，那么这些多出来的人又有代表参与到了正义原则和制度的设计过程中，如此，焦点团体就被错误地指定了。因而，不能独立于社会结构而存在的焦点团体是封闭的中立性所面临的第二个难题。

第三个难题是先验制度主义所具有的封闭的中立性具有排他性，这又使我们再一次回到了玛丽·沃斯通克拉夫特提出的普遍性的包容问题。森认为，公正应该是全球化的，主要理由有二："出于避免偏见且公平对待他人的缘故，从而需要考虑到其他人的利益；出于避免未经充分审思的地方性价值观和认识的地域狭隘性的缘故，从而需要纳入其他人的视角来拓宽我们自己对于相关原则的认识。"(Sen，2009：402)森所说的第一点原因主要解释了他对先验制度主义忽视外部群体(相对于焦点群体而言)的批判，公正涉及"关系"，人与人之间的关系和义务是多层面的；我们每一个人都有多重身份，这种界定可以由国家、种族、宗教信仰、性别、职业等多重标准划定，我们不能单一地从国家或民族的层面对人们的关系进行武断界定，把依据单一界定标准而划定的一个群体封闭起来进行正义原则相关问题的讨论，这切断了人与人之间的多层面关系，并且对于他人而言是不公平的。第二点原因则是站在"公正原则及公共政策制定者"的立场上，纳入"旁观者"的意见有助于克服狭隘性与偏激性，全球性的思考可以突破局部有限的藩篱，避免特定的道德与政治评判的局限性。

按照罗纳德·德沃金的观点，对于任何政治理论，"强调它本身的真理性，因而必须强调任何与之冲突的理论的错误性"(Dworkin，1985：361)。罗尔斯是先验制度主义的杰出代表，森对先验制度主义封闭的中立性的批判主要是受罗尔斯的正义思想的启发。我们有必要探究一下罗尔斯的理论之"错误性"是否存在，以判断森关于先验制度主义具有封闭性、封闭的中立性至少面临三个难题的论点是否具有"真理性"和说服力。

事实上，罗尔斯似乎并没有止步于对一个封闭的社会设计一套完美的正义原则与正义制度。他认为，一种社会契约学说在其应用上可以是普遍的，建构一个封闭的正义社会是一个起点，人们可以从此出发将封闭范围内制定出来的正义原则予以扩展，达至国际正义及代际正义。其运思逻辑是这样的："通常，一种建构主义的学说在处理一系列的主题时，先从适用于封闭自足的民主社会基本结构的政治正义原则开始。这部分完成后，接着再向前处理未来世代所要求的原则，向外处理适合作为万民法的原则，并向内处理应对特定的社会问题的原则。”(Rawls,1993：532)万民法正是罗尔斯期冀将封闭自足的民主社会之正义原则横向扩展至国际正义、应用到国际实践中去的正义观念。罗尔斯于 1999 年出版了《万民法》这本专论，意在解决国际正义的问题，用罗尔斯的话讲是解决“现实的乌托邦”是否可能、如何可能的问题。他对现实的乌托邦的定义是，“政治哲学，当它扩展了通常被认为是实践政治可能性的限度时，就是现实的乌托邦”(Rawls,1999：6)。但是罗尔斯式扩展遇到了诸多难题，如费尔南多·泰森指出，罗尔斯为了满足全球化的条件而对政治自由主义做出修正的做法是一种严重的错误。因为“一种政治理论，如果随时修正其假定以迎合那些看起来不满足其原初形式的东西的话，就不能够存活下去”(Teson,1995：85)。在《正义论》中，罗尔斯申明，作为公平的正义是为了宪政民主政体的基本结构所制定、按照某些被看作潜藏于民主社会公共政治文化中的根本性的直觉理念来制定的正义观，但在论证万民法之可能性时，罗尔斯的自由民主的社会却又变成了正义原则之应用的非必要条件，在泰森看来这种修正是一种错误的妥协。

另一方面，这些由封闭的自由民主社会建立的正义原则能否被非自由民主社会接受并采用，是一个不容乐观的问题。罗尔斯扩展实践政治可能性的限度的方式是将人类现有的社会分为五种类型：合乎情理的自由人民、正派人民、法外国家、因不利状况而负担沉重的社会、仁慈的专制主义。万民法的制定程序是由诸社会选出代表，罗尔斯称为“诸人民的代表”，通过再次运用原初状态的设置，代表们将一种自由主义的观念扩展至万民法，为“组织有序人民所组成的社会”挑选、制定出约束诸社会之间关系的万民法原则。[①] 罗尔斯主张将万民法扩展至诸自由社会和正派的等级制人民，这两种类型在罗尔斯看来是组织有序的人民国家；组织有序的人民应该对负担沉重的社会施予援助，使其变成组织有序的社会；而对待法外国家，为了民间正义和持久和平，组织有序的人民甚至可以发动正义战争。以此方式，罗尔斯完成了对现实乌托邦的设计。罗尔斯对国际正义的设计与论证受到了诸多学者的讨论与批判。谭焯乔指出：“秩序良好的等级社会是不民主的这一事实，严重地削弱了罗尔斯所提出的两阶段的原初状态。”(徐向东，

① 万民法又不同于国家之间的法律或者说国际法，万民法是一些概念和原则，国际法是实定的法律秩序，万民法提供的原则是评估现存的国际法的标准与依据。“万民法是由关于正当、正义与共同善的原则组成的一系列政治概念；它们界定了一种自由主义的正义观念的内容，而这种正义观被制定出来是要扩展并且应用到国际法上去的。”(Rawls,1993：536)

2011：376)因为秩序良好的社会的代表不是经过人民民主选举产生的，所以他们并不满足于罗尔斯对代表所设定的条件(“他们所代表的是合理地被代表的”)；并且，一旦“无知之幕”被移除，他们就会发现自己不是自由人民的代表。“为什么他们会接受那些将导致他们在自己国家可能处于低下地位的全球性原则呢?”(徐向东，2011：377)这又回到了先验制度主义不可行性的问题，在全球视野下，先验制度主义所追求的完美正义原则的唯一性显得更难实现，诚如唐文明所指出的那样，“即使所有的文明都接受了理性的权威，都经过了理性的检验和洗礼，我们仍将面对人类伦理观念的多样性，而且极有可能是更为复杂、更为细致且范围更广的多样性”(万俊人，2009：序8)。如何处理这种多样性？如何解释唯一性？罗尔斯并没有给出清晰的回答。万俊人认为，罗尔斯普世化的正义伦理模式“多少有些想象性”，这是对罗尔斯万民法所存在的问题较为委婉的揭示和抱憾。“罗尔斯的正义伦理原则是依据西方(甚至美国的)民主平等的社会制度而推导和建立起来的，它缺乏罗尔斯本人所谓的那些‘非自由国家’的事实依据。一种基于特殊社会结构或制度，以及特殊历史与文化传统的正义伦理模式，如何能普遍适用于各种异质性的社会?”(万俊人，2009：228)在社会制度和社会文化传统的异质性差异普遍存在的全球环境中，罗尔斯是根据什么将一个特殊的封闭社会的正义模式直接外推扩展为国际正义模式的？按照罗尔斯的解释：“任何社会都必须尊重基本人权，而且这样的社会不一定要是自由(主义)的。这也表明，人权的作用正是合理的万民法中的一部分。”(Rawls，1993：530)森认为，仅仅就人道和礼仪的基本问题进行协商是社会正义问题非常有限的特征，罗尔斯的万民法“只是关注人道主义行为的某些一般性原则而已”(Sen，2009：26)，然而，人们期待的更加全面的全球公正，并不是在呼吁“最低限度的人道主义”，而是消除目前现实生活中存在的明显的不正义以推动全球公正，先验制度主义对此显然无能为力。

总之，先验制度主义具有的封闭的中立性在理论上的弊端是很难克服的，罗尔斯将封闭社会的正义理论外推为国际正义理论时，从外推的依据(基本人权)、条件的放宽(正义原则适应于社会文化和政治制度不一定是自由主义的社会)到外推的方式(原初状态的再次运用)、异质性社会对万民法的接受度等方面都面临着诸多问题。罗尔斯忽视这些困难，单凭理想化地将先验制度主义封闭的社会安排扩展至全世界，并不能够解决其理论封闭性的弊端。这也反证了罗尔斯先验制度主义理论设置的重大缺陷。

从实践的维度上，先验制度主义因其“封闭的中立性”而在现实中不具有多少借鉴价值。首先，按照先验制度主义的规定，要达至完全正义的社会，就要对组织有序的制度安排有诸多要求。世界上很多国家（甚至所有国家）并没有这些被完美正义社会所要求的制度安排，事实上也很难建立起这种制度安排，结果就会如森指出的那样："如果完美的正义是一个正义理论的关注点，那么有关完美正义制度的前提条件会形成一种'进入障碍'，使得缺少这种制度规范的社会不能借鉴或运用这种正义理论。"（Sen，2006b：226）这样的制度预设会令实现全球正义变得尤其困难。

其次，我们并非生活在与世隔绝的"桃花源"，缔结契约的既定群体虽然不考虑他们之外的人们的意见，但是通过战争、经济贸易等途径，契约之外的人们与缔结契约的人们之间的生活势必产生相互影响、相互作用的复杂效应，除非寻求一个全球性的社会契约，否则先验制度主义就无法克服其封闭性的问题。在先验制度主义的框架内追寻正义的必然结果就是由主权国家通过选择一套完美的制度来践行公正的原则。然而，全球性的主权国家与普遍性的正义制度都不可能实现。正如托马斯·内格尔所言，"如果霍布斯是对的，那么在没有世界政府的情况下讨论实现全球正义就是一种幻想"（Nagel，2005：115）。显然，现在和未来都会令先验制度主义对全球正义的讨论停留在幻想阶段。没有世界政府并不是先验制度主义实现全球正义的唯一阻碍，万俊人通过考察社会正义伦理、人际伦理正义和个人正义美德三个层次，认为社会的伦理正义是人类的伦理正义之基——如果作为普遍伦理正义的基础的社会基本制度不能达成社会统一或者说不能具有普遍性，那么普遍的人类伦理正义就不可能。依此思路，用先验制度主义的视角看，全球正义是不可能的，因为"人类历史上没有也将不可能有一种绝对统一的、超越于具体多样性的社会历史条件和文化预制之外的普遍正义的社会制度"（万俊人，2009：236）。没有统一的社会制度与没有世界政府一同构成了先验制度主义打开其封闭性的现实性困难，并且是永久无解的现实性困难。

综上所述，一个自然而合理的结论只能是，先验制度主义所选择的正义原则的非唯一性构成了其理论的不可行性；先验主义方法本身并不能对各种使我们的社会变得更加公正的方案进行比较，对于令社会变得更加公正而言，先验制度主义既非必要条件又非充分条件，这是其冗余性问题。按照先验制度主义的要求，人们在做出公正判断的过程中根本不考虑任何焦点团体之外的观点，这种具有封闭性的判断具有程序上的偏狭性、焦点群体的可塑性与排他性，这些弊端在理论层面上难以克服，从实践的维度上，先验制度主义因其"封闭的中立性"而在现实中不具有实质性意义和实践价值。

第 4 章　可行能力进路下的正义论

批驳了罗尔斯的正义论后，森提出了自己的正义理论。森的正义论采用比较现实主义的研究方法，以消除社会中存在的非正义为出发点，通过部分排序，发展各种比较标准以指导现实决策。该正义理论以人们的可行能力为信息基础，以开放的中立性为客观性要求，以社会选择理论为践行依据，致力于通过公共对话防止并矫正社会不公正现象，是一种“接地气”的现实主义正义观。

4.1　正义的信息基础：可行能力

森在课堂教学上和论文写作中，常会用生活中的具体事例来深入浅出地诠释他的观点。在讨论正义问题时，赋予哪个信息以最大的权重往往决定了一种正义理论做出评价性判断的总体方向。为了说明这一点，森举了这样一个例子，安纳帕娜(Annapurna)需要雇一个人为她打扫庭院，有三个失业工人来竞争这份工作，迪努(Dinu)是三个人当中最贫穷的，毕山诺(Bishanno)是三个人当中最不快乐的(她最近家道败落，巨大的落差令她心灵压抑)，洛基尼(Rogini)是一位一直忍受着慢性病折磨(她可以用挣来的钱来治愈这种疾病)却性情乐观的人。安纳帕娜不知道在三个人中她应该选择雇佣哪一位来帮她工作，因为这三个人想要得到这份工作的理由各有道理。如果让集中注意收入平等的平等主义者选择，他会选择迪努；如果让集中注意快乐和幸福的古典功利主义者来选择，他会选择毕山诺；如果让集中注意生活质量的人选择，他会选择给洛基尼免受疾病的自由。由此可见，信息基础对正义的评价性判断的重要性。森选择的作为其正义理论的信息基础，是可行能力。

4.1.1　理论溯源

森的可行能力，是站在诸多思想巨人的肩膀上提出的。他曾对自己的理论溯源作了如下说明：“记载着我的智力启发者的长长的清单包括(从许多敬重的人物里选择了一些与这个专题相关的名字)：亚里士多德(尤其是他令我们理解了,追求精确性的本性与需要被容纳而不是被拒绝的模糊性,取决于研究对象的性质)、亚当·斯密(尤其是他对理性和能力的研究)、玛丽·沃斯通克拉夫特(尤其是她对一般人权尤其是女性权利的重要性的详细阐述)、约翰·斯图亚特·穆勒(尤其是他向我们展示了自由的重要性以及需要在一个充分多元的框架中看待效用)、卡尔·马克思(尤其是教给我们最严重的不平等也许藏在正义与正常的幻象后面)和——回到我们自己的时代——肯尼斯·阿罗(除了其他之外,他对社会选择理论的公理化所做的开创性发展,是我自己智识努力的相当大一部分的方法论基础)。"(Sen,2006a：81)

将经济学与伦理学相联系的传统,至少可以追溯到亚里士多德。在《尼各马可伦理学》中,亚里士多德把经济学和人类行为的目的联系起来。"财富显然不是我们在追求的善。因为,它只是获得某种其他事物的有用的手段。"(亚里士多德,2003：13)在《政治学》中,亚里士多德说明了经济学研究必须与伦理学和政治学研究结合起来。他在论述国家在经济活动中的作用时,认为国家的目的是"美好生活的普遍促进"。亚里士多德对经济学与伦理学之相关性的探讨启发了以经济学为专业的森,使森成为"经济学必须与伦理学联系起来"这一观点的坚定拥护者。

森的功能性活动(functionings)与亚里士多德的功能(function)概念有密切的联系。亚里士多德的伦理学是建立在人的功能之上的。他认为,任何有某种技艺的人——匠师、吹笛手和木匠等,都各自拥有一种功能,他们的善或好就是将其功能实现的好。在森的可行能力理论中,功能性活动反映了一个人的活动(doings)和状态(beings),可行能力反映了"一个人所能达到的不同功能性活动的各种组合"(Sen,1987a：9)。森认为,他提出的功能性活动和亚里士多德的功能概念基本上非常相似,但是亚里士多德的功能主要是指有目标针对性的活动(targeted activities),且多是指成就。可行能力路径下的功能性活动概念包括了亚里士多德的功能概念,又超越了亚里士多德的功能概念——例如,功能性活动还包括一个人并没有追求但是已经拥有的状态(如肥胖)。[①] 总之,森的可行能力路径的核心概念"功能性活动"是受亚里士多德"功能"概念的启发而来的。

---

① 来源于森在与笔者的通信中有关可行能力进路下的功能性活动概念和亚里士多德的功能概念的联系及区别的讨论。

森的公正理论以可行能力为信息基础。在亚里士多德那里，公正是德性的总体，是德性的总括，“不过不是总体的德性本身，而是对于另一个人的关系上的总体的德性”(亚里士多德，2003：130)。亚里士多德的正义规则是对德性的要求，德性与公正的关系是，作为一种品质本身，它是德性，作为与他人相关的交往行为的品质，它是公正。亚里士多德的研究方法一般分为两个阶段：“对选择的境域、固定德性名词所指的‘基本经验’的初始划定，以及随后对在那个境域中什么是恰当的选择的更加具体的研究。”(Nussbaum & Sen，1993：249-250)例如，在《后分析篇》中，亚里士多德给出了雷声的例子，当我们听到云层中的声响，我们就用“雷声”这个词指称它，这便是我们根据基本经验做出的初始划定。围绕着“什么是雷声”这个问题所提出的各种不同的甚至是竞争性的理论，则属于具体研究。亚里士多德有关初始划定与具体研究的观点，启发了森对模糊性与精确性的思考。在森有关可行能力和正义相关问题的研究中，他论证了理性、功能性活动、可行能力、正义、人际比较、不平等的测度、生活水平的衡量等许多问题本身的模糊性，以及尊重多元性的必要性。

亚里士多德对成就(结果)与评价的关系的论述，也启发了森对“依据结果作评价”问题的思考。例如，亚里士多德认为，一个做了不公正之事的人并不一定就是不公正的人，“一个人可能同一个他熟悉的妇人同眠，然而始因不是选择而是感情。这样的人虽是做了不公正的事，却不是一个不公正的人”(亚里士多德，2003：147)。判断的标准不仅要看造成的伤害是因为意外、过失或者是不公正，还要看该伤害行为是不是出于恶的品质。森以可行能力作为评价正义的信息基础，超越了功利主义只注重结果之视角的局限性。森的道德进路是从福利和主体性两方面看待人们，福利自由是“聚焦于一个人拥有各种不同的功能性活动向量以及享有相应的福利成果的可行能力”(Sen，1985：203)，而“主体性自由”指的是一个人“追求他/她认为重要的任何目标或价值的自由”(Sen，1985：203)。在森看来，主体性自由并不代表一个人可以追求任何他本人认为重要的目标而不负道德责任(例如，随意杀人体现的就不是主体性自由，而是主体性的失败)，具有主体性的人首先是一个负责任的道德主体。虽然森并没有像亚里士多德那样把公正视为对于另一个人的关系上的总体的德性，但是亚里士多德关于伦理学与经济学的关系的说明、关于德性与公正的论述、关于行为背后动机的关注等，都是森的伦理思想的重要启蒙资源。

“可行能力视角在某种程度上，是对亚当·斯密(在《国富论》和《道德情操论》两本书中)所特别倡导的对经济和社会发展采用一种综合性视角的回归。”(Sen,1999a：294)被称为经济学之父的亚当·斯密曾是格拉斯哥大学(University of Glasgow)的道德哲学教授。对于森来说,斯密是从他少年时期到老年时期,从经济学到伦理学都具有巨大影响力的精神导师。森主张,经济学可以通过更多关注构成人类行为和判断的伦理思考而变得更具解释力,这其实是延续了斯密的主张——经济学和伦理学需要联系起来才能更好地发展。

森的论文《对亚当·斯密的使用与滥用》(Uses and Abuses of Adam Smith)专门阐述了他阅读斯密作品后对斯密思想的理解。主流经济学把理性等同于自利最大化,并把斯密作为这一观念的鼻祖。森认为,如果我们正确地理解了亚当·斯密的本意,那么无论是在经济学还是在伦理学中,都不会得出对斯密著作中有关自利行为的片面解释。斯密在《道德情操论》中将审慎(prudence)视为理性(reason)和理解力(understanding)的结合,而审慎又被斯密视为最有利于个人的美德之一,由此,许多学者把斯密所倡导的审慎等同于自利,继而得出理性就是自利最大化的结论。森认为,“如果对亚当·斯密的著作进行系统的、无偏见的阅读与理解,自利行为的信奉者和鼓吹者是无法从那里找到依据的”(Sen,1987c：28)。例如,将斯密的理性观误解为自利最大化的学者们常常引用斯密的这段原文:“我们每天所需要的食物和饮料,不是出自屠户、酿酒家和面包师的恩惠,而是出于他们自利的打算。我们不是针对他们的人性而是针对他们的自爱来说话,我们对他们从来不说我们的需要,而是说对他们有好处。”(Smith,1776：26-27)森指出,斯密在这里讲述的屠夫和酿酒师的故事其实主要是为了说明那一章的主题:为什么会有分工以及劳动分工是怎样形成的。斯密这段话说明了互惠贸易的发生,但这并不表明斯密认为对于一个美好的社会来说,仅有自爱或审慎就够了,“亚当·斯密恰恰明确地站到了另外一边,他并没有满足于把经济拯救建立在某种单一的动机之上”(Sen,1987c：23-24)。在斯密的其他著作中,他对有关影响人类行为的动机有着广泛的讨论。例如,斯密在《道德情操论》中写道:“人道、正义、慷慨和公共精神,是对他人最有用的品质。”森认为,在斯密那里,理性是“推理、评估和选择的实践”(Rothschild & Sen,2005：358)。森断定,斯密所阐述的理性并不符合任何预先选定的某一种动机,部分现代经济学者将理性行为定义为自利最大化,这在森看来绝对是对斯密的误解。森认为,斯密的观点其实是:“市场经济的成功运行需要比自爱更多的东西,一个社会的运行远远超越了寻求交易的动机。"(Sen,2011：265)基于对斯密的解读，森将理性视为一种合理审查的方法，人们可以根据多种理由、按照不同的标准做出判断和选择，"这一方法赋予个人在采纳何种理由上以相当大的自由，因此，它依赖于此人本身的推理"(Sen,2002：49)。这种方法拒斥了对理性的常见解释，诸如选择的内在一致性、自利最大化等。森的多元性理性观建立在他对斯密讨论相关问题的理解的基础上。

森从可行能力的视角看待贫困和剥夺，受益于斯密对贫困问题的先导分析。亚当·斯密曾指出，"尽管希腊人和罗马人没有亚麻布，他们生活的……非常舒适"，"现在，在欧洲大多数地区，一个有地位的白班工人如果出现在公共场合而没有亚麻衬衫，他会感到羞耻"(Smith,1776：351-352)。斯密的这段话引起了森对贫困问题的思考。森意识到，贫困问题虽然是一个绝对概念(absolute notion)，但是在商品(commodities)或者特性(characteristics)的范围里，贫困会呈现出相对的形式。在贫困的社会里，人们对营养的需求及其远离疾病、有屋可居等基本需求通常占据突出位置，参与社会活动所需要的一般物品或者资源会很少。但是在一个富裕的社会，人们对营养的需求及其他生活基本需求一般来说已经获得满足，参与社会活动的需求(在商品和资源的空间里面看)就会相对高很多。然而，在可行能力方面，贫困社会里和富裕社会里无法体面地出现在公共场合的穷人们，遭受的剥夺是一样的。"相对剥夺，在这种情况下只是在商品空间或者资源空间的相对缺乏，导致了在能力范围里的绝对剥夺。"(Sen,1984：336)正是在这个维度上，森将亚当·斯密视为"证明财富与完成社会性功能活动之间的不同关系的拓荒者"(Sen,1987b：22)。森提出的可行能力进路，着力于超越财富视角的局限性，关注人们的实际生活(功能性活动)和自由，斯密的思想是该可行能力进路的思想源泉。

森把自己归于比较现实主义的阵营，并将他采用的综合性视角溯源至亚当·斯密。在分析决定生产可能性的要素时，斯密强调教育和后天培养在技能形成方面的作用："不同的人所具有的天生才能上的差别，在现实中，比我们所意识到的要小得多；而那些非常不同的才能，在发展到成熟期的时候，看起来把不同专业的人们区分开来，但是，才能在许多场合与其说是原因，倒不如说是劳动分工的结果。从事最不相似的职业的人们，例如，一个哲学家与一个普通的街头看门人，其间的差别，似乎更多来自习性、惯例和教育，而不是天生，当他们出生到这个世界上，在生命最初的六到八年，他们可能是非常相似的，他们的父母和游戏伙伴都不会意识到有任何显著的区别。”(Smith,1776：28-29)斯密把生产能力与教育联系起来,并认为这些能力都是可以改善的。森受此观点启发,提倡将资源平等、机会均等改为更具实质性的可行能力平等。人们的可行能力受到多种因素的制约,教育对于可行能力而言至关重要。从公共政策的实践层面来讲,经济发展可以帮助人们过上更加满足的生活,但与此同时,教育、医疗等公共设施也关乎发展,因为这些条件的提升可以帮助我们拥有更长的寿命,生活得更加自由和满足。因而森用可行能力的视角看待发展,受益于斯密对教育等后天培养在技能形成方面的强调。

此外,森认为,正义要求无偏颇的中立与客观,这种无偏颇的评价应该超越国家或民族等边界,公正问题应在全球范围内讨论、评价。森的这一观点受亚当·斯密“中立的旁观者”的启发：“如果我们不离开自己的位置,并尝试以一定的距离来看待自己的情感和动机,就不可能对它们做出审视,也不可能对它们做出任何判断。”(Smith,2004：128)斯密认为,将外部人的判断纳入评价体系的考量可以拓宽人们的认识,促进人们反思。斯密笔下的“抽象和理想的旁观者”(abstract and ideal spectator)启发了森对“开放的中立性”的思考,“斯密式的推理不仅承认,而且要求考虑来自远近各处的他人的观点。从这个意义上来说,这种实现中立的程序是开放的,而不是封闭的,只限于地方社区的视角与认识”(Sen,2009：126)。森认为,在涉及公正问题的评价时,以“旁观者”的视角看问题,可以帮助我们避免狭隘性与局限性,做出更为客观和完整的评价。开放的中立性是森基于可行能力进路的正义理论对客观性的要求,这一重要方法论的思想来源是亚当·斯密对中立的旁观者的论述。

森的正义理论从亚里士多德和马克思的作为社会的和政治的人的观念出发,指向人们的实际生活及在不同的生活方式之间选择的自由。马克思对森的可行能力及正义思想的形成有着重要的影响。马克思从人的现实生活条件和实际活动出发,通过对资本主义私有制和商品拜物教的批判,揭示出了被物的自然属性遮蔽了的人的社会属性。马克思认为,人不是抽象地蛰居于世界之外的存在物,我们也要注意避免将“社会”作为相对于人的抽象物进行重建。和马克思一样,森把关注点放在现实的社会和现实社会中的个人身上,他主张倾听不同人和不同群体的声音,通过个人可行能力的塑造和扩展实现人的自由平等。同时,森的正义理论采用比较现实主义路径,主张研究正义问题应该着眼于现实,致力于消除这个世界上显而易见的不公正,这种研究正义问题的方法深受马克思的影响,马克思的“哲学家们只是用不同的方式解释世界，而问题在于改变世界”的名言，成为森的“坐而论道，不如积极抗争”这一正义理论研究的出发点。

马克思的思想影响了森的发展观。森的发展观建立在对传统发展观的批判之上，他认为将发展视为物质财富的增加或者效用的扩展，都是片面的。因为收入、财富和资源本身并没有价值，人们的实际生活状态及去做他们有理由珍视的事情的可行能力才是发展应该关注的焦点。“可行能力反映了一个人在不同的生活方式之间选择的自由。其背后的动机——聚焦于自由——被马克思的主张很好地点透，即我们需要的是‘确立个人对偶然性和关系的统治，以及代替关系和偶然性对个人的统治’。”(Sen，1990：44)在《政治经济学批判大纲》中马克思提到“商品拜物教”(commodity fetishism)：在以私有制为基础的商品经济中，商品所体现的人与人之间的社会关系表现为物与物的关系，本来由商品生产者生产出来的东西，反倒成了统治商品生产者的力量。“如果商品会说话，它们会这样说：我们的使用价值也许会让人类感兴趣，但是这种价值并不属于我们。属于我们的是我们自身的价值……我们只因交换价值而彼此有关。”(Marx，1990：176-177)马克思的观点在森的发展观中得到了回响，森驳斥了将收入、商品、资源等手段式事物作为人们生活水平和社会发展水平的衡量标准的观点，他主张关注人们的实际生活及人们去享受他们有理由珍视的生活的自由，将发展视为人们可行能力的扩展(可行能力反映了一个人的自由，因而发展可被视为对人们自由的扩展)。在马克思和恩格斯的《德意志意识形态》一书中，能力(capacity)一词已被提及、论证，马克思和恩格斯把人的能力看作生产力的内在维度，把历史看作个人本身力量发展的历史，该论述是森的可行能力概念的重要思想来源。总之，马克思有关从资本主义社会到共产主义社会的人的发展的论述，对森以自由看待发展的观点有着重要的思想启蒙作用。

森的正义理论以可行能力为信息基础，要求克服位置因素在人们追求正义的过程中造成的障碍，以开放的中立性作为客观性要求，通过公共讨论寻求公共理性，最终达至全球正义。这一思路深受马克思“客观的幻觉”以及“个人从属于多种关系”的思想的启发。在《资本论》和《剩余价值论》两本书中，马克思用“客观的幻觉”(objective illusion)来表达在某个位置上看是客观的，但是从其他角度看却是错误的认识。例如，受剥削的工人把市场上的“公平交易”作为一种“共识”而客观地接受，然而，由于其产品价值的一部分被剥夺，所以他们在劳动力市场上其实并没有得到公平交易，这就是客观的幻觉。马克思主要用客观的幻觉来分析“阶级”和“商品拜物教”。经过对马克思提出的“客观的幻觉”的思考，森提出了“位置相关的客观性”(position-dependent objectivity)[①]这一概念，并据此解释了印度的发病率和性别偏见问题。印度的喀拉拉邦有着最长的寿命期望值，但是喀拉拉邦的报告也显示它有着最高的自我认识的发病率；印度的比哈尔邦和北方邦等地有着很低的寿命期望值，同时也有着低得惊人的自我评价的发病率。森认为，客观幻觉在这种现象上具有强大的解释力量。北方邦识字率低，人们对疾病的认识非常有限，所以很少采取治疗和预防措施，因而人们对发病率的意识比喀拉拉邦的人们要有限得多。2020 年，当新型冠状病毒在全世界大流行时，森在 2020 年 3 月与笔者的通信中提及他对印度境况的担心。森认为，当时媒体所报道的印度感染率低的原因是大量的人没有去检测，实际上印度感染新型冠状病毒的人数不堪设想。印度新型冠状病毒低感染率的幻觉和北方邦的低发病率的幻觉一样，都有着位置相关的客观性。“健康幻觉的位置客观性取决于影响单个主体的位置参数(地理位置并不占中心地位)”(Sen，2002：472)，这种位置参数与人口识字率、健康意识等因素有关。同时，森指出，位置客观性的观念在性别不平等的分析上尤其重要。在一个家庭里，家务分配的不平等(女性承担绝大多数家务)在印度被视为理所当然，女性在家庭中处于被剥夺的地位，但男女双方都倾向于忽略这种公认的性别不平等现象，“位置视角的模糊促使这些不平等得以盛行并持续下去”(Sen，2002：474)。要改变这种不平等、不正义的社会现象，就需要突破位置因素给我们的认知带来的禁锢，以开放的中立性获得其他位置的观察者的观点，以此使我们对某种特定的观察结论有更广泛的理解，森把这种方法称为跨位置评价(trans-positional assessment)。

以开放的中立性作为客观性的要求，可行能力进路对正义问题的范围要求必然是全球性的。森的全球正义观建立在人们的多元性身份的基础上——因为人们具有多元性身份，所以人类具有相互理解的可能性。森有关人类多元性身份的讨论，汲取了马克思相关论述中的精华。“较早对忽略了个人对不同群体的多个归属发出警告的是卡尔·马克思。”(Sen，2009：247)森指出，马克思在《哥达纲领批判》中指出了超越阶级分析的必要性，并对个人属于某个社会类别而不属于其他类别的观点提出了警告：“不同等的个人(而如果他们不是不同等的，他们就不被称为不同的个人)要用同一

① 本书 4.2 节对此概念进行了详细论述，森说的“位置”并不限于与空间位置相关的场所，它还包括影响观察的条件以及在参数上适用于不同人的条件。

的尺度去计量，就只有从同一个角度去看待他们，从一个特定的方向去对待他们。例如现在所讲的这个场合，只把他们当作劳动者，再不把他们看作别的什么，把其他的一切都撇开了。”(Marx，1875：21)森对马克思这段话的解读是，马克思警告了将某个人只视为一种身份和一种从属关系的人。事实上，一个人的性别、籍贯、居住地、国籍、职业、饮食习惯、音乐水平、爱好的运动等，使我们归属于各个不同的群体，没有一种身份可以排除一切而成为某个人唯一的身份，单一性的划分是对我们生活的世界具有的广度和复杂性的不充分的认识。文学、艺术、科学、游戏、贸易以及政治等多种活动为人们跨域交流提供了丰富多彩的背景，人们多维度的交流使得相互理解和相互沟通成为可能。据此，公共讨论和全球正义才有了实践可能性。

总之，马克思的思想在能力、自由、发展、全球正义等多个方面影响了森的思想。森继承了亚里士多德的伦理学和亚当·斯密的道德哲学思想，沿着马克思的实践正义路径提出了可行能力，并依据可行能力建立起一套以减少社会中的非正义现象为目的的正义理论。除亚里士多德、亚当·斯密、卡尔·马克思之外，玛丽·沃斯通克拉夫特为女性权利的辩护，约翰·斯图亚特·穆勒对自由重要性的强调及其对效用多元性的阐述，肯尼斯·阿罗对社会选择理论的公理化发展，约翰·罗尔斯对完美正义的社会制度的伟大设计等，都对森的可行能力进路和基于此进路所设计出的正义理论(包括正义的研究方法、目的、客观性要求、践行依据、实践路径等诸多方面)有着重要的思想启迪，易言之，森基于可行能力的正义理论是在这些学术巨人的思想基础上提出的。

4.1.2　可行能力作为信息基础的优越性

可行能力是各种功能性活动的集合，代表了在不同的功能性活动之间选择的机会和自由。可行能力视角直接聚焦于这种自由而不是追求达到自由的手段，从这个意义上讲，可行能力可以被视为实质自由的体现。

森认为，一种正义理论真正切中要害之处，是其信息基础的选择。“大多数有关正义的理论所涉及的信息基础在其运用中通常包括以下互有差异又互有联系的两方面内容：(1)对相关的个体特征的选择；(2)对复合性特征的选择。”(Sen，1995：73)相关的个体特征包括效用(功利主义的选择)、基本善(罗尔斯的选择)、权利(诺齐克的选择)、资源(德沃金的选择)、商品束(弗利的选择)等。复合性特征包括总和最大化、词典式优先顺序和最小值最大化理论、平等等。对个体特征的选择与对复合性特征的选择相互补充,共同构成各正义理论的不同信息基础及运用。那么,在多样性的信息基础中,可行能力的优势体现在哪里?为了回答这个问题,我们将森以可行能力为(正义的)信息基础的观点同功利主义、罗尔斯、诺齐克、德沃金、弗利的观点进行比较,试图从比较中得到合理的答案。

在功利主义的正义观里,评估的信息基础只包括个体的效用。效用一般被功利主义者定义为快乐、幸福或欲望的满足,其本质是一种心理特征。以效用为信息基础的功利主义在评价一项活动时有三个要求:首先,它遵循后果主义,任何一项活动都要按照它产生的后果状态来加以评判;其次,它遵循福利主义,后果状态需要按照其对人们产生的实际效用(快乐、幸福或欲望的满足)来评判;最后,它遵循总量排序,把不同人的效用直接加总得到总和,功利主义追求总和最大化。按照这种评判方式,一个不正义的社会就是人们的效用总和显著低于应该达到的效用总和,正义的社会就是人们的效用总和实现了最大化。

森认为,功利主义的正义观以效用为信息基础,至少有两点值得部分地赞同。第一,在社会评价时重视后果,同时森补充道:“后果敏感性应该说是很有道理的,尽管在完全的后果主义看来太极端了。”(Sen,1999a:60)第二,在评价社会安排时关切人们的福利,虽然森不同意功利主义用以效用为中心的心理测度方法来评价人们的福利。

与局部可赞同、值得部分肯定之处相比,以效用为信息基础的功利主义存在较多的问题,这些问题构成了功利主义正义观难以弥补的缺陷。第一,森指出,效用不容易测度,适应性偏好更强化了效用观的不可靠性。心理特征显然不能用标准的客观方法来测度,因而对人们心理特征的比较不可能精确。一个受剥削、贫困潦倒、疾病缠身的人,因宗教、政治或文化宣传的原因对自己的状况感到满意,或者得到小小的恩惠就会感到快乐和幸福。用功利主义正义观来看,这个人的效用并不低,因而他的处境并不差,但这显然是与事实不相符的判断。同时,欲望具有很强的环境依赖性,社会弱势群体往往会把自己的欲望调整到“可行”的程度以对社会现实做出妥协。心理性调节和适应性偏好使效用具有太大的弹性,效用不能成为受剥夺或受侵害等非正义现象的可靠反映。如果以效用作为信息基础,功利主义者对社会安排正义与否的判断大多会偏离事实。第二,这种评估方式只关注总量,忽视平等,漠视分配,同时如何将不同人的不同效用加起来去评估其状态和行动的问题还有待解决。只关注总量,不管分配如何不平等的社会必然会存在大量不正义的问题,“总和”(包括对效率的要求)与“分配”(包括对平等的要求)必须结合起来考虑,社会才能得到良序的安排与发展。第三,个人自由、个人权利以及人们免于饥饿、免于疾病等与生活质量相关的非效用因素均被功利主义的信息基础剔除在外。即便在精神状态领域,功利主义正义观的信息基础也只是基于人们的快乐、幸福或欲望的满足这类精神状态,它拒绝考虑诸如激励、兴奋等其他精神状态以及人们珍视一种生活而不是另一种生活的精神活动,虽然这与个人评价直接相关。[①] 因而,功利主义的信息基础是狭隘甚至是极端的。第四,功利主义的信息基础考虑快乐、幸福、欲望的满足等效用,但是不考虑快乐或欲望的根源及其伴随活动的本质。如果一个人把快乐建立在剥削他人、歧视他人的基础上,如果一个人的欲望如希特勒一般,我们依旧需要根据这些精神活动的强烈程度来权衡其效用吗?这种偏狭的信息基础必然会将功利主义的正义观引入歧途。

“功能性活动是个体福利的构成要素,而可行能力反映了一个人可获得个体福利的自由度。”(Sen,1995：49)森认为,人们的生活是由一系列相关联的功能性活动(functioning)组成的,功能性活动包括人们所处的状态和活动,一个人的福利(well-being)可以从他的功能性活动来判断。与功能性活动概念密切相关的是实现功能性活动的可行能力,可行能力与可实现的个体福利的自由有关,同时还会影响已经实现的个体福利水平。相对于功利主义的信息基础,以可行能力为信息基础的优越性在于,它将我们关注的焦点从效用域转向了生活的构成要素域,不仅具有效用的优势——后果敏感性、关注人们的福利,还因可行能力对客观性的要求解决了心理性调节和适应性偏好等主观性因素对正义评价的影响。可行能力综合考虑效率与平等,关注个人实质自由及个人权利的保障,相对于效用,可行能力作为信息基础具有明显的优势。

离开功利主义这种主观主义的错误方向,许多学者朝着客观主义的方向努力,在客观主义的方向上有一种选择：用以商品占有量为表现形式的财富来作为正义的信息基础。斯坎伦曾提出用脱离了个人爱好和个人兴趣的纯粹客观标准判断社会事务：“通过客观的标准,我是指独立于一个人的品味和兴趣的,为评价一个人的福利提供基础的标准。”(Scanlon,1975：658)森认为,这种不考虑个人差异的完全客观的标准也不可取。以商品占有量作为正义的信息基础,较之于效用具有客观性的优势。不过森指出,占有商品与享有福利的区别之一就是人际差异性使得富裕与享有福利之间的

① 本书2.2节、2.3节对此有详尽分析。

关系因人而异。森主张，我们应在不失客观性的基础上将个人的特点作为测评的参数，纯粹主观和纯粹客观都是需要避免的极端式的错误方向。

罗尔斯和德沃金用不同的方式反对只关注成就的进路，他们分别通过对基本善和资源的强调，将对成就（后果）的关注引向了对“自由”的关注。本书第 3 章详细讨论了森对罗尔斯以基本善为信息基础的正义论的批判。森将罗尔斯在正义论方面的工作评定为“建设了一半的房子”（half-way house），建设另一半房子需要考虑的是，由于个体因素、群体因素、社会因素和环境因素等的影响，不同的个体在将基本善转换为生活状态时，转化率会因人而异。罗纳德·德沃金通过对市场的巧妙设计，将这些差异纳入他的分析。德沃金假设在罗尔斯无知之幕和初始状态下的人们会进入一个虚构的初级保险市场，市场上出售预防残疾的保险，人们可以购买这种保险，以预防可能发生的不利情况。之后，真正残疾的弱势群体可以向保险公司索赔补偿，获得另一种资源。这种初级保险市场的设置，是德沃金以资源平等为信息基础的正义理论的一部分。德沃金并不赞同森基于可行能力对平等问题的阐述，他认为：“森对这种理想的阐述是含混的。假如可以用两种可能的办法之一克服这种显而易见的含混性，则能力的平等会还原为福利平等。假如用另一种方式将它克服，那么能力的平等还是等同于资源的平等。”（德沃金，2007：301）早在 1979 年，森第一次提出基本可行能力概念时，他已经对福利主义的平等观做了批判，可行能力的平等与福利平等的差异在本书 2.1 节有详细阐述。可行能力的平等也不等同于资源的平等，二者的差异主要在于，一个关注的是目的，一个关注的是手段。德沃金以资源作为正义的信息基础所存在的问题与罗尔斯一样，他们在为人们能过上他们有理由珍视的生活提供一种外在环境或者一系列工具性手段，但是以基本善或资源为信息基础的正义观忽视了人们是否真的有机会和能力享有这些环境或者运用这些手段。于是，森认为，虽然罗尔斯和德沃金在朝着重视自由的方向努力，但是这种转向还不足以洞悉实质自由。此外，人们在可行能力上的差异不一定是个人原因（例如残疾）导致的，还有社会环境、群体关系等多种因素会对其造成影响。在德沃金想象出来的保险市场里，保险产品都是针对个人因素的，这是他的信息基础之局限性（又一层面）的表现。最后，德沃金“资源平等”的信息基础建立在虚拟的理想条件基础之上，他对市场竞争、市场效率及市场均衡性的预设存在严重问题（与现实完全不符）。保险市场以一锤子买卖的方式运作，没有意外，没有对于理想和现实不符的情况的讨论，德沃金过于理想化的信息基础决定了他的正义理论在现实评判中的局限性。

诺齐克以权利作为信息基础，其正义论是自由至上主义的代表。麦金太尔曾以A与B两个理想型态的角色之间的争论为讨论形式，重现了诺齐克与罗尔斯的主要争议：

A可能拥有一家店铺，也可能是一名警察或建筑工人，他努力从他的收入中攒下足够的钱，以便购买房子、送子女上本地的大学、为父母支付某类特殊的医疗费用。现在他发现，不断上涨的税收威胁到了他的所有筹划。他认为，对其筹划的这种威胁是不正义的；他声称他有权利享有他所挣得的一切，任何其他人都没有权利剥夺他的合法所得，对此他有正当的财产所有权。他打算投票支持能捍卫他的财产、筹划和正义观念的候选人担任政府公职。

B可能是一名自由职业者，或社会工作者，或遗产继承人，财富、收入及机会分配中的各种不平等的任意性使他耿耿于怀。更令他不满的是，作为权利分配中的各种不平等的一个结果，穷人和被剥削者对于改善其自身状况无能为力。他认为这两种类型的不平等都是不正义的，并且持续产生进一步的不正义。他的更为一般的信念是，一切不平等都需要合理性论证，而不平等的唯一可能的合理性论证是，不平等促进经济增长，而经济增长能改善穷人和被剥削者的状况。他得出结论说，在目前环境下，再分配税制将为公共福利事业和社会服务体系提供资金，因此是正义所要求的。所以他打算投票支持能够捍卫再分配税制和他的正义观念的候选人担任政府公职。(麦金太尔，2011：311)

A、B观点中的关键分歧正是诺齐克与罗尔斯的正义理论的对立。1974年，诺齐克发表了《无政府、国家和乌托邦》，以“权利”作为正义的信息基础，从有关每一个体的不可剥夺的权利出发，反对征收劳动所得税（诺齐克将征收劳动所得税与强制劳动等同起来，认为征收劳动所得税就是在强制一个人为另一个人劳动）、反对再分配（诺齐克认为再分配是一件涉及侵犯人们权利的严重事情），主张最弱意义上的国家才是正当合理的。他把国家的功能仅限于防止暴力、偷窃、欺骗和强制履行契约等方面。“国家不可用它的强制手段来迫使一些公民帮助另一些公民；也不能用强制手段来禁止人们从事推进他们自己利益或自我保护的活动。”(诺齐克，1991：1)诺齐克认为，尊重历史意味着保护某些人的既得利益，只有关于过去已经合法得到的东西的证据是重要的。这也就意味着肯定贫富差距，放任富者更富、穷者更穷。总之，诺齐克主张自由至上主义的权利优先性，他强调不能够径直认定必须把平等纳入任何正义理论。

森认为，诺齐克的信息基础是很成问题的。毫不妥协的权利优先性可能会“损害人们用以实现他们有理由认为很重要的事物，包括逃脱可以避免的死亡，享有充足的营养和保持健康，有能力阅读、写字、计算等实质自由”(Sen，1999a：66)。在《贫困与饥荒》一书中，森证明了任何程度的恐慌状态(地方性的饥饿、经常性的营养不足、大规模的饥荒现象)都能够与诺齐克主张的权利不受侵犯的自由至上主义体制相容。以权利为信息基础不顾后果，普遍地忽视人们有理由珍视并要求得到的最基本的可行能力，是很有局限性的。我们需要给正义一个更加广泛的信息基础，“可行能力方法既能够顾及功利主义对人类福利的兴趣，又能够考虑自由主义对选择过程和行动自由的关切，还能兼顾罗尔斯理论对个人自由权和实质自由所需资源的集中关注”(Sen，1999a：86)。相对于当代具有重要影响力的几种正义的信息基础——效用、商品、基本善、资源、权利等——而言，可行能力具有信息全面、超越手段、更为本质的优势。

可行能力关注的信息焦点从商品或者基本善等手段域，转向与人们的生活状况直接相关的功能性活动域，并且，它会考虑人们从不同的功能性活动中进行选择的自由。例如，有两个处于相同状态——挨饿——的人，一人是因为贫穷挨饿，一人是因为斋戒挨饿。可行能力的信息基础有助于我们通过相同的现象看到不同的本质(两个人的本质区别在于，斋戒的人有选择不挨饿的自由，但是贫穷的人没有)。关注可行能力集，可以让我们更好地分析现有的已经实现的功能性活动——它们是人们从原始功能活动集合里通过选择实现的。“可行能力代表了人们可以达到的不同的功能性活动(个人状态和活动)的组合。因此，可行能力是一组功能性活动向量，它反映了一个人过某一种生活或者另一种生活的自由。”(Sen，1995：40)在森的概念中，可行能力不仅是对人们可获得的有价值的功能性活动的一个基本的、本质性的反映，同时，可行能力还体现了自由，它代表了人们去享受他们有理由珍视的生活的机会(自由)面，并且以可行能力为信息基础的正义观直接聚焦于这种自由对社会正义的价值，而不是追求达到这种自由的手段，从这个意义上讲，可行能力作为正义的信息基础具有明显的优越性。

4.1.3　自由是不是越多越好？

森所讨论的以自由为本质的可行能力，与个人福利以及个人福利自由直接相关。然而，人们还会追求个人福利之外的其他价值或者目标，譬如说，一个人的目标是祖国独立，这样的目标就不能仅仅从这些成就能为他个人带来多少福利来测评，还应该从这个目标的实现程度来评价。这就涉及主体性成就(agency achievement)，“主体性成就是指一个人有理由追求的目标或者价值的实现，不管它们是否与她的个人福利相关”(Sen，1995：56)。森把主体性成就分为“已实现的主体性成就”(realised agency success)和“参与性的主体性成就”(instrumental agency success)。例如，一个人的价值目标包括祖国独立或者消除饥荒，这些目标一旦实现，他的主体性成就就得以实现，不需要考虑个人在实现这些目标中所起的作用，这就是“已实现的主体性成就”。而强调个体在实现价值目标中的参与性的，是“参与性的主体性成就”。与主体性成就相对应的是主体性自由，森将之定义为“可实现个体所珍视的或想要实现的成就的自由”(Sen，1995：57)。主体性自由可以分为“作为控制的自由”(freedom as control)和“有效自由”(effective freedom)两个层面。参与性的主体性成就与作为控制的自由相对应，森呼吁我们将注意力从作为控制的自由转移一部分至有效自由上，这是他在 1984 年“杜威讲座”和《再论不平等》这本专著中反复强调的观点。相比于福利自由，主体性自由的范围更宽广，但是，在森看来最能体现可行能力集的是福利自由。

在基于自由的评价体系里面，往往预设了拥有更多的自由是对人们有利的。森认为，可行能力所代表的自由是自由概念诸多形式中的一种，虽然做选择和做决定是获得高质量生活的有价值的一部分，增加了的自由本身会促进个人福利成就，但是，自由越多越好这种预设并不正确，“有时候拥有了更多选择的自由反而使人迷惑，并可能使生活恶化”(Sen，1995：59)。如果结合自己的生活经历，我们不难理解，现实中很多情况是，当我们面临更多的自由时，我们的愉悦和满足感会减少，而烦恼却会增多。

如果将自由定位于主体性自由，则主体性自由的增多可能会导致个体福利自由和个体福利成就的降低，正如森在 1984 年“杜威讲座”中论证的那样(森在 1984 年举了在河边吃三明治的人营救溺水人的例子)，如果将自由定位于个人福利自由，那么自由的增多也有可能造成个体福利成就的降低，因为自由的增加使得个体更有能力去追求个体福利之外的目标。森在《再论不平等》一书中曾举过一个例子：从前有一个医生，她做好了准备想牺牲自己的福利去某个非常贫困的国家工作，但由于缺少必要的途径和机会并没有去成，最终还是留在了她自己的国家工作。彼时，她的主体性自由和福利自由都受到了限制，但是她在自己国家工作的收入比起在贫困国家工作多很多，久而久之她会有更多的福利自由（例如买很多她想要的东西的自由）和主体性自由（例如她可以去那个非常贫困的国家，牺牲她自己的个人福利，为那些苦难的人民有更好的生活而不知疲倦地工作）。反之，如果她当初成功地去了非常贫困的国家工作，她的主体性自由和福利自由在做选择的时刻与前者（因缺少机会和途径没去成）相比都提升了，可她的个人福利成就可能会下降。由此可见，无论是从主体性自由的角度看，还是从个人福利自由的角度看，自由和个人福利成就都不一定是同进同退的。

自由是一个广博而复杂的概念，森强调，"面对更多的选择并不一贯意味着一个人做自己想做的事情的自由的扩展"（Sen，1995：63）。如果对于一个人来说，一种没有麻烦的生活被认为是有价值的生活，那么面临一大堆选择并无益于他去实现被他珍视的没有麻烦的生活。自由的增多既是一个机会——可以由自己做出选择，又是一个负担——自己不得不选择。有时候，不得不做出的一些选择并不被森认为是自由的有价值的扩展。"某些类型的选择的增多可能减少我们选择自己所珍视的生活方式的可行能力。"（Sen，1995：64）森认为，我们有理由选择不去做那些我们不愿意做的选择。当在一些琐碎的选项中进行频繁选择的自由和过一种有价值的生活（不必总是做着这种琐碎的选择）的自由发生冲突时，我们可以选择不在琐碎中选择，这才是对自己想做的事情的自由选择的体现。

总之，面对更多的选择并不一贯意味着一个人做自己想做的事情的自由扩展，我们直接关心的问题是，过我们想要的生活的自由。

4.2　正义的客观性要求：开放的中立性

在对社会正义问题的评价中，中立和客观是我们要遵循的基本原则。森受亚当·斯密"中立的旁观者"的思想启发，以"开放的中立性"作为其正义理论客观性的要求。开放的中立性要求我们超越位置的局限性，突破国家或民族等边界，在全球范围内讨论、评价公正问题。理解开放的中立性之必要性，我们首先需要厘清位置客观性。

4.2.1　位置相关的客观性

托马斯·内格尔在《本然的观点》一书的导论中，对客观的判断方法作如下解释："一种观点或思想形式，假如较少依赖于个体的结构特性和个体在世界中的位置，或者说较少依赖于个体所属的那种特殊生物的特征，则比另一种更客观。一种理解形式所通达的主观类型的范围越广，或者说越少依赖于特定的主观能力，就越是客观的。”(Nagel，1986：5)森认为，内格尔对客观性的论述忽略了位置因素对一种观点或者思想形式的影响。我们的行动与我们的动机直接相关，我们的行动动机和我们的信念密切相关，我们的信念受我们所观察到的内容的影响，而我们所观察到的内容，则取决于我们相对于观察对象的位置。森说的“位置”参数并不限于与空间位置相关的场所，它还包括影响观察的条件，以及在参数上适用于不同人的条件。例如，“近视、色盲或通常视力，通晓或不通晓一门特殊的语言，理解或不理解一些具体的观念，能或不能计算”(Sen，2002：464)，等等。所以森认为，观察的客观性是与位置相关的，不是内格尔的纯粹客观的观点(本然观点)(a view from nowhere)，是来自某个确定的地方(from a delineated somewhere)的观点。

位置相关的客观性(position-dependent objectivity)简称位置客观性(positional objectivity)。它与主观性的区别是什么？森强调，并非所有能以因果关系解释的事物都具有位置客观性。例如，一个人因为精神紧张或者对蛇的极度害怕而错把一条绳子看成蛇，他的判断是主观性的判断且不具有位置客观性。然而，如果有一条绳子，它的外形特征使每个人都以为它是一条蛇，这种情况下人们的判断就具有位置客观性。位置客观性对于我们的判断而言十分重要，其重要性至少体现在以下几个方面：

第一，位置客观性对于直接的观察结论来说是核心影响要素。例如，“太阳和月亮看起来一样大”这个命题，从地球上的某个位置看，它是成立的，但是从另一个位置(例如月球上)看，它是不成立的。一旦位置固定，客观性的要求是人际不变性(interpersonal invariance)，即不同的个体在相同的位置上应当做出相同的观察结论(Sen，1993a)。从这个意义上说，客观性不是内格尔说的本然的观点(a view from nowhere)。森将这种情况下的客观性定义为“来自不是具体某个人的观点”(a view of no one in particular)。

第二，位置的客观性是科学的建构部分。科学推理不能仅仅依据从一个位置所观察到的信息，科学家需要跨位置的评价(trans-positional assessment)。而跨位置的推理能力要基于科学家们所掌握的知识和他们所使用的推理类型，这些正是森所说的位置参数。

第三，观察和理论建构的位置客观性在人们信念形成的过程中有重要作用。对于社会分析和公共事务来说，“位置尤其有助于解释系统的幻觉和持续的误解”(Sen，2002：469)。马克思主义哲学中的“客观幻觉”是指一种位置客观但事实上是错误的信念。也就是说,“客观幻觉”的概念包括了位置客观的信念,以及认为这种信念是错误的判断。G. A. 科恩对马克思的客观幻觉概念做了分析:“马克思认为,感官使我们错误地理解空气的成分和天体的运动。但是,一个人若企图通过呼吸来测定空气的不同成分,那么他的鼻子必然不能像健康的鼻子那样发挥作用。一个人若真诚地宣称,他感觉到太阳是静止的而地球是转动的,那他的视力一定出了毛病,或是视神经失去了控制。感觉空气是一种元素和感觉太阳在运动,比起产生幻觉更类似于看到海市蜃楼的经验。因为,如果一个人在适当的条件下还看不到海市蜃楼的话,那么他的视力就有问题了。他的研究无法记录远处的光的活动。”(Cohen,1978: 328-329)森认为,科恩的分析发展了马克思关于“具有客观地位的事物的外部形式”的观念,证明了仅靠在某一位置的观察所得出的结论不仅仅是主观的,还有理由是客观的。人们感觉空气是一种元素、太阳在运动,这与人们用健康的鼻子呼吸、用健康的眼睛看太阳的位置特性相关。这些信念虽然有可能是幻觉,但是在缺乏其他位置的审查途径(例如在实验室对空气成分进行化学实验分析等),并缺乏相应知识(如物体相对运动等性质)时,仍然可以是客观的。

第四,位置客观性可以用来重估主观主义及其文化相对主义。森认为,主观性与位置客观性二者有相互重叠的可能,但二者在一般层次上又有着基本的区别。在确定位置客观性的时候,我们有充分理由在实践中排除特别的精神倾向或者经验缺乏等主观因素,这样做会使主观性与位置客观性之间的相互重叠部分减小,但同时这样做又会与以位置看待客观性的一般方法矛盾。例如,在同一社会里大多数人共有的偏见虽然具有主观特征,但是也具备从一个固定位置出发做出判断的位置客观性。按照位置客观性的方法,每一种观念都能够通过合理和彻底的位置参数的设定而获得位置客观性,它与影响观念的主观特征相矛盾,但同时,主观特征有可能与位置参数相重叠,这便是位置客观性与主观性的关系。客观性的位置观可以帮助我们重新审视文化相对主义,文化相对主义倾向于将某一社会视为一个整体,要求对这个整体及其内在文化顺从,在跨国视角的评价中,文化相对主义往往用文化的异质来获得免于外部批判的豁免权。然而森指出,即便在一个社会、一种文化内部,也会有持异议者,持与大多数人相反的观点并不与生活在这个社会里相矛盾,从位置客观性的视角看,这种内在的不一致性是必然存在的。“在任何给定的社会中,绝不可假定可疑的无异议的一致性,或通过维护权威观点或多数意见的政治高压来抹杀比较和评价不同观点、角度和结论的必要性。”（Sen，2002：477）也就是说，在每一个社会里面都存在跨位置评价的必要性，这就打开了与外部批判不同的社会内在批判的可能性。我们根据客观性的位置观，可以重新审视有关文化相对主义的争论。

第五，位置客观性对于决策理论（主观概率决策理论）来说至关重要。“客观概率与主观概率在理性运用上的区别并不在于一方基于客观的考虑，另一方则不具有客观考虑。相反，它们的区别主要表现于在不同环境中使用不同类型的客观考虑。”（Sen，2002：480）因为打赌者需要从他的位置出发，根据他所拥有的信息做出判断，所以森认为，合理的主观概率需要考虑位置客观性。

第六，位置客观性影响人们的自我评价，因为一个人的行动及其对该行动的伦理可接受性的自我评价，必须考虑到他所处的位置。伯纳德·威廉斯、托马斯·内格尔、德里克·帕菲特等当代哲学家曾主张以“主体相对”价值观批驳结果主义。比如，一个人亲自谋杀另一个人与一个人没有阻止第三方实施谋杀是有实质性区分的，即使两种情况下的结果都是一个人被谋杀，但是反对亲自谋杀的伦理理由要比阻止第三方实施谋杀的理由强烈得多（Williams，1973）。在这个经常被引用的例子中，威廉斯等人坚持行动道德的主体相对性——谋杀者与他人谋杀的行动之间存在重要差异，森赞同威廉斯的观点。但是，对于结果主义没有考虑到义务关怀和主体相对性的判断，森并不赞同。他认为对结果主义的这种判断预设了结果主义对位置不变性的要求，是颇为武断的判断。有关谋杀的例子，森认为，如果考虑位置因素，那么谋杀者看待结果的方式与他人看待结果的方式是有区别的，“结果的位置观可以使结果主义者对谋杀者的道德问题与没有阻止谋杀者的道德问题区分开来”（Sen，2002：482）。从位置的视角看，森认为，结果主义伦理与主体相对性在对事态的判断上并不存在根本性冲突。

森提出的位置客观性是一种新的客观性观念，有别于传统的以不变性来要求客观性的观念（如内格尔的纯粹客观观念）。位置特征对于人们的观察、信念、判断和决策等具有参数相关性。根据这种立场，我们可以重新解释信念的客观性及客观幻觉的现象，还可以引申出一种对文化相对主义的批判性再审视。这种立场令我们对主观概率和客观概率之间的区别有了新的解释，并且证明了一种更为广泛的结果主义伦理观的可能性。

与位置的启示性和误导性对应，道德与政治评价中也存在这种区别。例如，在道德评价中，父母出于基于关系的个人责任理论要求，更多地关心自己孩子的利益，这并不是主观上不明智的行为。但是从非关系道德的角度来看，父母过多关注自己孩子的利益有可能是明显错误的行为。例如，一个官员在履行职责的时候利用公职偏向自己的孩子，这种行为在政治上或道德上都是错误的。在后面一种情况下，在以非关系的方法来探讨道德伦理问题的时候，人们需要的是在位置上无偏倚的方法，寻找某种不依赖于具体位置的对于世界的认识，此时内格尔的“纯粹客观的视角”显然是一个适当的理念。事实上，要从位置视角变为纯粹客观的视角，很难完全获得成功。但是，正确理解位置客观性，有助于我们超越位置给我们带来的局限性。

森认为，在道德哲学和政治哲学中，超越位置给我们带来的局限是十分重要的。在探索正义问题的时候，尤其是对赋予了公共理性以特殊地位的正义理论而言，要特别注意位置因素对评价公正所带来的影响。因为人们的公共理性会受到人们认识世界的方式的限制，而位置因素必然会对人们的认识产生影响，位置带来的幻觉会成为人们正义追求过程中的障碍。怎样克服位置因素给我们带来的障碍呢？我们需要拓宽评价的信息基础，倾听远处的声音，采取不同的位置来审视我们的判断，这就是森所说的“开放的中立性”。

4.2.2　开放的中立性

在当代道德哲学与政治哲学中，对中立性的理解很大程度上受到康德的影响。森指出，在诠释中立性及公平的要求方面，亚当·斯密对“中立的旁观者”的分析具有开创性的贡献，“而且看起来康德很可能受到了斯密的影响”(Sen，2009：124)。森提出的“开放的中立性”也源于亚当·斯密有关“中立的旁观者”的论述。斯密在《道德情操论》中要求，“我们努力检视我们自己的行为就像我们想象其他公平和中立的旁观者检视它一样”(Smith，2004：129)。在关于中立性的思考中，斯密使用了“中立的旁观者”这一设计——中立的观点可能来自一个社区、一个国家或者一个文化圈内部，也可能来自其外部，这使得中立的程序呈现出开放式的特点。据此，森在对正义问题所要求的中立性方面，主张使用开放的中立性：“‘开放的中立性’指的是中立的评价可以(在某些情况下是必须的)包括来自所关注群体之外的判断，以避免地域性的偏见。”(Sen，2009：123)

位置的客观性使我们认识到，我们对外部世界的认识受限于我们的经验和思维，我们的思维以及扩展思维的能力是有局限性的，即便我们采用开放的中立性，也很难超越位置因素对我们观点的影响，达到内格尔所说的纯粹客观的观点(a view from nowhere)。但是，这并不意味着我们不能以更加全面的视野看待问题，克服位置给我们带来的局限性。大卫·休谟在评价增加交往有益于扩大正义感的影响范围时说："假设几个不同的社会为互惠互利而保持某种交往，正义的边界就会根据人们的视野及相互联系的程度不断扩大。"(Hume，1966：25)现代社会中，人们之间的联系比18世纪的人们相互之间的联系紧密得多，通信及交通的发达使我们生活的地球变为地球村，人们相互联系的程度加大使得正义的边界也在扩大。马丁·路德·金所说的"任何地方的非正义都是对各地正义的一种威胁"，在今天我们生活的世界显得尤为贴切。这种紧密联系及由某地区的不正义给其他地方的人们所带来的威胁不一定只是通过军事战争的途径，还有经济贸易、环境生态、科技发展、动物保护等诸多形式，使得一个地区的行为给其临近区域甚至全球的人们带来重大影响。"公正在一定程度上是一种关系，其中彼此之间的义务十分重要。"(Sen，2009：129)公正的实践需要开放的中立性，我们的行为可能会影响或远或近的其他人的生活，开放的中立性要求人们在决策和行动上承担起彼此之间的义务。

森通过对斯密"中立的旁观者"与罗尔斯"在焦点群体中选定正义原则"的讨论，对先验制度主义之封闭的中立性展开了批判，这种批判从反面论证了开放的中立性的必要性。人们在做出公正判断的过程中，如果根本不考虑任何焦点团体之外的观点，那么这种判断就具有程序上的偏狭性、焦点群体的可塑性与排他性等弊端。森认为，我们之所以需要开放的中立性，需要跨越国界在全球范围内评价一个国家内部的公正，正是因为每个社会都可能存在狭隘的地域观念，诸如男女不平等、死刑的适用范围等。地方风俗与社会文化等位置因素将使在一个固定位置的人们共有偏见而不自知，而来自远方的旁观者的观点可以审查、纠正这种在某个固定位置上被当作天经地义的东西的错误。

开放的中立性何以可能？这个问题的实质是人们在客观基础上理解与交流的可能性问题，以及客观的可接受性(获得理解的事物能否得到接受)问题。事实上，我们每一个人都不是一座"孤岛"，每个人都拥有多重身份，譬如，笔者可以同时是亚洲人、中国公民、母亲、博士生、喜爱诗词的人、反对虐待儿童的人、反对捕杀野生动物的人等。来自不同国家、不同文明的人们可以因相互交叉的身份而理解、认同那些与自己一样(有相同职业、相同爱好、相同宗教、相同政治信念或者相同性别等)的人，分享许多共同的价值观并且赞成某些共同的承诺。当然,人和人之间也会有对立身份,例如,中国公民的身份就与美国公民的身份相对立。但是,森指出,即便是在对立的类别中,人们依然拥有多重身份,例如,在美国工作和生活的森不愿意成为美国公民,因为他不想丧失他的印度公民身份,但是他仍然可以保持与美国相关的许多情感联络,他可以赞同哈佛大学同事的学术观点,也可以与哈佛大学同事们一起反对美国移民及海关执法局(Immigration and Customs Enforcement)于 2020 年 7 月(新冠疫情期间)宣布的正在美国通过网课就读的留学生必须离境,或转入线下教学的学校来保持合法身份的新政策[①]。森认为,作为反思性的生灵,我们有能力去体察他人的生活,“更主要的是承认我们所共享的人性在决定我们面临的选择上的意义,而不是确定一些严格的规则以准确地规定我们应该如何行事”(Sen,1999a：283)。在《理性与社会选择》(Rationality and Social Choice)一文中,森详细证明了运用推理和理性评价可以有效地消除来自不同群体的意见集合的不准确性,达成公共理性这一观点。总之,人们在客观基础上相互理解、交流讨论,形成并接受讨论结果是可能且可行的。

用开放的中立性的方式进行公共讨论,一定可以达成公共理性吗? 科瓦米·安东尼·阿皮亚(Kwame Anthony Appiah)曾经批评森:“无论你按森的方式来对理智作多么深刻的理解——我对这种兴趣表示赞赏,也不会使你认识到全部。由于采取理智的个体的视角,森不得不无视随处可见的非理智(unreason)。”(Appiah,2009：488)这种批评指向的问题是在不同人之间理智地讨论社会问题是否能够有实际效果,顽固的非理智会令公共理性的形成遭遇巨大障碍。森认为,人们如果能够用开放和中立的方式进行理智的思考,就会在现实中的具体问题上达成一致。这并不要求每个人的思维都是理智的,也没有假设人们已经自觉用开放和中立的方式进行理智的思考。理智的讨论可以包容冲突的观点,由于知识的有限性、位置的固定性等多种因素的影响,有时候在人们看来是不合情理的非理智的观点,事实却未必如此。即便非理智无处不在,也丝毫不影响公共讨论的必要性和重要性。非理智很多时候并不是完全缺乏理智,而是过于依赖原始的、不够完善的理智。“但这还是有希望的,因为我们可以用更好的理智来对照糟糕的

---

① 2020 年 7 月 6 日,美国移民及海关执法局宣布了一项针对全美留学生的新政策：在即将到来的 2020 年秋季学期,留学生必须到校园内上课,只上网课的留学生可能会被遣返。详见 https://www.canedu.org.cn/ site/content/4946.html.

理智。"(Sen,2009：preface xviii)即便非理智的现象无处不在，理智依然是认识公正观念的核心，进行理智对话的可能性是永远存在的。

综上所述，我们具有认同其他地方（而不只是我们自己所处的文化圈）的人们的能力，我们的选择及行为可能会影响近处或远处其他人的生活，开放的中立性（通过人们凭借各自的历史和地理视角所持的观点的交流）有利于我们克服自身的地域狭隘性——以开放的中立性作为正义的客观要求，是必要且可行的。

在实践过程中，开放的中立性将各种视角的无偏见的意见都纳入考虑的范围，在对处于不同位置的中立的旁观者的观点进行反思时，一定会出现意见不一致的情况，这时，森强调，我们不需要假定所有分歧都能够得到解决。那种认为我们必须对所有意见给出完整排序或者对某一事态达成普遍一致的看法，在森看来是错误的。如果部分排序可以具有一致性，而这种有限的一致性能够表达确定且有用的意思，那么该部分排序就已经足够对我们的行动进行指导。同时，已达成的一致性并不代表其具有唯一的公正性，只能说它具有合理的公正性。"合理的实践要求能够以某种方式，与大量存在的不完整性或未解决的冲突共存。"(Sen,2009：135)托马斯·斯坎伦曾提出从"他人不能合理地拒绝"(Scanlon,1982：111)这一角度来思考合理性。森认为，斯坎伦虽然强调自己遵循的是社会契约论的传统，但是他评定合理性的方法拓宽了利益相关者的范围，相较于罗尔斯而言，是朝着开放的中立性的方向前进的。因为生活在某个社会中或者其他地方的人们都可以提出各自的理由来判断某一事物或决定是否可以被合理地拒绝。森认同斯坎伦的思考方向，同时森指出，他人不能合理地拒绝的缘由是多种多样的。我们有各种不同类型的关于正义的缘由，有从各个视角提出的各种各样的中立性意见，怎样把人们不同的关注点与意见综合起来，形成一项令人信服的集体判断（如"社会应该选择这个政策"）？这个问题正是激发社会选择理论的核心问题。

4.3 正义的践行依据：社会选择理论

在加尔各答一次以阿马蒂亚·森的名字命名的公民招待会上，森这样概括社会选择理论："它解决了如何在来自不同阶级、不同社群、不同经济和社会背景、不同文化和宗教信仰的不同社会成员迥异的兴趣和偏好的基础上，系统性地实现社会决策的问题。"(萨克塞纳，2016：68)在 20 世纪 70

年代的大部分时间里，森在学术上的主要精力都用于研究这些问题。2017 年，84 岁的森出版了最新著作《集体选择与社会福利（扩展版）》，他在旧版本的《集体选择与社会福利》中增添了一章新的内容，展示了 1970 年以后他对正义、平等、权利、理性与社会决策等问题的思考与补充，这本书被森自评为“最喜欢的著作”。森对社会选择理论的研究贡献是他获得诺贝尔经济学奖的原因之一，除了在经济学领域的贡献之外，社会选择理论在政治哲学和伦理学方面也有重要意义，它是支撑森的比较现实主义研究路径的方法论，是其正义理论的践行依据。

4.3.1　社会选择理论与伦理传统的融合

瑞典皇家科学院认为，阿马蒂亚·森凭以获得诺贝尔经济学奖的研究领域是福利经济学，包括三个分支领域：社会选择、分配和贫困。

社会选择理论不仅对福利经济学有影响，其对政治哲学和伦理学亦有着深远的影响。亚里士多德曾经在《政治学》一书中讨论过社会选择的各种可能途径。社会选择作为一种系统方法，其形成时间是法国大革命前后。18 世纪晚期，法国数学家 J. C. 博尔达(J. C. Borda)和孔多塞(Condorcet)率先提出了社会选择这一主题，他们对该主题进行研究的目标是：“创立一个框架，用于群体的理性和民主决策，对群体中所有成员的偏好和利益给予适当的关注。”(Sen，2002：68)虽然早期社会选择理论家对该理论的研究热情来源于避免各种社会选择和社会安排的武断性和不稳定性，但是他们在理论上的探讨得出了相当悲观的结论，例如 A、B、C 三个投票人对候选人 X、Y、Z 的排序分别是，A(X、Y、Z)，B(Y、Z、X)，C(Z、X、Y)。根据多数规则，在这些排序中 X 优于 Y，Y 优于 Z，Z 优于 X，没有一个人可以获得多数票而胜出，这一现象被称为“孔多塞悖论”。1972 年诺贝尔经济学奖的获得者肯尼思·阿罗在其博士毕业论文《社会选择与个人价值》(Social Choice and Individual Values)中，运用数学工具把孔多塞悖论严格化、形式化，证明了著名的“阿罗不可能定理”。这篇标杆式的论文在很大程度上改变了人们思考整个社会选择问题的方式。

阿罗不可能定理是说，如果存在至少三种不同的社会状态，且个人数目有限，则不存在能够同时满足以下四个条件的社会选择函数。(1)定义域无限制：对任意符合逻辑的个人偏好都存在一个社会排序。(2)无关备选项的独立性：对于任意一组{X，Y}的排序都仅依赖于个人对 X 和 Y 的排序。为了理解这个条件，我们回忆一下 2000 年美国总统选举。那次选举的关键在佛罗里达州，乔治·布什和阿尔·戈尔谁赢得佛罗里达州的选票谁就可以获胜。佛罗里达州有将近 10 万人将选票投给了第三位候选人纳德，剩下的票数中，布什比戈尔多得到近 600 张选票，最终布什胜出成为总统。如果纳德不出现在候选人名单上，那么大多数选票很可能投给戈尔，这意味着如果纳德没有参选，戈尔会轻易胜出。“在政治暗语中，纳德是个搅局者。”(森，马斯金等，2016：10)独立性条件的设置目的就在于排除搅局者的影响。多数规则(得票多者胜的原则——在投票中，依据多数规则胜出的候选人是更多投票者心目中排首位的候选人)很容易受到搅局者影响，也就是说多数规则不满足独立性。过半数规则①(超过半数投票者偏好的候选人胜)很容易满足独立性，因为如果一位候选人以过半数优势胜出，另一位候选人即便退出候选人名单，这一结果仍然保持不变。(3)帕累托法则：如果所有人都偏好 X 胜于 Y，则整个社会将偏好 X 胜于 Y。帕累托法则又被政治理论家称为“一致同意规则”。(4)非独裁性：不存在个人 i，当 i 偏好 X 胜于 Y 时，不论其他人的偏好如何，都有社会偏好 X 胜于 Y。也就是说，没有选民有权力令投票结果总是如他所愿。阿罗用公理式的结构化框架来表述社会选择理论②，意在探索将诸多社会成员的不同偏好(个人选择函数)在满足以上几个合理条件的基础上糅合成为一个总体的社会偏好(社会选择函数)。经过数学推理，阿罗最后得出的结论是，在一个相当大的群体中，任何社会选择程序都无法同时满足这四个合理条件。如果同时满足这四个要求，从个人偏好函数出发导出社会选择函数是不可能的，只有独裁才可以避免不一致。这一结论对哲学、政治学、经济学和其他社会科学产生了广泛影响，曾一度令民主的社会选择的可能性遭到沉重打击。森对社会选择理论之发展的贡献在于，他用信息扩展的方式解决了阿罗不可能定理。

阿马蒂亚·森对社会选择理论的研究主要涉及以下几项内容：什么情况下多数规则能产生明确而一致的决定？根据不同成员的不同利益，我们如何才能判断社会整体运行良好？我们应如何根据社会成员各自所面临的

① 2007 年诺贝尔经济学奖获得者埃里克·马斯金曾举过这样的例子来说明什么是过半数规则。例如，有三名候选人 X、Y、Z，40％的投票者将 X 放在首位，随后分别是 Y 和 Z；35％的选民将 Y 排在首位，随后是 Z 和 X；25％的选民将 Z 排在首位，随后是 Y 和 X。根据过半数规则，胜者是 Y。因为超过半数的选民(35％＋25％＝60％)偏好 Y 多于 X；同时超过半数的选民(40％＋35％＝75％)偏好 Y 多于 Z(森，马斯金等，2016：7-8)。

② 社会选择理论是一种应用规范的数学技术(formal and mathematical techniques)进行推理得出结论的方法。本书关注的重点在于这种方法在社会正义问题方面的应用，因而只对社会选择理论的发展、内容和对解决社会不正义现象的意义做探讨，对其数学推理不做探讨。

不同困境与悲苦来测度总和贫困？我们应如何在适当承认人们偏好各异的情况下保证人们的权利和自由？我们应怎样评估诸如自然环境或流行病防治之类的公共物品的社会价值？（Sen，2002：67）无论将社会选择理论与怎样的具体内容相结合，所有的社会选择问题都有一个共同特征，即将社会评价与该社会中个体的选择、价值观或其他特征相联系。森认为，阿罗的论证只是证明了在以有限信息作为社会选择的基础上，最终会产生悲观性的结果，但这并不意味着理性的社会选择是不可能的。森用数学逻辑证明，如果对个人偏好施加一种价值限制条件，则按照多数原则得到的社会选择结果就会具有传递性：当存在三种社会选择状态时，如果所有个人都认为其中的一种状态不是最优的，或者其中的一种状态不是最差的，或者其中的一种状态不是次优的，那么阿罗不可能定理就可以得到解决。森还和其他学者一起论证了价值限制条件是多数票获胜规则的充分必要条件。因此，价值限制理论将解决孔多塞悖论中的投票循环问题，从而使得社会选择按多数规则总能达成唯一的结果。森进一步指出，阿罗不可能定理所使用的信息的有限性体现在他仅仅关注个人对所涉及的备选项目的排序，而不涉及其他信息——例如人际比较，分配转移中谁受益，每个人是如何获得收益的，等等。假设有一块蛋糕，有甲、乙、丙三个人来分这块蛋糕。根据阿罗的完全自利的偏好设定，人们都想使自己分到的份额最大化。我们先以任意方式把蛋糕分给三个人，如果不考虑其他信息，只按照多数原则来做社会评价，那么取任意一个人（假定是甲）所得的蛋糕份额分给其他两人，除了甲之外的所有人都将偏好于这种分配方案，因而这样做是一种（从多数原则的视角来看）值得肯定的社会改善，哪怕甲原本就是三个人当中最穷的一个（甲的穷富并不影响这种社会评价）。这个例子说明了阿罗定理所使用的信息的有限性可能会导致判断决策的不合理性。森认为，我们不能只根据这一点信息来做社会决策，在现实中，我们需要采用的信息要比那些与阿罗框架相融的决策机制所允许采用的信息广泛得多。例如，我们需要考虑谁比谁更贫困，总和与分配，每个人获得的蛋糕是如何挣来的（是合法途径还是抢劫来的），等等，然后再做出社会决策和社会评价。在社会选择问题上，森提出，扩大信息基础就有可能破解阿罗不可能定理，得到社会评价的连贯且一致的决策标准。

"人际效用等的引入不仅是不可能性的一条出路，它还是一条将规范社会选择理论引入伦理传统的进路，后者拥有一个深厚的传统，并且在最近的哲学讨论中吸引了许多批判性的关怀。"（Sen，2002：338）在森看来，社会选择理论应该引入人际比较，而人际比较的信息基础应是人们的可行能力。可行能力较之于功利主义和罗尔斯的基本善，有更加宽广、更加全面的信息基础。功利主义将人与人之间的比较完全建立在人们的精神状态之上，但是生活在极端贫困状态的穷人、生活在持有根深蒂固的性别不平等观念的社会中的家庭妇女和劳作于剥削制度下的工人，他们在被剥夺状态下未必会有被剥夺的精神状态。调整自己的欲望与精神状态是非常主观的行为，但是这种自我调整的成功并不意味着被剥夺状态的改变。对精神状态的过分强调遮蔽了许多丰富的信息，我们无法得知人们各自的真实状况。罗尔斯等人通过基本善等概念替代功利主义的路径，开辟了人际比较的新标准，森认为这是一种进步，但是基于基本善的人际比较忽略了人们将基本善转化为各自实际生活的人际差异性，并不能全面地反映出人们真实的生活状态。较之于基本善，更优的选择应该是根据人们的可行能力来判断个人优势，亦即以人们的实际生活状态及实质性自由来分析社会中的个人利益和剥夺。依此方法进行人际比较，不可能性问题就会得到破解。并且，森强调，做出一个确定的社会决策，并不一定需要完整的、精致的人际比较方法，"常常，相当有限的局部可比性对于社会决策来说就已经足够了"(Sen，2002：79)。可以说，对局部可比性的强调贯穿于森的整个正义理论。总之，森认为，信息扩展是社会选择理论可能性的需求，是克服社会选择的悲观主义的有效手段。在这一扩展中最关键的要素是福利和个人优势的人际比较。对人际比较的悲观看法在森看来是源于过于严格的要求，其实这种苛刻没有必要，局部比较完全可以作为社会选择理论做出社会决策的合理基础。

4.3.2 理性与社会选择

在对人们行为的直接的规范、间接的预测、理解他人和世界、理解我们自身的合作或竞争、做出公共决策等方面，理性具有诸多作用，理性也是社会选择方法的中心主题。

森将理性视为一种合理审查的方法，将理性选择视为选择与推理以及推理质量的对应问题。人们可以根据多种理由，按照不同的标准做出判断和选择，如果要对其中某种理由进行舍弃的话，也是由选择者本人通过审查来完成，而不是根据某种外在于选择者的标准来判定。"这一方法赋予个人在采纳何种理由上以相当大的自由，因此，它依赖于此人本身的推理。"(Sen，2002：49)这种方法拒斥了在政治学、经济学及法学中屡屡被引用的对理性的常见解释，诸如将理性定义为选择的内在一致性、自利最大化、一般最大化等。选择的内在一致性是说，在选择函数的不同部分存在特别的对应，即只将选择与选择进行比较，而不是将其与偏好、价值、目标等其他非选择变量进行比较。森认为，这种解释所面临的问题在于，选择并非命题，我们必然需要求助于外在于选择函数本身的要求，必然需要外在环境才能对选择做出理性的判断，因而将理性解释为选择的内在一致性在理论和实践上都是非常困难的。自利最大化这种定义理性的方式在森看来太过于严格，一个人如果追求自利之外的某些目标，并不意味着他缺乏理性或者推理能力。

森认为，不理性的类型可以被分为两种，一种是人们如果慎思、反思之后就会拒绝他们现在的选择，森将这种情形下的非理性称为对应型非理性(correspondence irrationality)。比如一个人没有经过任何考虑或者考虑不周(没法发挥他本应具有的慎思能力去考虑问题)，或者认真考虑好之后因意志薄弱等原因并没有执行，这些情况都属于推理和选择之间对应不起来的"对应型非理性"的情况。另一种是人们因为知识有限、推理能力有限或者缺乏有关决策的训练等原因，即使尽可能审慎，仍然会忽略某些因素而无法做到理性，森将这种情形称为反思型非理性(reflection irrationality)。像布利丹的驴子面对两堆干草，因为不知道哪一堆干草更大更多而犹豫不决、最终饿死的故事，如果这匹驴子之所以饿死是因为它完全不能够明白，即使它不能决定两堆干草哪一堆更多，但是随意选择一堆也比不选择明智，那么它没有能力认清形势的情况体现的就是"反思型非理性"。与两种不理性的类型相对应，理性的选择有"对应型理性"和"反思型理性"两大类。当然，它们的判定并没有完备而清晰的答案，因为在森看来，理性本身就蕴含着含糊之处。森曾经论证了在人际比较、不平等的测度、生活水平的衡量等问题上系统考虑不完备性和模糊性的必要性，在理性问题上，森持有相同的观点。他认为，含糊性(或者说"部分不可判定性")是理性固有的特点，"那种——通常隐含地——认为一个满意的标准必须是'完备的'的观念往往对社会科学有害，因为它强迫我们在毫无根据的失败主义与武断地完成之间做出选择"(Sen，2002：230)。抛弃理性概念的含糊性，企求一种放之四海而皆准的检验，在森看来是武断的错误做法。

按照理性的要求，森主张，我们应当把人们的权利和自由纳入社会评价及社会决策机制当中。阿罗的非独裁性条件没有明确规定最低限度的个人自由，森将其修改为在对一组状态进行选择时，社会偏好应该反映至少两人的个人偏好——这被他称为“最低限度的自由主义”。如果我们将保证最低限度的自由主义嵌入社会选择理论中，就会发现这一原则会与社会选择的帕累托原则相冲突。森常举的一个例子有助于我们理解这种冲突的本质——假设社会选择将在如下三个方案中选出：A先生阅读《查泰莱夫人的情人》(*Lady Chatterly's Lover*)；B先生阅读这本书；没有人阅读这本书。我们按照顺序把这三种方案称为a、b、c。谈性色变的A先生最希望没有人读这本书，其次他自己阅读它，最不希望“易受影响”的B先生读这本书，因此A先生的选择是c优于a，a优于b。好色的B先生认为，比起谁都不看这本书，他们两人中的一人来看这本书更为可选，并且他更希望A先生来读这本书，因为他想要A先生体会劳伦斯(Lawrence)的文采。因而B先生的选择是a优于b，b优于c。按照帕累托原则，社会选择方案是a优于b。但是，如果站在自由主义的视角，要从A先生阅读这本书和没有人看这本书之间做出选择的话，自由主义者会认为社会偏好应该反映A先生的偏好，所以社会选择是没有人读这本书比让A先生读这本他认为可怕的书要好，因此c优于a。同理，自由主义的观点认为，在B先生阅读这本书和没有人读这本书之间，社会选择应反映出B先生的偏好，因而b优于c。据此，从自由主义的视角看，社会选择是B先生读这本书比没有人读要好，没有人读这本书比A先生读这本书要好，也就是b优于c，c优于a。自由主义会得出b优于a的结论，这和依照帕累托原则得出的结论(a优于b)是矛盾的(Sen，2017：131-132)。这就是森提出的著名的“帕累托自由悖论”。这个悖论揭示了个人偏好对于其私人领域的特殊重要性与人们对于各种领域的选择的偏好的普遍重要性之间的冲突(Sen，2002：230)。如何在社会决策中保证个人在其私人领域的偏好能够得到最低限度的尊重？解决这个问题的方法各式各样，其中之一便是从纯粹的程序角度来重新定义自由。

如果我们要将权利和自由纳入社会选择理论，就必须考虑将程序加入结果分析。当然，程序的正当性和结果的良性并非呈现出因果关系，它们两者之间往往呈现出对立性。传统形式的社会选择理论注重结果——生成最优、最大或者最满意的社会排序。萨格登在为森的著作《再论不平等》写的书评中，讨论了程序与结果的对立。他认为，公共选择理论应该注重程序的正当性，“政府的基本职能不是最大化社会善，而是维持一种规则框架，其中个人可以自由地追求他们的目标”(Sugden，1993：1948)。诺齐克“自由至上主义”的权利观对程序正当的重视更加极致，《无政府、国家和乌托邦》这本著作体现了他的立场：我们对任何事物的判断都应该关注个人自由及其持有、使用、交换和赠与合法财产的权利。他强调的是个人对于他本人决定的控制权，即每个人都可以按照他所选择的方式来行使他的权利。没有任何对结果的保证，只看中行为选择的权利，这是诺齐克以过程为导向的权利观。森认为，功利主义与自由至上主义是两个极端，“在(1)边沁的将权利纯粹视为提高效用的工具的极端观点与(2)自由至上主义将权利完全与后果分开——不管其后果如何恐怖——的极端观点之间，仍然留有许多解释的空间”(Sen，2002：312)。森证明，即便是普遍性的饥荒也可能发生在满足所有诺齐克理论的社会中。诺齐克也同意，一种可能导致灾难性的道德恐怖的权利程序观是不可接受的，在后来的著作中，他给权利加上了诸多限制性条件，森认为，诺齐克的让步使得结果状态最终对权利观发生了作用。总之，对程序正当性的关怀和对结果良性的关注结合起来，才能恰当合理地描述事态，进而对其进行评估和决策。

4.3.3　社会选择理论对森的正义理论的意义

社会选择理论是将社会评价与生活在该社会中的个体的选择、价值观或其他特征相联系的方法，联系的方式是公共讨论。社会选择理论要求公开讨论，这是森论述公正问题所用方法的核心。在森看来，对公正问题的研究不能闭门造车，先验主义一以贯之的问题——“什么是一个正义的社会”并不是一个正义理论的良好开头，也不是一个有用的正义理论的好结尾(Sen，2006b：226)。因为让我们难以接受的，并不是这个世界上缺乏绝对的公正，而是我们周围切实存在着的明显可以被纠正的不公正，我们对公正问题的研究应该致力于探索如何减少现实存在的明显的不公正。这种探索需要公共讨论，需要理性，也需要民主。社会选择理论鼓励公共讨论，并强调精准的关联与推理。在讨论正义相关问题时，公共选择理论要求我们对正义理论进行清晰的表述：厘清关联，详细推导，充分辩护，清晰呈现优先次序。当然，很多重要且复杂的问题难以公理化，在多大程度上可以对这些复杂的问题进行更一般的讨论？社会选择理论在这种设定中可以发挥重要的澄清作用。总之，社会选择程序采取的形式是“从某种‘社会视角’出发，根据相关人员的评价，将不同的社会状态进行排序”(Sen，2009：95)。公共讨论是社会选择的重要环节，公共讨论有助于人们对基于公正所提出的各种观点进行批判性考察，有益于人们的审思和理智判断，是森的公正观的核心要素。

社会选择理论非常关注社会选择中社会判断与公共决策的理性基础。

公共理性如何可能？森认为，“一种正义理论根本上是建立在出于不同的正义缘由且都能通过公共理性的审思的不同排序的交集——或者说共有的集合——所产生的部分排序的基础之上”(Sen，2009：399)。不同的标准会产生不同的排序，经过公开的讨论，不同排序的交集会呈现出共有元素，这些共有元素会在某些选择中生成一个清晰一致的部分排序，于是会在某一方面产生确切结论。社会选择理论一直倡导反思，因为这种理论本身就向我们揭示了看上去似乎合理的有关社会决策的一般原则，最后可能会发生冲突。人类思维的有限性也往往会具有“反思型非理性”，人们自身认识能力与外部信息的有限性决定了人们不能够一下子把握事物的全面性，这时就会产生“有限理性”。森认为，正义理论必须同时允许两种非完整性的存在：固然的非完整性和暂时的非完整性。固然的非完整性是正义理论本身的特征，暂时的非完整性则是因操作上的困难而有待或者正在克服的不完整性，即使是这种暂时的非完整性，森认为，“我们也有足够的理由将其纳入正义理论，并赋予它反思和拓展的空间”(Sen，2009：108)。森强调，当基于部分排序的确切结论出现时，我们就应该付诸行动，而不必等到涉及公正的所有维度都清晰的时候再做出和执行决策。当孔多塞和斯密认为废除奴隶制会令我们的世界变得更加公正的时候，他们并没有对世界上诸多国家的其他社会制度进行评价。人们通过理智的思考、公开的讨论，去除那些因未经审思的武断、偏见、既得利益等因素产生的不一致，达成部分的一致，公共理性因此形成。

社会选择理论尊重观点多元化，不采取狭隘和单一的观念，这种多元性也是森的正义理论的主要特点。正义这个宏大的观念涉及若干不同方面，涉及诸多不同观点，我们不能武断地将这种多元性简化。前文讨论的三个小孩和一支长笛的故事就表明了在决定什么是公正的决策时，有多种基于理性的要求。在森看来，对于一种亟待改善的不公正现象，我们可以采用许多不同的谴责理由，人们完全可以出于不同的缘由而产生强烈的不公正感，而不必对哪条理由相对更加重要或哪条理由是谴责其的主要原因达成共识。以美国对伊拉克开战为例，谴责美国这一行径的理由有很多种：有人认为美国在对伊拉克采取军事行动前应达到全球性共识，而美方未得到联合国的允许就擅自行动，实为不妥；有人认为美国并没有确切的证据证实伊拉克拥有大规模杀伤性武器，无证据地贸然开战使得伊拉克人民备受摧残、流离失所，这种行为必须受到谴责；有人认为美国对伊拉克发起的战争并没有给伊拉克带来和平与民主，带来的是恐慌与破碎，这种行为的实质是美国对内民主，对外霸权。以上谴责美方对伊开战的理由角度各异，但结论一致，这种情况下我们就不需要首先对这些相互不一致的理由排序，甚至挑选、排除、缩减至一个，再推导出结论。当然，缘由的多元性不一定会产生一致的结论，社会选择理论指导我们对不同考量的相对重要性进行排序。事实上，几乎所有的常规性评价都是要对关注的对象赋予权重进行排序，再依照这种优先次序进行评价。公共讨论所产生的部分排序的共有集合，反映了人们在各种中立的理智思考之后所共有的结论，社会决策依此做出。这种共有的集合与所有人完全一致地都接受某一抉择不是一回事，在本质上是多元与一元的区别。

森的正义论基于比较，立足于现实，社会选择理论就是森用以比较各种社会选择的具体方法，它赋予了比较性框架以生命力。这种比较与选择的方法突破了先验制度主义的固化思维，为正义思想提供了一个新的向度。通过对孔多塞悖论、阿罗不可能定理、帕累托自由悖论等与社会选择理论相关的诸多问题的讨论，可以促进现实社会中人们对民主选举、权利与自由、理性与自由等问题的思考，这种思考涉及正义的要求、内容、依据、实现途径等诸多方面。对社会实践中所出现的问题进行思考，才真正有助于我们对症下药地解决现实问题。从实际出发，通过广泛倾听来自不同群体的声音，通过公共讨论、理智的思考和批判性的审思，在诸多备选方案之中做出理性的决策，正是社会选择理论之于森遵循现实比较主义路径构建正义论的重要意义。

第 5 章　全球正义与贫困

可行能力的视角要求以开放的中立性作为正义研究的客观性要求，评价公正问题需要全人类共同参与，正义的实现也需要突破地域性的概念，覆盖全人类。然而，全球正义如何可能？森的解答是，人们按照不同的标准做出判断和选择，以社会选择理论为指导，通过公共讨论、理智的思考和批判性的审思，对不同个体的不同考量之相对重要性进行排序，最终在诸多备选方案之中做出理性的集体决策。

5.1　全球正义的实现路径：公共理性

根据社会选择理论，人们需要通过公共讨论的程序，将不同个体的选择汇总、比较，形成集体判断。森认为，以公共参与、公共讨论为核心的民主是一种价值观，其实质是通过公共讨论，在差异与多元的基础上寻找共有观念，达至全球范围的公共理性。这种价值观丰富了人们的生活，不仅是人类社会的政治激励机制，还具有防止出现经济和社会性灾难的优越性。在森的正义理论中，达成以公共理性为核心的民主是实现全球正义的途径。

5.1.1　公共理性与政治激励机制

民主的理念源于两千多年前的古希腊，经由 1215 年英国《自由大宪章》的签订、18 世纪的法国大革命和美国独立战争等重大历史事件，现代民主制度逐步确立起来，到了 20 世纪，民主的理念被确立为一种常规的政府形式。“如果要在 20 世纪里发生的诸多进步当中选择一项最重要的，那么，我会毫无困难地指出，那就是民主的兴盛。”（Sen，1999b：3）人们往往把民主理解成投票和选举的一种组织形式，如亨廷顿所概括的：“选举，公开、自由和公平的选举是民主的本质，是不可或缺的部分。”（Huntington，1991：9）然而在森看来，民主并不仅仅是“一人一票”的选举方式，甚至不能够简单地将民主概括为一项具体的社会制度。森认为，我们应该从公共理性的视角来看待民主。投票和选举的程序只是公共理性运行方式的一部分，言论自由、异议自由、信息自由、媒体独立、获得信息的公正性与真实性等因素都与投票和选举一同构成公共理性运行的基础。“对于民主更广泛理解的核心问题是政治参与、对话和公众互动。”(Sen,2009：326)森认为,民主这种参与式的生活方式是历史上已知的最古老、最持久、最永恒的趋势,通过这种生活方式,人们可以达成公共理性。

森认为,民主与正义的理念密切相关。首先,“政治自由是人类一般自由的组成部分”(Sen,1999b：10),这里森强调的是政治和社会参与在人类生活和个人福利里具有内在价值。其次,“民主具有一种重要的工具性价值”(Sen,1999b：10),它能促使执政者倾听民众表达出来的政治、经济等方面的要求。最后,“民主的实践给公民们以互相学习的机会,从而有助于社会形成其价值观和优先次序”(Sen,1999b：10),森的正义理论的主要特点之一是重视公共讨论。人们在交换不同的信息、观点和判断中达成公共理性,这是森正义理论中消除非正义的核心方法,从公共理性的视角看,民主与正义息息相关。

除了与社会选择相关,森的研究表明,民主还可以避免饥荒的发生。饥荒(famine)意味着饥饿(starvation),反之则不然。世界上饥饿现象经常发生,但是,一般性饥饿现象有别于饥荒的爆发。“从广义上说,饥饿是指人们没有充足的食物,而饥荒则是指由饥饿所造成的大量死亡的恶性现象。”(Sen,1981：40)人们普遍把饥荒分为自然的和人为的两种。森认为,将饥荒的起因截然两分的观念有些不切实际。“指责自然界可能给人以慰藉和舒适。这对那些处于权力和责任位置上的人来说,尤其有着很大的用处。”(Drèze & Sen,1989：47)森强调,饥荒对人们的影响有赖于社会是如何被组织在一起的。“饥荒,从其真正的特性上说,是一种社会现象(它涉及大量人群没有能力在他们所生活的社会中确立对食物的支配),但影响这些事件的力量可能除了社会进程外,又包含自然特征的发展(如气候)。”(Drèze & Sen,1989：46)即使大自然是饥荒的主要推动者,压倒一切的重要观点也是:“现代世界的所有饥荒都可通过人的行为来加以预防。”(Drèze & Sen,1989：47)森的研究表明,大多数死于饥荒的人并非由于饥饿,而是由于饥荒引发的传染病。当水灾或者旱灾导致农业生产下降、粮食短缺时,有哪些社会措施来提供公共食物分配、公共就业及公共医疗以保护弱势群体,减少大自然的灾害给相关人员带来的恶性影响?这些社会应对措施对自然灾害是否将引发一场饥荒,具有至关重要的作用。森在诸多著作中强调,民主可以避免饥荒。“回顾世界上可怕的饥荒史,在任何一个独立、民主、拥有相对新闻自由的国家里，从来没有发生过重大的饥荒。”(Sen，1999b：7-8)原因在于，一个民主政府必须面对选举，面对媒体的批评，这种机制会让政府在灾害降临时积极努力地采取措施避免饥荒。反之，如果没有选举，没有公共批评的舆论自由，执政者就有多种途径逃避因未能防止饥荒而承担的政治后果。森认为，类似于经济市场的经济激励机制，民主所保证的是政治激励机制。“如果一个国家诸事顺利，一切都走上了正轨，人们或许不会特别注意到民主的这种工具性作用。但当形势因种种原因变坏时，民主政治所提供的政治激励机制就显现出巨大的现实意义。”(Sen，1999b：8-9)

5.1.2 新闻媒体的作用

民主这种有助于防止出现经济和社会性灾难的政治激励机制离不开健全、自由和独立的媒体。“我要强调，出版自由和活跃的政治反对派是受饥荒威胁的国家所能拥有的最好的早期警告系统。”(Sen，1999a：181)森指出，媒体在推进公共理性方面至少有五个层面的重要性。第一，言论自由与我们的生活质量有直接相关性，它会直接作用于我们相互沟通、相互理解的可行能力。第二，“在传播知识和允许批判性的审思上，新闻发挥了重要的信息作用”(Sen，2009：336)。这种信息作用是指新闻不仅可以让人们及时了解哪里发生了什么事情，可以传播知识，深度的调查性新闻还可以挖掘出一些不为人知的东西，有助于人们对事物的审慎思考和反思明辨。第三，媒体自由有利于被忽视者和弱势群体发出自己的声音。面对媒体的公开监督与批评，执政者不至于远离社会贫困群体，这有助于社会公平及稳定。第四，开明价值观的形成需要开放的交流和辩论。例如，要解决森提出的帕累托自由悖论，使自由和自主权利与少数服从多数的原则相一致，就需要相互包容的偏好与选择。森认为，更加合理的或者全新的标准会在公共语境中通过公开讨论浮现出来。第五，运行良好的媒体有助于社会非正义的消除。人们对正义的评价不是一项孤立的工作，而是一个互动的过程，自由而有活力的媒体能显著推动这一互动，为有关正义问题的公共讨论提供“工具”。建设性地运用媒体，可以在消除腐败、贫困、性别歧视等社会非正义方面起到关键性作用。

5.1.3 李光耀命题

以达到公共理性为核心的民主是不是一种普适的价值？森认为，首先，需要明确普适的世界观意味着什么。“我认为，如果某些理念具有普适性意义，那并不需要所有的人一致赞同，所谓的价值的普适性，其实就是指任何地方的人都有理由视之为有价值的理念。"（Sen，1999b：12）说民主具有普适性，并不意味着人人都得对民主的价值观表示赞同。如果依照人人都对某事物表示赞同来定义普适性，那么世界上恐怕就没有什么价值是普适性的了。譬如，当甘地呼吁"非暴力"理念时，当泰戈尔提出"思想自由"是普适价值时，他们并不认为世界各地的人们都接受了他们的观念或者已按此理念行事，而是相信，人们有充分的理由承认他们主张的理念是有价值的，人人都有足够的理由去接受这一理念。泰戈尔终其一生都在为探求和传播这样的理由而努力，这极大地影响了森。森认为，以达到公共理性为核心的民主和思想自由一样，是全世界的人们都有理由视为有价值的理念。

1992年，美国记者内森·加德尔斯（Nathan Gardels）采访时任新加坡总理李光耀，李光耀在谈到经济发展与自由民主哪个更重要时，明确表明经济发展最重要，牺牲西方式的自由民主也要保证最基本的物质需求。他认为这是东西文化的不同所必然要求的："作为新加坡总理，我的首要任务是让我的国家摆脱贫困、无知与疾病的泥潭。既然是可怕的贫困让人的生命变得如此低贱，那么与贫困相比其他的事情都是第二位的了。"（Gardels，1992）李光耀认为，自由主义的价值观是西方文化的传统，东方文化则是以中国儒家文化为代表的价值观。在森看来，李光耀的命题是不正确的。首先，自由主义的价值观并不仅仅是西方文化的传统；其次，中国儒家文化并不排斥自由。

森反对李光耀命题的第一点理由与文化和文明理论有关。有人认为，民主是西方自由主义的价值观，当代民主的制度结构主要是过去几个世纪欧美经验的产物，与世界上其他国家或者社会的价值观不相协调。森认为，民主并不是起源于西方的价值观。支撑这一论点的理由是，自由主义的价值观有诸多组成部分，在特定的西方经典著作中，我们确实可以找到对构成现代自由主义观念的某些组成部分的支持，但是对这些组成部分的支持并不是自由主义的完整形态。例如，亚里士多德论证了个人自由的价值，但是他把妇女和奴隶排除在外——在自由的平等享有方面，亚里士多德几乎没有说什么。因为在古希腊，人们普遍认为自由仅仅是非奴隶的人们应当追求的价值。这与早期西方著作中对宽容有很多论证，但是对宽容的平等应用的论证寥寥无几的现象是一样的。说自由主义价值观是西方文化的传统，只是因为在西方传统中有对今天我们所说的"自由主义"之建构性要素的记载。在亚洲的许多古老的著作中，我们一样可以看到有关自由的类似建构性要素的记载。森指出，“佛教传统极其重视自由，与佛教思想有关的一部分印度更早期的理论，就给了自由选择以充裕的空间”（Sen，1999a：234）。

除此之外，森认为中国的儒家文化并不排斥自由，在《民主价值观的普适性》一文中，他列举了孔子思想中所显示的诸多倾向自由的观点。例如，子路问事君。子曰：“勿欺也，而犯之。”（《论语·宪问》），森认为，这说明孔子没有提倡盲目地服从君主。又例如，“邦有道，危言危行。邦无道，危行言孙。”（《论语·宪问》）在森看来，这句话表明了孔子虽然不反对谨慎小心或策略行为，但是他没有放弃教导人们不能够与不好的政府同流合污（Sen，1999b：14-15）。很多人认为，亚洲价值观倡导把国家的作用视为家庭作用的延伸，但森指出，孔子的“父为子隐，子为父隐，直在其中矣”揭示了两者之间可能会存在的冲突。总之，森认为，以孔子为代表的儒家文化并不排斥自由。李光耀的观点是缺乏学术论据支撑的，“我想，既然提出所谓的亚洲价值的那些人并不是学者，而是些政治领导者，他们经常扮演着权威政府的官方或非官方发言人的角色，所以我不应该对这种缺乏学术论据的观点过于苛求”（Sen，1999b：15）。

民主在贫穷国家的有效性不应该遭到质疑，因为经济需要的紧迫性加强了政治自由的迫切性。森从发展的内涵和对民主的诠释两个层面论证自己的观点。从亚当·斯密、卡尔·马克思、约翰·穆勒到阿马蒂亚·森，都强调扩展自由是经济和社会发展的一个重要的动因，也是重要参照标准。首先，森提倡用可行能力的视角，以自由看待发展。国民生产总值的增长以及其他硬性经济指标的提升是发展的重要指标，但是仅以此来看待发展是不够的，教育、医疗、卫生保健等公共服务是衡量发展不可或缺的参考要素。在森看来，发展与人们的实际生活状况以及人们的可行能力密不可分，民主权利是发展的“建构性组成部分”，它本不需要通过其对经济增长的贡献来确定它与发展之间的联系。认为不民主的体制可以更加有效地促进发展，这种观点没有实证依据做支撑[①]，其只是根据高度选择性的零星信息归纳出来的论点，论据是十分有限的。即便把发展狭隘地视为以国民生产总值的增长为标志的经济发展，要证明民主影响经济发展速度，也需要经过以现

① 这种观点其实基于一些选择性的跨国比较，往往是以东亚经济的快速增长与一些民主国家（例如印度等）国民生产总值的温和增长作比较。但是森认为，“更有价值的（至少要比基于一小部分国家之间的选择性比较而得出重要结论的普遍做法要有价值）全面的跨国比较，并没有为民主不利于经济增长这种认识提供任何经验性的支持”（Sen，2009：348）。

有的大范围数据为基础的一般性统计检验。“虽然不同的经验性研究所关心的重点不一样，但目前学者们已经就一份对经济发展有益的政策清单形成了广泛共识。在这个政策清单上有开放竞争、利用国际市场、由公共部门对投资和出口提供激励、高识字率和中小学入学率、成功的土地改革以及其他促进广泛参与经济扩张活动的社会条件等。”(Sen，1999b：7)清单上罗列出来的促进经济发展的政策并没有和民主相悖的条目，所以森认为，民主有碍经济发展速度这一论断是没有说服力的。其次，认为穷人不关心民主的观点也是需要审慎辨明的。从民主可以避免饥荒这个维度来看，民主对穷人是有保护作用的。森指出，目前几乎没有证据能够证明，如果穷人有选择的话，他们宁可拒绝民主。民主并不是一种非得达到普遍富裕后才可享用的奢侈品，有经济需求的人民同样需要在政治上发出自己的声音。“一个集中注意实质自由的、关于正义和发展的视角，必定不可避免地聚焦于个人的主体地位及其判断；不能把人们仅仅看作发展过程所带来的利益的接受者。”(Sen，1999a：288)认为穷人不关心民主这种观点忽视了个人的主体地位及个人判断的重要性，只把人们看作发展带来的利益接受者，这种观点是非常片面且不合理的。在评价社会事务的利弊时，人们要通过公开的讨论才能达成共识，公民参与评价社会利弊及社会价值的讨论，是公民应有的可行能力的一部分。而在森看来民主就是通过公共讨论、公共参与而实现公共理性的一种方式，它是社会发展的内在组成部分。从这个视角看，森认为，民主在贫穷国家依然具有有效性，“民主的全球普适性就像慈悲的品德一样，是不应对之加以限制的”(Sen，1999b：4)。

5.1.4　实现全球正义的途径

1790 年，英国早期女权主义思想家玛丽·沃斯通克拉夫特曾以一封长信的形式对英美保守主义的奠基者、爱尔兰著名政治家、哲学家埃德蒙·伯克[①](Edmund Burke)提出批评。沃斯通克拉夫特对伯克的主要批判是，伯克在为美国非奴隶人民的自由辩护时，丝毫不提美国奴隶的权利问题，在该问题上伯克的论调大意是让奴隶制度永久存在下去、奴隶贸易永远都不应被废除。实际上，美国长时期接受了这个对全体人民自由具有破坏性的事实(延续奴隶制)，“即使亚伯拉罕·林肯总统最初也未要求给予奴隶政治和社会权利，哪怕是最低的，涉及生命、自由和劳动成果的权利，而这距沃斯通

① 他支持美国的独立战争，但是坚决反对法国大革命。

克拉夫特明确地指出美国在自由问题上的矛盾之处已经有70年之久”(Sen,2009：116)。直到英国废除奴隶制①以后30多年，美国奴隶制才得以废除。② 沃斯通克拉夫特的立场是，如果我们将人类的一部分群体划分出来，只保护他们的自由，却不顾及不属于这个群体的人们同样的利益，则是不公正的行为。1792年，沃斯通克拉夫特的《女权辩护——关于政治和道德问题的批评》出版，以同样的立场反对只顾及男性群体的权利和利益、解决男性的问题和困境，而置女性群体于不顾的社会现象。从沃斯通克拉夫特的著作中，森接收到并认同的思考方向是公正必须具有普适性。

21世纪以来，随着国际形势的一系列变化，学术界对普世伦理批评的声音逐渐强势，唐文明对这些批评进行了归纳："这些批评可以概括性地表达为如下具有非此即彼性质的观点：寻求普世伦理要么无法摆脱文化霸权的伦理指责，是以理论的方式和普遍性的名义为某种强势文化强力推行自身的生活方式而张目；要么就是在建构一个在理论上或许可以满足普遍性诉求但在现实中只能流于空想的乌托邦。"(万俊人,2009：序1)第一种批评观点所关注的焦点是霸权国家打着普世价值的旗号令世界上处于弱势的国家或民族遭受不公正的待遇。美国打着给伊拉克送去民主的旗号大肆发动战争，就是打着普世价值的旗号、实际上推行文化霸权的行为的现实注解。第二种批评普世伦理的焦点在于现实可能性，"文明的冲突"等观点也许是支撑这个论点的理由。对普世伦理的批评映射了对全球正义的批评，森回应了这两种批评。他主张正义的普世性，正义的实现需要突破地域性的概念，在全球范围内实现正义。

首先，森承认，全球化相关的问题确实与征服、殖民统治以及被征服民族的耻辱感存在联系，但是森认为，"如果将全球化主要视为帝国主义的一项特征，却是一大谬误。全球化是一个远比帝国主义更宏伟壮丽的过程"(Sen,2006d：130)。回顾历史，如果古时的欧洲各国抵制来自中国、伊朗及阿拉伯世界的数学和科学技术方面的全球化，那么时至今日，欧洲各国在经济、文化和科学技术方面的成就会贫乏很多。同理，今天如果把科学和技术的全球化视为西方的，以此为由进行抵制，明显是一项错误的决定。科学技术需要全球化，正义问题也需要全球化。当然，在实现全球正义的过程中会

---

① 1833年，英国颁布法律，宣布在大英帝国范围内废除奴隶制。

② 1861年，因为奴隶制的问题美国爆发南北战争。1862年，林肯总统发表《解放黑奴宣言》。1865年12月18日，《宪法第13条修正案》正式生效，奴隶制在美国被废除。

出现各种不公平现象，我们需要通过一种可以适当修改的全球规则，来解决现实中出现的各种问题，而不是因噎废食地放弃正义的全球化。

其次，森抵制对人类的渺小化以及对人类多元性的硬性单一化。塞缪尔·亨廷顿的著作《文明的冲突与世界秩序的重建》一书出版以后，文明的冲突这个主题在学术界影响很广。森认为，“文明的冲突”这一视角的困难首先在于，“早在冲突——或者没有冲突——之前，它就预设了一种单一的分类观”(Sen，2006d：10)。亨廷顿用一种唯一的方式将世界人民划分为不同的文明，将西方文明与伊斯兰文明、佛教文明、印度教文明等对立起来，在森看来，这种用想象出来的单一身份来为人类社会分类的方法过于简单化，严重误导了人们对世界人民以及他们之间多样化关系的理解。实际上，人们之间千差万别的关系不仅仅是不同文明之间的关系，国籍、职业、居所、语言、性别、爱好等分类标准都可以将人们归至不同的身份。对人类社会的单一分类不仅使“文明的冲突”具有概念上的困难，而且会挑战我们共享的人性[①]，甚至会使我们的世界处于一种一触即发的危险状况。[②] 森强调，“在这个多灾多难的世界上，实现和谐的主要希望在于我们身份的多重性”(Sen，2006d：16)。正是人们同时具有的相互交叉、相互重叠的身份，才有利于公共理性的达成，有利于实现和谐、和平。在森看来，亨廷顿的观点所反映出来的历史观也是有问题的。文明的冲突的视角“混杂着一种极其粗糙的世界史观”(Sen，2006d：11)，之所以这样说，是因为其视角所体现的历史观忽略了文明体内部的差异性(差不多所有的文化内部都具有价值体系方面的多样性)，同时，也忽略了不同文明之间相互作用的范围和影响。亨廷顿的观点将世界诸文明看得比现实更为同质、更为相互隔绝。森认为，跨文化的交流与鉴赏并不一定是冲突或者屈辱的，也许我们应该慎思，“我们生活于其中的这个世界是否真的正在见证一场文明大冲突，还是只是在经历某种别的更加普通的事情，只不过对于那些铁了心要追寻深刻和深奥的人来说，看起来像是文明的冲突而已”(Sen，2006d：44)。文化虽然都具有自己的独特性，但是在联系愈加紧密的人类社会中，我们有能力去理解、欣赏乃至学习别处的文明，碰撞未必是冲突，唯有碰撞才能交融，才能更好地促进整个人类文明的发展。此外，全世界的文明如同人类多元化的身份一样，存在交

---

① 森是指如果将人类丰富多彩的差别硬压缩进一种预设的单一分类之中，我们共享的人性就遭到了严重挑战。

② 该论点在森的著作《身份与暴力：命运的幻象》中有详尽论述。

叉和重叠。以民主为例，纳尔逊·曼德拉在他的自传《通向自由的远行》中，记载了少年的他对民主的观察："每个想要发言的人都发了言。这是最纯正的民主形式。发言者的身份也许存在着某种等级，但是无论酋长还是平民，武士还是医生，店主还是农夫，地主还是劳工，每个人的话都被认真地聆听。"(Mandela，1994：21)儿时的曼德拉在南非对民主的感知并不是来自西方文明的强加，而是来自他的家乡所真切发生的事情。由此可见，文明冲突的观点从概念到历史观，都是需要进一步思考和推敲的。

对普世伦理的第二种批评的焦点是其现实可行性。森认为，如果用先验制度主义的方法实现全球正义，理论上和实践上都行不通，这一点本书第3章已做了详细论证。如果用比较现实主义的方法，没有世界政府、没有建立起完美的制度，也并不影响在现实社会中推进正义，消除诸多非正义。当然，这种推进并不是要使这个社会达到完美正义，而是在承认人类多样性的基础上，通过身份认同、公共讨论，达到公共理性，减少现实中存在的非正义。森的观点是，全球正义是正义理论的必然要求，并且在理论和实践上都是可行的。

森强调，评价公正问题之所以需要"全人类的眼睛"的参与，首先是因为我们可能会认同其他地方的人们，而不只是我们自己所处的社群；其次是因为我们的选择及行为可能会影响远处或近处其他人的生活；再次是因为人们凭借各自的历史和地理视角所持的看法，可能会帮助我们克服自身的地域狭隘性(Sen，2009：130)。可行能力视角对开放的中立性的需求，使全球视角对于在当今世界评价正义问题、解决非正义问题变得非常必要。在这个维度上，森主张，正义的实现范围应该是全球的、全人类的，而民主正是实现全球正义的途径："如果不将民主简单地视为设立一些具体的制度(貌似一个民主化的全球政府或全球选举)，而是视为能有多大可能、在多大的范围内体现公共理性，那么推进——不是追求完美的——全球民主与全球公正将会极容易为人们所接受，由此也将有效地鼓舞和促进跨国范围的实际行动。"(Sen，2009：preface xiii)具体说来，通过民主实现全球正义，需要通过规章制度、公共媒体、全球性机构和公众参与等来落实。虽然过于关注制度方面的设计而忽略人们的实际生活是不可取的，但是正义的落实终究离不开规章制度的完善。例如，投票与选举制度。森认为，"投票在公共理性过程的表达和有效性方面有着非常重要的作用"(Sen，2009：326-327)。而选举制度又与监督制度、新闻制度等密切相连，各种彼此关联的制度共同推动和保障着正义的实现。在信息化时代，新闻媒体在推动全球正义的过程中有着至关重要的作用。森强调:“合理的价值形成是一个交互式过程，在使这种互动成为可能的过程中新闻起着主要的作用。新的标准和优先次序(如少生孩子以形成较小的家庭的标准或者对需要性别平等的更深刻的认识)通过公共语境浮现出来，而公开讨论又在不同的地区传播新的标准。”(Sen，2009：336)本书 5.2 节详述了媒体在推进公共理性方面具有的重要性，在推动全球正义方面，运行良好的媒体有着不可替代的作用。全球气候问题、安全问题、贫困问题等都关涉全人类，任何国家都不能置身事外。全球性机构(例如联合国及其相关机构)以及非政府组织、公民组织、人们非正式的交流与贸易等，都给予了跨界讨论、开放互融、解决全球问题、实现全球正义很大支持。从整个人类社会的角度看，要在具体问题上形成共识，就需要借助公众讨论。这里，公众的范围是全人类。在全球视野中推进和实现正义，需要全人类参与协商、对话与讨论，“即使我们最后出于某种原因将目光放在某一特殊群体的自由上，例如，一国的国民、一个社区的成员或一个家庭，也必须有某种导向，将这种有限的关注置于更宽广的、将每个人都考虑在内的框架之中”(Sen，2009：117)。开放的中立性要求正义的实现范围是全球性的，民主作为实现全球正义的途径，其实质是通过公共讨论，在差异与多元的基础上寻找共有观念，达至全球范围的公共理性。

民主的运用在促进全球正义的实现上有着广阔的空间。早期印度法理学中存在两种截然不同的公正观——正义(niti)和正理(nyaya)。二者的区别在于正义强调组织上和行为上的得体和正确，正理关注人们实际能过上的生活，会出现什么情况以及如何出现。森认为，将全球正义寄托在绝对完美的制度设计上，是不可能行得通的。人们的实际的行为模式和政治、社会性互动，决定了全球正义的实现可能性及实现程度，森主张，在追求正义的过程中应采用印度法理学中正理的思想主张。正是从正理(人们实际上能过上什么样的生活)的视角看，民主的运用在教育、医疗、儿童营养、就业、性别平等方面还有许多优化空间。同样从正理的角度，我们需要处理好多数原则与少数人的权利之间的关系。目前，人们普遍将民主视为多数人对少数人的统治，这种观点从古至今不乏支持者。从亚里士多德“政事裁决于多数人的意志，大多数人的意志就是正义”(亚里士多德，1981：312)，到卢梭“除去原始契约之外，投票的大多数是永远可以约束其他一切人的”(卢梭，2003：136)，再到托克维尔“民主政府的本质，就在于多数对政府的统治是绝对的，因为在民主制度下，谁也对抗不了多数”(托克维尔，1996：282)，都认为民主就是多数人的统治。森的观点是，民主既要关注多数原则，又要关注少数人的权利。[①] 多数原则只是民主运作的一种方式，我们不能把民主武断地理解为多数人的统治，正义的实现不能忽视少数人的权利。这种尊重多数原则与保障少数人的权利的冲突在森提出的"帕累托自由悖论"中有同样的展现，而解决的出路则是包容的价值观。"包容价值观的形成是民主体系顺利运行的核心"(Sen，2009：352)，让其他群体能够更好地理解、包容某个群体的问题或困境，积极而又充满活力的新闻媒体至关重要，通过媒体的作用，人们参与互动的政治过程及公开地交流意见有助于矛盾的有效化解。

总之，在追求全球正义的过程中，我们要关注人类实际生活，用印度法理学中正理的公正观指导我们的民主实践，在尊重多数原则的同时，以包容的价值观重视少数人的权利，通过公共讨论，在全球范围内实现公共理性。虽然实践中会有诸多困难，但是森认为，从公共理性的维度看待全球正义，在理论和实践上都是可行的：以达至公共理性为核心的民主，是通往全球正义之路。

5.2　消除社会非正义：以贫困问题为例

从可行能力作为正义的信息基础的优越性、先验制度主义与比较现实主义两种研究方法的比较、以开放的中立性作为正义的客观性要求的优势、理性与社会选择、民主与全球正义等几个方面，我们厘清了森研究正义问题的方法与思路。其实，森对正义的追问源于贫穷的穆斯林劳工卡迪尔·米安之死，从那天起，对贫困和死亡的疑问时常萦绕在他的心头。1943 年，孟加拉发生了大饥荒，10 岁的森目睹了街上倒毙的动物尸体和骨瘦如柴的人们寻找食物的惨况。"一种令人满意的正义理论应该包括什么？正义理论应该回答怎样的问题?"森对正义问题的探索，出发点是为了帮助那些经受深重苦难的人们摆脱受剥夺的绝望生活，减少社会中普遍存在的非正义。在诸多非正义现象中，森最关心的还是贫困问题。

---

① 森认为多数原则在分配问题上有可能照顾不到弱势群体的利益。例如，有一块蛋糕，甲、乙、丙三个人来分这块蛋糕，人们都想使自己分到的份额最大化。我们先以任意方式把蛋糕分给三个人，如果不考虑其他信息，只按照多数原则来做社会评价，那么取任意一个人(假定是甲)所得的蛋糕份额分给其他两人，除了甲之外的所有人都将满足于(偏好于)这种分配方案，因而这样做是一种(从多数原则的视角来看)值得肯定的社会改善，哪怕甲原本就是三个人当中最穷的一个(甲的穷富并不影响这种社会评价)。

5.2.1　判定贫困的方法

谈到贫困，人们往往从收入低的角度来看待这个问题。传统的判定贫困的主流方法是根据人们的收入划定贫困线，继而统计贫困线以下的人数，并算出低于贫困线的人口占总人口的比例，即贫困者人数比率(head-count ratio，以下简写为“H”)。这种测量贫困的方法一般包含两个步骤：甄别贫困者，然后汇总贫困人口并得出综合贫困指数。该方法的局限性在于，H 对人们的贫困程度完全不敏感，它并不关注贫困者的收入是略低于贫困线还是比贫困线低很多。如果以 H 审视贫困，人们往往会把消除贫困的焦点首先集中在那些收入略低于贫困线的人，而不是那些极度贫困者。

在传统的贫困测量方法中，还有一种方法是收入差值法。这种方法测量的是把所有贫困线以下的贫困者的收入提升至贫困线以上所需要的最少收入差值，然后用该收入差值除以贫困者的人数，得到人均差值，即收入差距比率(income-gap ratio，以下简写为“I”)。计算收入差距比率的方法不像测量贫困者人数比率的方法一样被广泛运用。二者各有优势，一个关注贫困人数，对贫困者的收入不敏感；一个关注把贫困人口的收入水平提高到贫困线以上需要多少收入差，对贫困人数不敏感。人们很自然地想到，把 H 和 I 两个指标结合起来互为补充，是否可以为衡量贫困提供充足的信息基础？森给出的答案是否定的，“因为不论是 H 还是 I 都不会注意到贫困者之间的收入分配状况”(Sen，1995：103)。例如，我们把一个非常贫困的人的收入转移到一个贫困程度相对较低但依然在贫困线以下的人那里，虽然在这种收入转移之后，之前比较穷的人现在变得更穷了，并且由于边际效用递减，极度贫困者的效用减少会大于贫困程度较低的人的效用增加，于是总的贫困程度增加了，但是 H 或 I 的数值不会显示出任何变化。因此，如果我们一定要在收入域里测量贫困，就需要与分配灵敏度结合考虑贫困的测度问题[①]。森认为，更加重要且更有意义的问题是：在收入域里评估贫困是不是恰当的？

5.2.2　绝对贫困与相对贫困

消除贫困是被广泛讨论的国际性问题。森认为，要理解普遍存在的贫

① 森假定，这个测量贫困人口之间的收入不平等的参数为 D，并用基尼系数 G 来表示 D，那么表示贫困 P 的函数就可以写为：$P=H[I+(1-I)G]$，这就是著名的“森的贫困指数”(Sen measure of poverty)。

困,除了收入之外,我们还需要关注社会所有权模式和人们的交换权利。"在市场经济中,一个人可以将自己所拥有的商品转换成另一组商品。这种转换可以通过贸易、生产或两者的结合来实现。在转换中,他能够获得的各种商品组合所构成的集合,可以称为这个人所拥有东西的'交换权利'(exchange entitlement)。"(Sen,1981：3)影响人们交换权利的要素有人们的就业机会、工资水平、人们所拥有的固定资产的价值、物价水平、税收征收标准、社会保障福利(如贫困救济津贴、养老金、失业救济金)等。当然,这些影响交换权利的因素在不同时代及不同社会中会不断变化,这涉及绝对贫困与相对贫困的问题。

用相对的方法看待贫困,至少可以细分为两种观点。第一种以彼得·汤森德(Peter Townsend)和加里·朗西曼为代表,他们持彻底的相对论的观点："对于需求的社会判定的任何严谨构想都必须消除'绝对'需求的观点。彻底的相对论适用于任何时间和任何地点。生活的需求不是固定的。它们必须随着社会及其相关产品的变化不断调整和扩大。不断增加的分层和不断发展的劳动划分,以及强大的新组织的成长创造并且重建了'需求'。对充分标准的修改当然不能只考虑价格的改变,因为那将忽略商品和消费服务的改变,以及放置在社会成员身上的新义务和新期望。"(Townsend,1979：17-18)汤森德和朗西曼从时代发展给人们带来不同生活需求的角度论证以彻底相对的方法看待贫困的必要性。森并不赞同这种彻底的相对论。首先,森指出用相对主义看待贫困,根据的是某个人或家庭得到的比相同社会的其他个人或家庭少,这种相对性不能与时代的发展或者说时间上的变化相混淆。人们生活需求的变化与相对贫困及绝对贫困无关,"甚至在绝对主义方法下,贫困线也会是关于某些变量的一个函数,而且不存在这些变量不会随着时间改变的先验理由"(Sen,1984：328)。其次,森指出,一个人得到的相对比其他人少和一个人由于落后其他人而得到的绝对比其他人少之间是有区别的。例如,一个人在其他人不知道的时候知道了一个美丽海滩的位置,于是他可以享受这个不拥挤的美丽海滩。这种绝对优势取决于他的相对位置——知道别人不知道的事。分清绝对与相对的优势或劣势是非常重要的,但是汤森德和朗西曼忽视了这种区别。

第二种相对贫困的观点体现在由菲吉亨(Fiegehen)、莱普斯利(Lansley)和史密斯(Smith)在1953年到1973年所做的有关英国的贫困与进步的研究报告中。他们认为,贫困程度和当下的标准相关,不能用绝对化的标准来决定贫困程度。在相对的意义上,社会上总有一部分人是在贫困线以下很低的位置,因而贫困是持续的。森对这种相对贫困观也持批判的态度。他指出,按照这种纯粹相对的观点,我们很难判断一个社会的脱贫计划进展得是否成功,因为贫困永远不可能被消除——这种观点指明脱贫计划永远不可能成功。并且,如果一个社会"繁荣普遍衰落而且许多人生活在困苦中——假设是由于严重的衰退或者萧条——没有必要表示为一种贫困的急剧增长,因为相对情形无需改动"(Sen,1984：329)。只用相对主义的观点看待贫困,如果整个社会经济出现大幅度衰退甚至出现饥荒,只要相对情形不变,则该社会的贫困指数就不变,这显然不是对贫困问题的全面判断。用纯粹相对主义的视角看待贫困,对贫困的定义、脱贫标准、社会发展的测量与评价来说,都是有局限性的。

森首先肯定相对贫困理论是有意义的,贫困的加总需要把不同人的贫困指数综合成为一个贫困总指标,"在'加总'中,某种相对贫困尺度是必要的"(Sen,1981：21),但是我们不能把相对贫困作为界定贫困的唯一基础,"终极意义上的贫困从本质上必须被视为一个绝对的概念"(Sen,1984：326),例如,在对贫困的界定中,只要有饥荒和饥饿的存在,无论相对的情形怎么样,都一定有贫困的存在。森认为,绝对贫困的内核是贫困概念中不可或缺的要素,如果没有绝对的考虑因素,将出现一些荒谬的定义贫困的方式。例如,在一个社会中,某个人拥有的财力可以使他一天买一辆凯迪拉克汽车,这个人却被划为穷人的范畴,因为其他人的财力可以一天买两辆凯迪拉克汽车——用纯粹相对的方式定义贫困,结果显然是荒谬的。

森的贫困观是贫困问题在可行能力的范围里是一个绝对概念,但是在商品或者特性的范围里,贫困会呈现出相对的形式(Sen,1984：335)。森以亚当·斯密在《国富论》中对必需品的讨论来佐证他的观点。斯密曾经提到,在18世纪的英国,社会习俗把皮鞋列为人们的必需品,无论贫穷富有,只要一个人想没有羞耻感地出现在公众面前,就必须拥有一双皮鞋。森指出,虽然在不同社会中,人们参加社会活动不感到羞耻所需要的条件不一样,但是"不感到羞耻"就是一个绝对的概念。亚当·斯密曾指出,"尽管希腊人和罗马人没有亚麻布,他们生活得……非常舒适","现在,在欧洲大多数地区,一个有地位的白班工人如果出现在公共场合而没有亚麻衬衫,他会感到羞耻"(Smith,1776：351-352)。会不会因缺少亚麻布而感到羞耻,在不同的社会条件下有不同的结果,但是感到羞耻在可行能力范畴里是一种绝对性剥夺。回到当下,在美国等发达国家,即使最贫困的群体,他们的年收入也高出于贫困国家里的中产阶级的年收入。但是贫困国家里的中产阶级可以体面地参加社会交往，而美国的贫困群体就不一定能够体面地参加社会交往。这是因为，在贫困的社会里，人们对食物、住所、有病可医等的基本需求通常占据突出位置，参与社会活动所需要的一般物品或者资源会很少。但是在一个富裕的社会，人们的基本需求一般来说已经被满足，参与社会活动的需求（在商品和资源的空间里面看）就会相对高很多。因此，在不同的社会里，人们体面地参加社会交往所需要的商品和资源是不同的。但是在可行能力方面，在贫困社会和富裕社会里无法体面地出现在公共场合的穷人们所遭受的剥夺却是一样的。无论在哪个社会，只要用可行能力的视角看待贫困，那么参加社会活动避免羞耻感就是一个绝对的要求。"相对剥夺，在这种情况下只是在商品空间或者资源空间的相对缺乏，导致了在可行能力范围里的绝对剥夺。"（Sen，1984：336）

如果用可行能力的方法看待贫困问题，那么汤森德和朗西曼所指的彻底的相对性就可以被解释为适用于资源和商品领域的贫困，贫困概念里的绝对因素（可行能力范围下的绝对贫困）与相对因素（商品和资源范围里的相对贫困）两者之间就不再是矛盾的。

5.2.3　贫困的实质

收入是与贫困直接相关的诱发性条件，低收入是一个人可行能力剥夺的重要原因之一。同时，贫困还与多种因素相关，诸如人们的健康问题、公共医疗的供给、家庭生活方式等。如果一定要在收入域里考察贫困，我们需要考虑到的是，受个人因素（如性别、身体健康状况、年龄等）和社会因素（如居住地、医疗保障、养老保障等）等诸多条件的影响，收入和人们真实的生活状况之间的转化会因人而异。因此，在收入域里，贫困并不是低于贫困线意义上的收入低（lowness），而是实现最基本的可行能力的收入不足（inadequacy）。收入是否充足到让人们摆脱贫困，会因个人特质和他所处的环境的不同而不同。前文我们已经论证过，以可行能力为视角看待生活水平，较之于效用法和财富法，更具有合宜性。同样的视角可以运用到贫困问题上。假设有两个穷人，A 的收入较高但是他有肾病，需要透析机帮助他维持正常的生活。减去医疗开销后，A 的收入水平低于 B，B 身体健康但是仅从收入的角度看（不看支出）他的收入略低于 A。如果从收入域评估贫困，B 比 A 的收入低，因而 B 更贫困。但是 A 实际的生活状况却没有 B 好，因为 A 的可行能力集受到了诸多限制。面对这种情况，我们可以说 B 比 A 更加贫困吗？事实上，从可行能力缺失的角度理解贫困，要比从某种特定物品(如收入)无法满足的角度好。

用可行能力方法看待贫困,注意的焦点是人们可行能力的剥夺,这种剥夺具有自身固有的重要性(不像人们的收入只具有工具性意义)。森指出,认识贫困问题首先要判断什么是可行能力的剥夺[①],以此来讨论应采取怎样的应对措施,然后再制定社会政策。也就是说,“对贫困的‘特征描述’优先于政策选择”(Sen,1995: 107)。从可行能力的角度,贫困应被界定为“达到某种最低可接受的目标水平的基本可行能力的缺失”(Sen,1995: 109),这种基本可行能力包括从基本的物质条件——接受教育、丰衣足食、居有定所、有病能医等——到更高的社会性需求的满足,例如体面地出现在公众场所、参与社会活动等。收入低下只是可行能力被剥夺的影响因素之一。

可行能力视角会让我们看到一个人获取收入的障碍,以及使用收入的障碍。森强调,在制定减少贫困的公共措施时,需要注意以下几点。

第一,诸多因素会影响收入和可行能力的关系。这些因素如下: (1)人们的年龄(例如婴幼儿和老年人相对于青壮年的特殊需要)、性别、社会角色(例如妇女在家庭中是否承担着约定俗成的家庭义务)、健康或有疾病等个体差异; (2)气候(例如居住在极地的人比居住在热带的人需要更多的衣物保暖)、空气质量、水质量(是否存在污染)、自然灾害(是否易发洪水或地震)等物理环境的多样性; (3)公共卫生、公共医疗、公共教育、公共安全、社区关系等社会条件的不同; (4)获得同样的功能性活动所需要的收入会因社区中约定俗成的行为模式的差异而发生变化,这种差异主要存在于不同国家和不同社会之间。

第二,获取收入的障碍与使用收入(将收入转化为功能性活动)的障碍之间,存在某种配对效应。生理(如年龄、残障等)或心理上的障碍会影响人们的赚钱能力,这些障碍也使人们将收入转化为可行能力的困难变得更大。“(就可行能力剥夺而言的)‘真实贫困’,在显著程度上可能比在收入空间表现出来的贫困更加严重。”(Sen,1999a: 88)这也是在贫困问题上,可行能力视角相对于收入视角的优势之一。

第三,要注意家庭内部的分配。如果要把家庭收入转化成个人收入,最简单的方法是用家庭的总收入除以该家庭总人数,然而家庭收入往往不成

---

① 森认为,文化差异的存在并不妨碍我们在什么是严重剥夺这样的问题上取得一致意见。我们关注某个一般的生活内容域时,很容易取得一致意见。而当我们只关注某一特定物品域,则很难达成一致。例如,不同的文化在避免饥荒问题上容易取得一致意见,但是在避免饥荒时应该提供哪种谷物或肉类更好这方面取得一致意见就不那么容易。

比例地分配给一些家庭成员(例如在重男轻女的家庭,男孩在家庭资源分配上往往占绝对优势)。森注意到,家庭内部的分配存在很大的随意性。例如,女性在家务上所花费的时间与精力往往被忽视,她们牺牲了相关自由、从事着"不被承认的劳动",却在家庭内部的分配中处于劣势。考察可行能力剥夺,比用家庭收入分析贫困问题更能够直观地揭示出女性在家庭内部的被剥夺情况。

第四,收入域里的相对剥夺会产生可行能力域的绝对剥夺。在发达国家,虽然相对贫困的群体的绝对收入按照世界标准是高的,但是他们在可行能力上与贫困国家里的贫困群体一样,处于非常不利的状态。在发达国家和贫困国家,物价水平和人们的消费水平存在很大差异。相同的商品在发达国家的价格(按照汇率换算之后)是要高于贫困国家的价格的,也就是说,在发达国家的人们要花更多的钱才能购买充足的商品以实现和贫困国家里的人们同样的功能性活动。因此,从可行能力的剥夺看待贫困,可以看到虽然发达国家的贫困群体收入相对较高——明显高于贫困国家的贫困群体,但是他们在可行能力领域受到的绝对剥夺是一样的,在基本物质条件和社会性需求的满足方面均有可行能力的严重缺失。

"可行能力视角对贫困所做的贡献是,通过把注意力从手段(而且是经常受到排他性注意的一种特定手段,即收入)转向人们有理由追求的目的,并相应地转向可以使这些目的得以实现的自由,加强了我们对贫困和剥夺的性质及原因的理解。"(Sen,1999a：90)以可行能力的剥夺看待贫困,具有广泛的信息基础——可行能力方法可以令人们看到除收入以外,其他影响贫困的因素,还可以注意到收入和可行能力转化之间的各种影响要素——同时,这种方法强调对贫困分析的信息焦点应该是可行能力(实质自由)而不是成就,这与自由和资源之间的差异密切相关。以可行能力的剥夺看待贫困,贫困不仅仅反映在人们已经实现的功能性活动中,还从人们享有的实质自由的剥夺中显示出来。前文列举的穷人因买不起食物而挨饿与富人因斋戒而挨饿的例子,充分说明在相同的功能性活动背后,如果人们享有的选择机会不同,人们的真实生活水平会有很大不同。贫困与人们的可选择的机会(实质自由)有着密切的联系,对于自由因素的考量应被予以实质性的关注。

以人们选择不同类型的生活的可行能力为导向看待贫困,可以帮助我们认识贫困群体真正的弱势之所在。在制定扶贫济困的应对措施时,从人们的实际生活和自由方面入手,通过增进人们的可行能力,可以实质性地帮助贫困者摆脱贫困。

5.2.4 贫困与社会支持

良好的公共服务能够对人们的生活产生非常重要的影响。森强调，通过增进人们的可行能力来摆脱贫困，需要政府参与提供社会基本服务和社会保障，例如，扩大就业、保障基础教育、提供医疗卫生服务、免疫接种等。教育和医疗在人们可行能力的形成和人们实质自由的扩展中起着核心作用，解决好贫困地区人们的教育和医疗问题，是减少剥夺、摆脱贫困的关键。

市场机制对效率的贡献是无可怀疑的，但是在信息不对称时，市场配置就会失灵。例如，对自己的疾病和所需要的治疗知之甚少的病人和充分了解该病症及治疗方案的医生之间就存在信息不对称的情况。此外，社会正义需要兼顾公平，例如，在分配问题上，市场机制的初次分配需要通过税收等方式调节并进行再分配，以减少贫富差距，促进分配平等。总之，摆脱贫困的公共活动不仅需要市场配置，还需要社会支持。森指出，解决贫困问题需要通过创造基本的社会机会来补充市场机制的力量。例如，社会保障系统可以保证失业者具有最低收入，基本医疗服务可以极大地改善贫困者的健康水平——“对于提升人们的福利，一个运行良好的公共卫生保健中心能够做的，比追逐利润的护理之家和私人医生多得多”(森，2015a：156)。对生活在贫困地区的人们的社会支持需要政府参与，也需要社会公益、社会慈善等机构的支持，“国家和社会在加强和保障人们的可行能力方面具有广泛重要的作用。这是一种支持性的作用，而不是提供制成品的作用”(Sen，1999a：53)。消除贫困，是要切实提升生活在贫困地区的人们的可行能力，这种可行能力可以让人们将资源转化为美好生活，并切实享有选择自己有理由珍惜的生活的自由。

不可否认，在其他条件不变的情况下，更高的收入将有助于人们具备更多的可行能力。但是收入只是一种手段，人们生活水平的提高和享有选择生活方式的自由还受到个人因素、社会条件，以及我们居住的环境等多种因素的影响。“从我当初写一些有关能力的相关性以及收入空间和能力空间的距离和分歧这些方面的文章开始，中国已经成为我用来说明一个国家可能会有低收入，但同时人们却可以获取许多相当高水平的基本能力的最重要的例子之一。”(森，2004：60)森十分关注中国的发展，他在中国与印度社会发展的比较研究方面做了大量工作。2002 年，森参加了北京大学“严复经济学纪念讲座”，发表了主题为“能力、贫困和不平等：我们所面临的挑战”的演讲。演讲中，森对中国在消除贫困方面所做出的成就予以了极大的肯定与诚恳的赞赏，“中国被认为是导致世界范围内贫困率下降的主要因素。在世界统计数据中，包括中国数据所得到的世界贫困趋势与不包括中国的趋势完全不同”(森，2004：51)。中国拥有庞大的农村人口，不同区域之间的发展水平存在较大差异，在这种情况下，中国在经济增长以及消除贫困方面取得的成就尤为令人振奋。森认为，中国在解决贫困问题上所取得的成就比世界上许多实际国民收入远高于中国的国家大得多，中国在消除贫困方面所取得的惊人的成就是因为中国在基础教育、扫盲、基本医疗保健和人均寿命等方面所给予的重视与投入。

“如果要我对当代中国的不平等和贫困问题的研究方向提出我的一个愿望的话，那么我将会建议研究者们更多地关注贫富差距和人们基本能力的丧失。”(森，2004：61)中国的贫困问题缓和下来，收入的不平等问题却凸显出来。与城市经济飞速发展相对应的是农村人均收入的缓慢增长，人均收入增长的城乡差别是导致中国以及世界基尼系数上升的重要原因。虽然贫困与不平等是不同的问题，但是可行能力贫困是与收入不平等紧密相连的，人们可行能力层面的绝对剥夺取决于收入层面的相对剥夺，因而，贫困与不平等又是两个密切关联、相互影响的问题。解决贫富差距，需要综合考虑教育公平、就业保障等问题，以创造社会机会补充市场机制的不足，同时，在政府或非政府组织参与提供公共服务的过程中，需要考虑防止腐败、问责机制、投诉处理机制等问题，以保证社会支持是持续而良性、公平而有效率的。

总之，森认为，中国消除贫困的成就受到了全世界的关注，中国的实践表明，国家和社会对人们可行能力(基础教育、公共医疗等方面)的支持，对于克服贫困和不平等都具有重要意义。

第6章　可行能力进路下的正义论之优势与局限

阿马蒂亚·森的正义观致力于减少现实生活中存在的明显的非正义，他对社会弱势群体给予了极高的关注，对人类发展投注了可贵的伦理关怀，被誉为“穷人的经济学家”。他的思想，尤其是其对公正、不平等、贫困和饥荒的研究，对当今现实社会产生了重大影响，比如，联合国的人类发展报告就是按照森的理论框架来设计的。

森认为，公正最终与人们的生活方式相关，而并非仅仅与周遭的制度有关。可行能力进路是从人们可以过上的实际生活和享受的自由的角度来理解公正的。森将正义的信息基础由福利、资源等实际状态扩展到可行能力，将正义的关注焦点从制度设计拉回到生活实际，这种进路有助于拓展正义研究的理论空间，也有助于人们重新审视制度建构与社会现实之间的关联，助益人类发展实践。

6.1　基于可行能力进路的正义论的优势

基于可行能力进路的正义论从人们的实际生活和享有的实质自由角度评价正义，具有广泛的信息基础。开放的中立性要求关于正义的公共理性应该超越一个国家、一个民族或者一个地区的界限，评价公正问题需要全人类共同参与，正义的实现需要覆盖全人类。社会选择理论是森用以比较各种社会选择的具体方法，它赋予了基于比较现实主义路径的正义论以生命力，这种比较与选择的方法突破了先验制度主义的固化思维和理论局限，为正义问题的研究提供了一个新的向度。

6.1.1　可行能力视角的优势

可行能力具有广泛的信息基础。可行能力关注的焦点既不限于一个人所占有的资源，又不限于一个人所获得的成就，它集中关注的是一个人实际能够做什么的机会(无论他是否会选择使用该机会)。森通过一个人可以选择的、有理由珍视的生活维度，来定义一个人的可行能力，把可行能力的关注焦点引向自由——可行能力反映了一个人在各种生活可能性之间的选择自由。可行能力的大小并不一定与资源的多少或一个人已经实现的成就大小呈正比关系，更不能在它们之间画等号。

可行能力与资源的区别，是目的与手段的区别。资源是手段式的事物，有相同资源的两个人，可能由于个体差异（例如身心健康条件）、物理环境（例如气候等环境条件）、社会条件（例如公共卫生、教育资源的配置）等方面的影响，他们实际上可以过上的生活可能完全不同。可行能力关注人们转化资源、运用资源的能力，关注个体在功能上的差异，关注人们选择的自由与选择的广度，与仅仅着眼于资源等“手段”式事物相比，可行能力的着眼点在人们实际能够过上怎样的生活，该视角包含更多的信息。

关于可行能力与成就的区别，可以从三个维度理解。第一，可行能力包含一个人“能够选择”的所有功能性活动组合的信息，而不仅仅着眼于人们“已经实现”的功能性活动。第二，两个具有相同可行能力的人可能会因为目标的不同，或者完成目标的策略的不同而有不同的成就。第三，两个在已经实现的功能性活动上完全一样的人，在可行能力上可能有明显的差别（例如为了减肥而不吃晚餐的富翁与没有钱买晚餐的穷人，他们都因未吃晚餐而短时间缺乏营养，但是二人的可行能力存在巨大差异），这种差别使我们认识到一个人真正的劣势所在。我们必须区分“做某事”与“自由地做某事”这两种情况，可行能力正是在这一区分上凸显了机会与选择的重要性。站在社会安排的角度，政策制定者应从机会和自由的角度而不是从资源的占有或事实成就的角度来看待个人对于社会的诉求。

人们过上有价值的生活的实质自由既包括人们享有怎样的机会，又涉及个人选择的过程，同时还关注人们最终实现的功能性活动，因而可行能力方法是包容性较强的一种评价标准。这种评价标准较之于功利主义、自由至上主义和以罗尔斯正义理论为代表的公平主义，具有无可比拟的优越性。功利主义以所有人的最大效用或最大福利作为评价标准，优点在于它着眼于社会机制的后果（福利），不足之处在于它忽略分配、权利、自由以及其他因素，且无法进行人际比较（例如无法处理“幸福的奴隶”与“不幸福的自由人”一类的问题）。自由至上主义以法治权利保证的受最少限制的个人自由为评价标准，优点是反对专制，促进法治，保护人权；不足之处在于只关注程序，不考虑后果，缺乏对很多重要因素的考量，从而影响评价的正确性。罗尔斯的正义理论的评价标准基于基本善的两个正义原则，其优点是从公平出发，通过规范性分析要求自由权优先，缺点是事先排除了影响全面价值评价的其他要素，将残疾人排除在制定正义原则的焦点群体之外，且忽视人际相异性。可行能力作为一种评价标准，共同考虑各种价值要素，通过公共讨论和民主的社会选择过程，给特定的价值要素以特定的权重，既能够顾及功利主义对福利的关注，又能满足自由至上主义对选择和行动自由的关切，还能保持以罗尔斯为代表的公平主义对个人自由权及对实质自由所需要的资源的集中注意。"这种方法所专注的信息，可以深刻地影响对于社会及社会制度的评价，而这正是可行能力方法的主要贡献。"(Sen，2009：233)可行能力作为一种评价方法，在适用范围的广度上和判断敏感度上都具有优越性，能够对很多重要因素给予评价性关注(诸多因素在别的方法中以各种方式被忽视了)。

以可行能力视角看待社会发展，比只关注国民生产总值更进步。森经常提及中国和印度的对比，他强调，"即便是有关重要的功能性活动的碎片化信息，也比非常精确的总量化国民生产总值能告诉我们更多的东西"(Sen，1987b：35)。有关平均寿命、识字率、婴儿和儿童时期避免死亡的能力、读写能力等基本可行能力的统计与比较，可以直观且清楚地告诉我们中国相对于印度在社会发展方面取得了什么成就。在社会贫困问题上，可行能力视角会让我们综合看待一个人获取收入的障碍和使用收入的障碍，在可行能力剥夺层面的贫困，往往比在收入空间里所表现出来的贫困现象更加严重。"可行能力视角对贫困所做的贡献是，通过把注意力从手段(而且是经常受到排他性注意的一种特定手段，即收入)转向人们有理由追求的目的，并相应地转向可以使这些目的得以实现的自由，加强了我们对贫困和剥夺的性质及原因的理解。"(Sen，1999a：90)以可行能力的剥夺看待贫困，可以令人们注意到收入和可行能力转化之间的各种影响要素，人们享有的实质自由的剥夺可以帮助我们认识到贫困群体真正的弱势所在。在制定消除贫困的政策措施时，可行能力进路指导我们从人们的生活和享有的实质自由方面入手，通过增进人们的可行能力，更加实质性地帮助生活在贫困地区的人们摆脱贫困。

要提升人们的可行能力，一方面要重视教育的重要性，另一方面要注重社会安排给人们创造的外在生活环境的重要性。森认为，教育在社会发展进步过程中的作用体现在诸多方面，例如，人们的读写能力和计算能力对人们的生活质量有着直接影响，人们面临的经济机会和就业前景很大程度上取决于受教育程度和专业技能的高低，不识字会蒙蔽人们的政治话语权，由此导致人们的政治权利得不到保障，教育在解决人们的健康问题尤其是公共卫生问题上发挥着重要作用，教育的发展是推动人权变革的原动力，教育影响人们对其享有的合法权利的理解和运用，年轻女性受教育能够显著提升其在家庭决策中的力量和话语权，教育对减少与阶级和种姓划分有关的不平等的贡献甚大，上学的过程本身就能够显著提升年轻人的生活质量，等等(森，德雷兹，2015a：90-92)。教育在提升个人的可行能力、维护个人权利、实现社会公平正义等方面有着极大推动作用，在社会发展中，可行能力进路将教育放在不可替代的核心地位，这是消除社会非正义、逐步实现社会正义的基础。与此同时，森强调，可行能力并不仅仅是主动性的，他人的选择、公众的行动、公共政策的影响都会使人们的可行能力得到增强或削弱。因此，良好的社会安排——制度设计、公共医疗、社会保障、公共教育等——对个人可行能力的大小有着直接影响。国家和社会在加强与保障人们的可行能力方面扮演着支持性的角色，正义的社会需要能力政府，需要优良的制度安排，需要教育和医疗等公共服务的支撑，以给人们实质自由的扩展提供良好的外在环境。一方面注重人们可行能力的培育，另一方面为人们提供良好的环境，使人们的才能得到发挥，这是可行能力进路对良好社会的要求。

6.1.2 开放的中立性的优势

按照先验制度主义的进路，人们做出公正判断的程序是封闭的，在做出判断的过程中根本不考虑任何焦点团体之外的观点。如果一种公正理论只用于解决一部分人的问题和困境，而置其他人于不顾，这种理论本身是否就是一种不公正的理论？森认为，关于正义的公共理性应该超越一个国家、一个民族或者一个地区的界限，评价公正问题需要全人类共同参与。

基于可行能力的正义论以开放的中立性为客观性要求。“开放的中立性”是指中立的评价包括来自所关注群体之外的人们的判断。这一观点受亚当·斯密“中立的旁观者”的影响，森认为，斯密所讲的他人观点的“启发作用”非常重要，在涉及与公正相关的考量与评价时，以“他人的眼睛”从“旁观者”的视角看问题，有助于人们通过借鉴旁观者的思想观念实现自我纠偏，有助于人们之间的相互宽容，避免分裂性或暴力冲突，有助于实现更大范围内的正义，乃至全球正义。

开放的中立性有助于人们克服位置因素给我们的认知和评价带来的禁锢。位置特征对于人们的观察、信念、判断和决策等都具有参数相关性。我们的行动受动机支配，我们的动机和信念相关，我们的信念受制于我们所观察到的内容，而我们所观察到的内容，取决于我们所处的位置。森说的“位置”参数并不限于与空间位置相关的场所，它还包括影响观察的条件和在参数上适用于不同人的条件。例如，一个人通晓或不通晓某一门语言、理解或不理解一些具体的概念等。在有关社会正义问题的研究中，超越位置给我们带来的局限是十分重要的。因为位置因素必然会对人们的认识产生影响，位置带来的幻觉会使处于该位置的群体面临共有偏见而不自知的困境，这必将成为人们追求正义过程中的障碍。克服位置因素给我们带来的障碍，需要拓宽评价的信息基础，倾听远处的声音，站在不同的位置来审视我们的判断，采取开放的中立性来看待问题，以令我们对某种特定的观察结论有更广泛的理解。

开放的中立性有助于人类社会和谐发展。人类身份的多元性与日益紧密的全球联系使我们具有认同其他文化群体的能力，我们的选择及行为可能会影响近处或远处其他人的生活，开放的中立性有利于避免冲突、实现人类共生共存。正如森所言，“在这个多灾多难的世界上实现和谐的主要希望在于我们身份的多重性”(Sen，2006d：16)。开放的中立性建立在肯定人类身份的多元性的基础上。文化都具有自己的独特性，虽然人们凭借各自的历史文化和地理视角所持的观点各异，但是在联系愈加紧密的人类社会中，人们通过公共对话，可以理解、欣赏乃至学习他人的观点，运用推理和理性评价消除来自不同群体的意见集合的不准确性，达成公共理性。不同观点的碰撞未必是冲突，唯有碰撞才有可能交融，才能更好地促进整个人类文明的和谐发展。

开放的中立性有助于实现全球正义。公正涉及“关系”，把依据单一界定标准而划定的一个群体封闭起来进行正义原则相关问题的讨论，切断了人与人之间的多层面关系，并且对于焦点群体之外的人而言是不公平的。“旁观者”的意见有助于突破局部有限的藩篱，避免特定的道德评价与政治评判的局限性。“出于避免偏见且公平对待他人的缘故，需要考虑到其他人的利益；出于避免未经充分审思的地方性价值观和认识的地域狭隘性的缘故，需要纳入其他人的视角来拓宽我们自己对于相关原则的认识。”(Sen，2009：402)开放的中立性使全球视角对于在当今世界评价正义问题、解决非正义问题变得十分必要。具体说来，实现全球正义，需要通过公共理性来落实，而媒体在推进公共理性方面具有不可替代的重要性。媒体是人们相互沟通、相互理解的媒介，在传播知识和促进人类批判性反思、帮助弱势群体发声、监督执政者避免腐败、寻求更加合理的或者全新的标准上，媒体都起着至关重要的作用。总之，以开放的中立性作为客观性要求的正义理论要求全人类共同参与评价公正问题，正义的实现也要覆盖全球和全人类。新闻媒体作为人类相互了解、沟通的媒介工具，是促进公共讨论、消除社会非正义的催化剂。

6.1.3 社会选择理论的优势

在森看来，对社会正义问题的研究不能闭门造车，先验主义一以贯之的问题——“什么是一个正义的社会”并不是一个正义理论的良好开头，也不是一个有用的正义理论的好的结尾。因为类似于思维训练的先验制度主义路径对正义的研究根本不具有实践性。我们深切关注的并不是这个世界上缺乏绝对的公正，而是我们周围切实存在着的、影响我们实际生活并且明显可以被纠正的不公正，我们对公正问题的研究应该致力于探索如何减少这些现实存在的明显的不公正。森的正义论遵循比较现实主义的研究路径，以一种面向实践的方式展开对正义问题的研究，社会选择理论是该研究路径的方法论，是该正义理论的践行依据。

社会选择理论解决了在不同社会成员的不同兴趣和偏好基础上系统性地实现社会决策的问题。公开讨论是社会选择理论的要求，也是森的公正观所倡导的核心方法。公开讨论有助于人们对各种与公正相关的观点进行批判性考察，有益于人们的审思和判断，有利于公共理性的达成。社会选择理论倡导反思，这种理论本身向我们揭示了看上去似乎是合理的有关社会决策的一般原则，最后可能会发生冲突。

社会选择理论强调精准的关联与推理。在进行正义相关问题的讨论时，公共选择理论要求我们对各种观点做出清晰表述：厘清关联、详细推导、充分辩护、清晰呈现优先次序。当然，很多重要且复杂的问题难以公理化。在多大程度上可以对这些复杂问题进行更一般的讨论？社会选择理论在这种设定中可以发挥重要的澄清作用。

社会选择理论对多元性给予了极大的肯定。理性被视为一种合理审察的方法，人们可以根据多种理由、按照不同的标准做出判断和选择，如果要舍弃其中某种理由的话，也是由选择者本人通过审察来完成，而不是根据某种外在于选择者的标准来判定。社会选择理论尊重观点多元化，拒绝狭隘和单一的观念，对个人选择给予最大的尊重。当然，多元性的观点经过公开讨论并不一定会产生一致的结论，社会选择理论指导我们对不同考量的相对重要性进行排序，再依照这种优先次序做出评价。

森将社会选择理论引入对自由的研究，使自由可以用严格的公理进行表述。森强调自由的含义复杂而庞博，作为一位严谨的学者，他致力于通过社会选择理论的严密逻辑，论证有关自由的一些基本无法证否的判断。例如，自由与偏好的相关性、最低限度的自由的定义等。自由与偏好相关，是因为自由与选择的机会相关，而人们的选择与个人偏好相关，由此，森打开了用社会选择理论研究自由的大门。森还提出并论证了一种社会理性的标准与自由原则之间存在的悖论关系，即帕累托自由悖论。该定理展现了尊重所有人对于其他选择的一致偏好与哪怕是坚持个人生活中最小限度的自由之间的矛盾。自森提出该悖论后，这一问题就成为当代政治哲学中的一个经典课题，因为它涉及个人自由的含义及范围、相互同意的限度、个人权利和群体权利的冲突等人类生活中的重要问题。时至今日，帕累托自由悖论已然成为社会选择理论和政治哲学中一个经久不衰的研究主题。

森的社会选择理论主张将人们的权利和自由纳入社会评价及社会决策机制当中，这是理性的要求。将权利和自由纳入社会选择理论，就必须将程序考虑加入结果分析。对程序正当性的关怀与对结果良性的关注结合起来，有益于人们更加恰当地描述事态，进而做出更为合理的评估和决策。

总之，社会选择理论赋予基于比较现实主义路径的正义论以更强的生命力。这种比较与选择的方法突破了先验制度主义的固化思维，为正义问题的研究提供了一个新的向度。与社会选择理论相关的诸多问题的讨论，促进了人们对民主选举、权利与自由、理性、人际比较等问题的再思考，这种思考涉及正义的要求、内容、依据、实现途径等诸多方面。从实际出发，通过倾听来自不同群体的声音，通过公共讨论、理智的思考和批判性的审思，将个体的不同偏好、利益或判断汇总成社会的偏好、利益或判断，是社会选择理论指导人们实践正义理论的方法。

6.2　基于可行能力进路的正义论的局限

基于可行能力进路的正义论致力于推进世界上的正义、消除不可容忍的非正义，这是一种在不断发展中的理论，它具有诸多优势，也有许多需要克服的困难，例如可行能力的测量与评价是非常不易的工作。森并不认为可行能力涵盖了评价正义问题的所有重要因素，“例如，我们可能认为不仅自由和成就重要，规则和程序也很重要”(Sen，1999a：77)。可行能力在过程平等与程序正义方面需要其他方法予以补充。运用可行能力测评社会正义问题时，客观性与主观性的平衡也是需要在实践中不断深化研究和完善的课题。

6.2.1 对过程公平的指导力较弱

以可行能力为信息基础的正义论注重对人们已经实现的功能性活动的测评以及人们在不同的功能性活动之间选择的机会的测评。然而，该正义理论对过程与程序方面的约束力较小。“可行能力的理念虽然在测评自由的机会层面具有可观的优势，但是这种方法不能完全处理自由的过程层面，由于可行能力是个人优势的测度标尺，因而它在过程平等(公平)层面缺乏对人们的充足的指导。”(Sen，2005：155-156)森列举的男女平均寿命与医疗资源分配的例子，可以很好地诠释这个结论。据统计，在相同条件下，女性比男性的寿命要长，但是，当一位男性和一位女性患有同一种疾病需要救治时，我们如果只考虑可行能力的平等，为了弥补男性在某种天生的可行能力(寿命长短)方面的弱势而给予男性更多的医疗资源与医疗关怀，这显然违背了过程公平的要求。在上述情况下，森认为，对自由的过程公平的需求会比对自由的机会层面——尤其是可行能力平等——的需求更值得关注。

社会管理群体执行公务的过程对消除社会非正义而言意义重大。森提倡将资源平等、机会均等改为更具实质性的可行能力平等。可行能力实现的障碍不仅包括物质匮乏、机会不公，还包括分配不公、社会歧视、制度压迫等。在实际运作中如何展示并保持可行能力的优势，确保运作过程中始终保持其公平正义性？任何社会运作都需要管理者群体来实施，公共政治权力的正当行使需要公共管理者阶层的政治伦理来为他们的行为做保障。森在指出罗尔斯的机会平等所存在的问题时强调，罗尔斯观点的实质其实是，只要通过机会平等基础上的公平竞争(每个人都有相同的受教育机会和竞争机会)，就不会有不公平或者不正义。然而，如果在机会平等、能者上任的制度下，能者统治并没有带来高效，甚至导致社会中的弱势群体受到不平等的对待，那么，罗尔斯基于基本善所设置的社会安排就不具有合理性。其实，可行能力平等同样存在这样的问题：如果社会管理阶层在执政过程中因对应型非理性或反思型非理性等原因，没有恰当发挥其作用，甚至滥用职权，导致社会不正义现象愈演愈烈，那么森基于可行能力而设置的社会安排也会丧失其合理性。人类是有限的存在，社会不公正现象和人类的错误行为总是或多或少存在于我们的社会现实中，这就使得如何确保社会管理者合法、正当地使用公共权力变成一个与社会正义相关的极其重要的问题。森在思考如何评价社会正义问题、减少社会非正义现象的时候，对人们的生活状况及实质自由有深切的关注，但是在社会公共权力的合法运作方面，留有较多尚待拓展和充实的空间。

6.2.2　测量与评价的难度

伍尔夫·盖德尔(Wulf Gaertner)在对森的《可行能力与福祉》一文的评价中，提出可行能力的可测性问题："像预期寿命、婴儿死亡率，或成年人的识字率这样的基本功能性活动是相对容易测量的，甚至可以根据一个基数尺度来测量。但是诸如获得自尊、参与社会和政治活动、在工作中感到快乐这样复杂的功能性活动应该如何测量呢?"(Gaertner，1993：63)笔者认为，盖德尔所提出的问题正是基于可行能力的正义论所面临的难题。当我们评价社会正义问题时，人们的可行能力是否遭受剥夺、被剥夺的程度如何，都是我们要考察的对象。在联合国发展计划署依据可行能力进路拟定全球人类生活质量的测评指标时，被集中关注的是基础教育、基础医疗、就业率等人类基本可行能力，这些内容相对容易测评。然而，人们的可行能力不仅包括有充足的营养，有健康的体魄，还包括生活幸福，有自尊地生活，体面地参与社区活动，等等。各种更加高级、更加综合的功能性活动向量的集合应该如何测量?

森曾提出，当我们测度可行能力的时候，有三种资料来源：市场所获得的资料、调查问卷的统计、对个人状态的非市场观测。对个人状态的非市场观测对于可行能力的测评十分重要。例如，对一个人营养状况的测评不能仅从他购买食物的相关信息来做出判断，测评所要关注的对象还涉及食物的家庭分配情况，个人的年龄、体形、新陈代谢率、营养学知识及受教育程度等特征，以及医疗条件、气候条件等影响因素。可行能力作为评价社会正义的信息基础，其全面性和优越性正体现在对一个人的自由范围的评价上，这种评价比依据商品占有量或者收入所进行的评价要困难得多。"当我们评价一个社会的利弊或者某种社会制度正义与否时，我们很难不以某种方式思考不同类型的自由以及它们在社会中的实现与剥夺。"(Sen，2002：7)一个人所享有的不同类型的自由依赖于对个人状态的非市场观测所得到的数据，而对个人状态的非市场观测需要大量的时间和资料，这样才能突破该项研究的局限性，这项工作并不容易。对涉及各项功能性活动的问卷调查的设计也不简单，对答案的客观评估更难。森承认这些现实存在的困难，在阿姆斯特丹大学“汉尼普曼讲座”上，森对测评可行能力的数据获取方面给出的回答是，“我恐怕没有解决这些复杂问题的神奇的办法，但是不管我们在实践中使用什么折中方案，首先要意识到的是我们对一种满意的解决方式的需求”(Sen，1987a：32)。数年后，森对可行能力路径的思考日臻成熟，但是依然没有办法克服其在实际评估中所面临的数据获取的困难，“即使是在实际应用中接受了获取数据的有限性并迫使我们无法全面描述可行能力集，也要对眼前的数据保持一种基本的分析动机并将其视为在现有条件下我们能够做到的最好的实践性妥协，这一点很重要”(Sen，1995：53)。数据获取的有限性是在现实中全面评估人们的可行能力所遇到的难题。即便基于可行能力进路的正义论在践行过程中因获取数据的限制而必然对现实有所妥协，森也要求我们在能力范围内对眼前数据的分析尽量做到最好。

可行能力作为正义理论的信息基础，它所具有的广泛性和包容性的特点是一把双刃剑。该特点既是可行能力作为评价社会正义之标准的优势所在，又是其测量与评价的高难度所在。同时，人们的可行能力会随着时代的变化(政治、经济、科技、文化等)而变化，这些变化也增加了评价工作的复杂程度。这种难度彰显了可行能力进路所蕴含的研究空间，可行能力的测量与评价问题，需要我们继续进行理论研究和实践探索。

6.2.3　客观性与主观性的平衡

纳斯鲍姆在其首篇讨论可行能力的论文《自然、功能和可行能力：亚里士多德论政治分配》中，指出了森的可行能力路径不够客观的问题。纳斯鲍姆认为，森以印度一些贫困地区的妇女为例，说明功利主义以快乐和欲望的满足为标准无法真实反映出人们的实际生活状态，这种对功利主义的批判方向是正确的，但是不够彻底。她认为，只有引入对功能性活动的客观的、规范性的论述并具体说明一种客观评价的程序，可行能力进路才能避免与功利主义一样有随意可调试性的缺陷。例如，森应该用更加客观的观点来诠释好的生活，可以列一个清单，将好生活的内容或者标准呈现出来，人们的功能性活动便可以通过其对人们美好生活的贡献大小而得到恰当的评估。在纳斯鲍姆看来，只有将人类功能性活动和可行能力具体客观化，才是对功利主义的彻底批判，否则可行能力和欲望的满足一样，人们可以用“我们的文化教给我们应该珍视这种而不是那种功能性活动”来对其进行随意调适。托马斯·博格也指出，可行能力无法为社会正义提供一个可行的公共标准，因为可行能力进路存在四点非常难达成一致的地方：(1)有价值的可行能力清单方面；(2)怎样用列出的可行能力去衡量人们的成就；(3)清单中不同的可行能力成就的相对权重；(4)在整体可行能力成就方面，不同的总体禀赋的相对价值(Pogge，2010：49-50)。博格的批判同样指向可行能力进路的客观性问题。

纳斯鲍姆与博格对客观性评价标准的要求，应该与斯坎伦和内格尔一致。斯坎伦认为，所谓"客观"应该是脱离了个人爱好和个人兴趣的纯粹客观。例如，评判一个人的福利水平的客观标准是"独立于一个人的品味和兴趣的，为评价一个人的福利提供基础的标准"(Scanlon，1975：658)，内格尔对客观的判定是"一种观点或思想形式，假如较少依赖于个体结构的特性以及个体在世界中的位置，或者说较少依赖于个体所属的那种特殊生物的特征，则比另一种更客观。一种理解形式所通达的主观类型的范围越广，或者说越少依赖于特定的主观能力，就越是客观的"(Nagel，1986：5)。在森看来，在评判事物时，斯坎伦与内格尔倡导的依据完全客观的标准做判断是一个极端，它忽视了个人差异性、忽略了位置因素对一种观点或者思想形式的影响。森主张，我们应在不失客观性的基础上将个人的特点作为测评的参数，纯粹主观和纯粹客观都是人们需要避免的错误方向。

森认为，客观性并没有必要排除人际相异性。其实，各种各样的人际相异性受很多因素影响，例如，观察位置的制约。在人们评判一个人的福利水平时，"当且仅当位置的制约被拒绝并且福利的排序被要求是完整的排序时，客观性观点出于其一致性的需求，人际相异性才必须被排除"(Sen，1987a：23)。位置特征对于人们的观察、信念、判断和决策等具有参数相关性，只有位置固定，客观性的要求才是人际不变性(不同的个体在相同的位置上应当做出相同的观察结论)。

森的正义理论以可行能力为信息基础，要求克服位置因素在人们追求正义的过程中造成的障碍，以开放的中立性作为正义的客观性要求。森明确提出了信息多元性与不完整性是功能性活动与可行能力的本质特征，并且提醒我们，衡量各种社会问题、选定社会公认的衡量标准时，要做到主观性和客观性的平衡。

笔者认同森的观点，同时深感平衡主观性与客观性的工作极具难度。例如，在评价正义问题时，会涉及对人类各种可行能力的评估、筛选和权衡赋值，以确定有关功能性活动和重要的可行能力的列表。森认为，像不同的商品一定有贵有贱一样，功能性活动和可行能力也一定有不同的重要性。但是，可行能力的具体使用依据文化的不同而变化，也就是说，不同的文化可以对不同的可行能力赋予不同的权重。这意味着对可行能力重要性的排序是不固定、不明确的。可行能力重要性排序的多元性使基于可行能力的正义理论在现实比较与评价中“弹性”颇大。针对可行能力排序的不明确性，森的回答是，人们应充分利用那些可以挑选出来的不模糊的可行能力的排序部分，以指导我们付诸行动，消除社会中明显存在的非正义，而不是把精力放在按照重要性大小顺序对可行能力进行精准排序，以求获得一个完整的序列，再据此进行实践。

笔者认为，森的回答只解决了问题的一部分。森的正义论从消除社会中存在的不正义出发，他关注的焦点在贫困、不平等、弱势群体等方面。对于贫困国家和发展中国家，森的理论有助于揭示生活在这些国家中的人们所受到的实质剥夺，有助于我们对这些社会中存在的不公正的程度做出全面性的评价。在涉及人们的基本营养、基础教育、基础医疗等方面的剥夺时，可行能力的部分排序可以清晰地指导我们消除明显的社会非正义现象。例如，当饥饿现象存在时，获取充足的营养很显然会成为最重要的可行能力之一，这不存在争议。在此类问题上，客观性与主观性的平衡相对容易达到：人们容易在消除显而易见的社会非正义问题上达成一致意见。森的回答没有涉及的问题是，伴随着人类社会的发展，人们的基本需求已经被满足，正义问题涉及更加高级的人类可行能力，此时平衡主观性与客观性是一项难度较大的工作。可行能力进路下的正义论以尊重各种不同理论的合理性、尊重多元性为特点，在信息基础方面具有全面性的优势。但在具体评价、比较、选择方面，如何更好地平衡主观性与客观性是需要人们持之以恒地加以探索和推进的问题。

在实践中面临一些难题并不代表基于可行能力进路的正义论是令人悲观失望的理论，相反，它激励着我们继续探索、思考、改善和发展这种以面向实践的方式研究正义问题的理论。该理论存在尚待改进、拓展的空间并不能否定其富有成果的优越性，事实上，它在指导人类减少非正义的实践、促进人类社会良序发展中发挥着越来越重要的作用。就连与森争辩了半生的罗尔斯，对于森的正义论所给出的评价也是“他的理念具有本质的重要性”(Rawls,1999：13)。

参 考 文 献

一、中文文献

（一）中文译作

［1］ 阿马蒂亚·森，《贫困与饥荒》，王宇、王文玉译，北京：商务印书馆，2001。

［2］ 阿马蒂亚·森，《集体选择与社会福利》，胡的的、胡毓达译，上海：上海科学技术出版社，2004。

［3］ 阿马蒂亚·森，《后果评价与实践理性》，应奇编译，北京：东方出版社，2006。

［4］ 阿马蒂亚·森，《论经济不平等 不平等之再考察》，王利文、于占杰译，北京：社会科学文献出版社，2006。

［5］ 阿马蒂亚·森、让·德雷兹，《饥饿与公共行为》，苏雷译，北京：社会科学文献出版社，2006。

［6］ 阿马蒂亚·森、让·德雷兹，《印度：经济发展与社会机会》，黄飞君译，北京：社会科学文献出版社，2006。

［7］ 阿马蒂亚·森，《惯于争鸣的印度人：印度人的历史文化与身份》，刘建译，上海：上海三联书店，2007。

［8］ 阿马蒂亚·森、玛莎·努斯鲍姆主编，《生活质量》，龚群、聂敏里、王文东、肖美、唐震煊译，北京：社会科学文献出版社，2008。

［9］ 阿马蒂亚·森、伯纳德·威廉姆斯主编，《超越功利主义》，梁捷等译，上海：复旦大学出版社，2011。

［10］ 阿马蒂亚·森，《资源、价值与发展》，杨茂林、郭婕译，吉林：吉林人民出版社，2011。

［11］ 阿马蒂亚·森，《以自由看待发展》，任赜、于真译，北京：中国人民大学出版社，2012。

［12］ 阿马蒂亚·森，《理性与自由》，李风华译，北京：中国人民大学出版社，2012。

［13］ 阿马蒂亚·森，《身份与暴力：命运的幻象》，李风华、陈昌生、袁德良译，北京：中国人民大学出版社，2012。

［14］ 阿马蒂亚·森、贝纳多·科利克斯伯格，《以人为本：全球化世界的发展伦理学》，马春文、李俊江等译，吉林：长春出版社，2012。

［15］ 阿马蒂亚·森，《正义的理念》，王磊、李航译，北京：中国人民大学出版社，2013。

［16］ 阿马蒂亚·森，《伦理学与经济学》，王宇、王文玉译，北京：商务印书馆，2014。

［17］ 阿马蒂亚·森、让·德雷兹，《不确定的荣耀》，唐奇译，北京：中国人民大学出版社，2015a。

[18] 阿马蒂亚·森等,《生活水平》,沈国华译,北京：机械工业出版社,2015b。
[19] 阿马蒂亚·森、埃里克·马斯金等,《选择的悖论：阿罗不可能定理与社会选择真相》,黄永译,北京：中信出版社,2016。
[20] 阿拉斯戴尔·麦金太尔,《追寻美德：道德理论研究》,宋继杰译,南京：译林出版社,2011。
[21] 奥特弗利德·赫费,《政治的正义性》,庞学铨、李张林译,上海：上海译文出版社,2014。
[22] 贝淡宁,《超越自由民主》,李万全译,上海：上海三联书店,2009。
[23] 贝淡宁,《东方遭遇西方》,孔新峰等译,上海：上海三联书店,2011。
[24] 边沁,《政府片论》,沈叔平等译,北京：商务印书馆,2010。
[25] 布莱恩·巴里,《正义诸理论》,孙晓春、曹海军译,长春：吉林人民出版社,2004。
[26] 布莱恩·巴里,《社会正义论》,曹海军译,南京：江苏人民出版社,2007。
[27] 布莱恩·巴利,《作为公道的正义》,曹海军、允春喜译,南京：江苏人民出版社,2008。
[28] 布劳尼斯娄·马林诺夫斯基,《自由与文明》,张帆译,北京：世界图书出版公司北京公司,2009。
[29] 布鲁斯·A. 阿克曼,《自由国家的社会正义》,董玉荣译,南京：译林出版社,2015。
[30] 戴维·米勒,《社会正义原则》,应奇译,南京：江苏人民出版社,2005。
[31] 狄百瑞,《中国的自由传统》,李弘祺译,北京：中华书局,2016。
[32] G. A. 柯亨,《自我所有、自由和平等》,李朝晖译,北京：东方出版社,2008。
[33] G. A. 科恩,《拯救正义与平等》,陈伟译,上海：复旦大学出版社,2014。
[34] 亨利·西季威克,《伦理学方法》,廖申白译,北京：中国社会科学出版社,1993。
[35] 霍布斯,《利维坦》,黎思复、黎廷弼译,北京：商务印书馆,1985。
[36] 卢梭,《社会契约论》,何兆武译,北京：商务印书馆,2003。
[37] 理查德·斯威德伯格,《经济学与社会学》,安佳译,北京：商务印书馆,2003。
[38] 利茶·萨克塞纳,《阿马蒂亚·森传》,唐奇译,北京：中国人民大学出版社,2016。
[39] 罗伯特·诺齐克,《无政府、国家与乌托邦》,何怀宏等译,北京：中国社会科学出版社,1991。
[40] 罗伯特·诺齐克,《无政府、国家与乌托邦》,姚大志译,北京：中国社会科学出版社,2008。
[41] 罗纳德·德沃金,《原则问题》,张国清译,南京：江苏人民出版社,2005。
[42] 罗纳德·德沃金,《至上的美德：平等的理论与实践》,冯克利译,南京：江苏人民出版社,2007。
[43] 罗纳德·德沃金,《认真对待权利》,信春鹰、吴玉章译,上海：上海三联书店,2008。
[44] 伦纳德·霍布豪斯,《社会正义要素》,孔兆政译,长春：吉林人民出版社,2006。

[45] 马克思、恩格斯,《马克思恩格斯全集》(第3卷),北京:人民出版社,1960。

[46] 玛丽·沃斯通克拉夫特,《女权辩护——关于政治和道德问题的批评》,王瑛译,北京:中央编译出版社,2006。

[47] 玛莎·纳斯鲍姆,《正义的前沿》,朱慧玲、谢惠媛、陈文娟译,北京:中国人民大学出版社,2016。

[48] 玛莎·纳斯鲍姆,《寻求有尊严的生活——正义的能力理论》,田雷译,北京:中国人民大学出版社,2016。

[49] 玛莎·纳斯鲍姆,《善的脆弱性:古希腊悲剧和哲学中的运气与伦理》,徐向东、陆萌译,南京:译林出版社,2018。

[50] 迈克尔·J.桑德尔,《自由主义与正义的局限》,万俊人译,南京:译林出版社,2001。

[51] 迈克尔·莱斯诺夫等,《社会契约论》,刘训练等译,南京:江苏人民出版社,2005。

[52] 迈克尔·沃尔泽,《正义诸领域——为多元主义与平等一辩》,褚松燕译,南京:译林出版社,2002。

[53] 诺曼·巴里,《福利》,储建国译,长春:吉林人民出版社,2005。

[54] 萨缪尔·亨廷顿,《文明的冲突与世界秩序的重建》,周琪等译,北京:新华出版社,2010。

[55] 桑斯坦,《社会因何要异见》,支振锋译,北京:中国政法大学出版社,2016。

[56] 涛慕思·博格,《罗尔斯:生平与正义理论》,顾肃、刘雪梅译,北京:中国人民大学出版社,2010。

[57] 涛慕思·博格,《康德、罗尔斯与全球正义》,刘莘、徐向东等译,上海:上海译文出版社,2010。

[58] 托克维尔,《论美国的民主》,董果良译,北京:商务印书馆,1996。

[59] 托马斯·斯坎伦,《我们彼此负有什么义务》,陈代东等译,北京:人民出版社,2008。

[60] 托马斯·斯坎伦,《道德之维:可允许性、意义与谴责》,朱慧玲译,北京:中国人民大学出版社,2014。

[61] 威尔·金里卡,《当代政治哲学》,刘莘译,上海:上海译文出版社,2015。

[62] 威尔·金里卡,《多元文化公民权:一种有关少数族群权利的自由主义理论》,杨立峰译,上海:上海译文出版社,2009。

[63] 威尔福莱德·亨氏,《被证明的不平等:社会正义的原则》,倪道钧译,北京:中国社会科学出版社,2008。

[64] 西尔维·布吕内尔,《饥荒与政治》,王吉会译,北京:社会科学文献出版社,2010。

[65] 希拉里·普特南,《事实与价值二分法的崩溃》,应奇译,北京:东方出版社,2006。

[66] 徐向东编,《全球正义》,杭州:浙江大学出版社,2011。

[67] 亚当·斯密，《国富论》(上、下)，郭大力、王亚南译，南京：译林出版社，2011。
[68] 亚当·斯密，《道德情操论》，李嘉俊译，北京：台海出版社，2016。
[69] 亚里士多德，《形而上学》，吴寿彭译，北京：商务印书馆，1959。
[70] 亚里士多德，《政治学》，吴泽鹏译，北京：商务印书馆，1965。
[71] 亚里士多德，《尼各马可伦理学》，廖申白译注，北京：商务印书馆，2003。
[72] 以赛亚·伯林，《自由论》，胡传胜译，南京：译林出版社，2003。
[73] 约翰·罗尔斯，《正义论》，何怀宏、何包钢、廖申白译，北京：中国社会科学出版社，1988。
[74] 约翰·罗尔斯，《政治自由主义》，万俊人译，南京：译林出版社，2011。
[75] 约翰·罗尔斯，《作为公平的正义：正义新论》，姚大志译，北京：中国社会科学出版社，2011。
[76] 约翰·罗尔斯，《政治哲学史讲义》，杨通进、李丽丽、林航译，北京：中国社会科学出版社，2011。
[77] 约翰·罗尔斯，《万民法》，陈肖生译，长春：吉林出版集团有限责任公司，2013。
[78] 约翰·罗尔斯，《罗尔斯论文全集》(上册)，陈肖生等译，长春：吉林出版集团有限责任公司，2013。
[79] 约翰·密尔，《论自由》，许宝骙译，北京：商务印书馆，1959。
[80] 约翰·穆勒，《论自由》，孟凡礼译，桂林：广西师范大学出版社，2011。
[81] 约翰·穆勒，《功利主义》，徐大建译，北京：商务印书馆，2014。
[82] 约瑟夫·E.斯蒂格利茨，《不平等的代价》，张子源译，北京：机械工业出版社，2013。
[83] 约瑟夫·E.斯蒂格利茨、阿马蒂亚·森、让-保罗·菲图西，《对我们生活的误测：为什么GDP增长不等于社会进步》，阮江平、王海昉译，北京：新华出版社，2014。
[84] 詹姆斯·格里芬，《论人权》，徐向东、刘明译，南京：译林出版社，2015。

(二) 中文著作

[1] 白志刚，《利益公平与社会和谐》，北京：中国社会出版社，2008。
[2] 陈嘉映，《何为良好生活：行之于途而应于心》，上海：上海文艺出版社，2015。
[3] 陈宜中，《何为正义》，北京：中央编译出版社，2016。
[4] 慈继伟，《正义的两面》，北京：生活·读书·新知三联书店，2001。
[5] 高瑞泉，《平等观念史论略》，上海：上海人民出版社，2011。
[6] 龚群，《罗尔斯政治哲学》，北京：商务印书馆，2006。
[7] 何建华，《分配正义论》，北京：人民出版社，2007。
[8] 黎珍，《正义与和谐》，北京：人民出版社，2008。
[9] 李晓红，《减贫进程中贫困人口能力形成的产权分析》，北京：中国社会科学出版社，2015。
[10] 林进平，《马克思的"正义"解读》，北京：社会科学文献出版社，2009。
[11] 刘晓靖，《实质自由与社会发展：阿马蒂亚·森正义思想研究》，北京：中国社会科学出版社，2019。

[12] 任剑涛,《公共的政治学哲学》,北京：商务印书馆,2016。

[13] 石元康,《罗尔斯》,桂林：广西师范大学出版社,2004。

[14] 汤剑波,《重建经济学的伦理之维：论阿马蒂亚·森的经济伦理思想》,杭州：浙江大学出版社,2008。

[15] 万俊人,《寻求普世伦理》,北京：北京大学出版社,2009。

[16] 万俊人,《道德之维——现代经济伦理导论》,广州：广东人民出版社,2000。

[17] 汪丁丁,《新政治经济学讲义》,上海：上海人民出版社,2013。

[18] 汪行福,《分配正义与社会保障》,上海：上海财经大学出版社,2003。

[19] 吴钩,《中国的自由传统》,上海：复旦大学出版社,2014。

[20] 徐贲,《通往尊严的公共生活》,北京：新星出版社,2009。

[21] 徐向东,《自由主义、社会契约与政治辩护》,北京：北京大学出版社,2005。

[22] 姚大志,《何谓正义：当代西方政治哲学研究》,北京：人民出版社,2007。

[23] 赵汀阳,《论可能生活》,北京：中国人民大学出版社,2010。

[24] 周文文,《伦理·理性·自由：阿马蒂亚·森的发展理论》,上海：学林出版社,2006。

(三)中文论文

[1] 阿马蒂亚·森,《经济行为与道德情感》,《经济学动态》第 8 期,1996。

[2] 阿马蒂亚·森,《贫困和不平等问题得到了承认》,《领导决策信息》第 41 期,1998。

[3] 阿马蒂亚·森,《摆脱贫困还有望吗?》,《国外社会科学文摘》第 9 期,2000。

[4] 阿马蒂亚·森,《民主价值观的普适性》,《天涯》第 1 期,2001a。

[5] 阿马蒂亚·森,《一种并非奢侈的价值观》,《书屋》第 1 期,2001b。

[6] 阿马蒂亚·森,《有关全球化的十个问题》,《国外社会科学文摘》第 9 期,2001c。

[7] 阿马蒂亚·森,《什么样的平等?》,《世界哲学》第 2 期,2002a。

[8] 阿马蒂亚·森,《简论人类发展的分析路径》,《马克思主义与现实》第 6 期,2002b。

[9] 阿马蒂亚·森,《社会选择理论》,见 K. J. 阿罗、M. D. 英特里盖特主编,《数理经济学手册》(第 3 卷),杨斌等译,北京：经济科学出版社,2003。

[10] 阿马蒂亚·森,《能力、贫困和不平等：我们所面临的挑战》,见姚洋主编,《转轨中国：审视社会公正和平等》,北京：中国人民大学出版社,2004。

[11] 阿马蒂亚·森,《论社会排斥》,《经济社会体制比较》第 3 期,2005。

[12] 阿马蒂亚·森,《开放的和封闭的公正》,见应奇、刘训练编,《后果评价与实践理性》,北京：东方出版社,2006。

[13] 阿马蒂亚·森,《为什么恰恰承诺对于理性是重要的?》,《华东经济管理》第 10 期,2007a。

[14] 阿马蒂亚·森,《我们的全球文明》,《北京大学学报》第 1 期,2007b。

[15] 阿马蒂亚·森,《如何评价全球主义》,《国家行政学院学报》第 2 期,2008。

[16] 阿马蒂亚·森,《越过危机重识资本主义》,《社会科学报》第 7 版,2009a。

[17] 阿马蒂亚·森,《佛陀与现代世界》,《南亚研究》第 2 期,2009b。

[18] 阿马蒂亚·森、李慧,《共同的文化——诺贝尔经济学奖获得者阿马蒂亚·森访

谈》,《国外社会科学文摘》第 12 期,2003。
[19] 常春雨,《基本善品还是能力？——阿马蒂亚·森对罗尔斯平等物主张的批评和超越》,《国外理论动态》第 12 期,2014。
[20] 丁剑锋,《超越"先验正义"：对阿马蒂亚·森正义理论的一种解读与评价》,《学术研究》第 3 期,2013。
[21] 高景柱,《基本善抑或可行能力：评约翰·罗尔斯与阿玛蒂亚·森的平等之争》,《道德与文明》第 5 期,2013a。
[22] 高景柱,《超越平等的资源主义与福利主义分析路径：基于阿玛蒂亚·森的可行能力平等的分析》,《人文杂志》第 1 期,2013b。
[23] 胡丹丹、韩东屏,《以发展旨向自由与以自由看待发展——马克思与阿玛蒂亚·森关于人的发展问题辨析》,《湖北大学学报》(哲学社会科学版)第 3 期,2014。
[24] 胡道玖,《可行能力：阿玛蒂亚·森的经济伦理方法研究》,苏州大学哲学系博士学位论文,2006。
[25] 刘德吉,《阿马蒂亚·森的能力平等观与公共服务均等化》,《上海经济研究》第 11 期,2009。
[26] 陆彬,《论可行能力视野中的发展：阿马蒂亚·森的发展思想探析》,吉林大学行政学院博士学位论文,2006。
[27] 罗影、汪毅霖,《森对功利主义的批判及其对中国梦的启示》,《当代财经》第 1 期,2014。
[28] 时学成,《什么的平等？——论德沃金与阿玛蒂亚·森的平等之争》,《经济研究导刊》第 15 期,2010。
[29] 王炜,《基本善与能力——纳斯鲍姆对罗尔斯的误读及其理论困境》,《哲学研究》第 10 期,2020。
[30] 严海良,《论罗尔斯〈万民法〉中的政治性人权概念》,《广州大学学报》(社会科学版)第 11 期,2015。
[31] 杨兴华、张格儿,《阿玛蒂亚·森和玛莎·努斯鲍姆关于可行能力理论的比较研究》,《学术论坛》第 2 期,2014。
[32] 于莲,《来自尊严的正义——试析基本可行能力清单》,《华中科技大学学报》(社会科学版),2015。

二、英文文献

(一) 英文著作

[1] Barry, Brian, 1973, *The Liberal Theory of Justice: A Critical Examination of the Principal Doctrines in A Theory of Justice*, Oxford: Clarendon Press.
[2] Basu, Kaushik & Kanbur, Ravi (eds.), 2009, *Arguments for a Better World: Essays in Honor of Amartya Sen, Volume I: Ethics, Welfare, and Measurement*, New York: Oxford University Press.
[3] Basu, Kaushik & Kanbur, Ravi (eds.), 2009, *Arguments for a Better World: Essays in Honor of Amartya Sen, Volume II: Society, Institutions, and*

Development, New York: Oxford University Press.

[4] Brighouse, Harry & Robeyns, Ingrid (eds.), 2010, *Measuring Justice: Primary Goods and Capabilities*, Cambridge: Cambridge University Press.

[5] Clark, David, Alexander, 2002, *Visions of Development: A Study of Human Values*, Cheltenham: Edward Elgar Press.

[6] Cohen, G. A., 1978, *Karl Marx's Theory of History: A Defense*, Oxford: Clarendon Press.

[7] Cohen, G. A., 2011, *On The Currency of Egalitarian Justice, and Other Essays in Political Philosophy*, Princeton: Princeton University Press.

[8] Comim, Flavio & Qizibash, Mozaffar & Alkire, Sabina (eds.), 2008, *The Capability Approach: Concepts, Measures and Applications*, Cambridge: Cambridge University Press.

[9] Drèze, Jean & Sen, Amartya, 1989, *Hunger and Public Action*, Oxford: Clarendon Press.

[10] Dworkin, Ronald, 1985, *A Matter of Principle*, Cambridge, Mass: Harvard University Press.

[11] Gotoh, Reiko & Dumouchel, Paul (eds.), 2009, *Against Injustice: The New Economics of Amartya Sen*, Cambridge: Cambridge University Press.

[12] Hayek, F. A., 1967, *Studies in Philosophy, Politics and Economics*, Chicago: The University of Chicago press.

[13] Hume, David, 1966, *An Enquiry Concerning the Principles of Morals*, La Salle, Ill: Open Court.

[14] Huntington, Samuel, 1991, *The Third Wave: Democratization in the Late Twentieth Century*, Norman, OK, and London: University of Oklahoma Press.

[15] Mandela, Nelson, 1994, *Long Walk to Freedom*, Boston: Little Brown & Co. Press.

[16] Marx, Karl, 1875, *The Critique of the Gotha Programme*, London: Lawrence and Wishart.

[17] Marx, Karl, 1990, *Capital, A Critique of Political Economy*, Volumel, Harmondworth: Penguin.

[18] Morris, W. Christopher (eds.), 2010, *Amartya Sen*, New York: Cambridge University Press.

[19] Nagel, Thomas, 1986, *The View from Nowhere*, Oxford: Clarendon Press.

[20] Nozick, Robert, 1974, *Anarchy, State and Utopia*, New York: Basic Books.

[21] Nussbaum, Martha, 1986, *The Fragility of Goodness: Luck and Ethics in Greek Tragedy and Philosophy*, Cambridge: Cambridge University Press.

[22] Nussbaum, Martha & Sen, Amartya (eds.), 1993, *The Quality of Life*, Oxford: Clarendon Press.

[23] Nussbaum, Martha, 1994, *The Therapy of Desire: Theory and Practice in Hellenistic Ethics*, Princeton: Princeton University Press.

[24] Nussbaum, Martha, 1995, *Poetic Justice: The Literary Imagination and Public Life*, Boston: Beacon Press.

[25] Nussbaum, Martha, 1997, *Cultivating Humanity: A Classical Defense of Reform in Liberal Education*, Cambridge, MA: Harvard University Press.

[26] Nussbaum, Martha, 1999, *Sex and Social Justice*, Oxford: Oxford University Press.

[27] Nussbaum, Martha, 2000, *Women and Human Development: The Capabilities Approach*, Cambridge: Cambridge University Press.

[28] Nussbaum, Martha, 2004, *Hiding from Humanity: Disgust, Shame, and the Law*, Princeton: Princeton University Press.

[29] Nussbaum, Martha, 2006, *Frontiers of Justice: Disability, Nationality, Species Membership*, Cambridge, MA: Harvard University Press.

[30] Nussbaum, Martha, 2011a, *Creating Capabilities: The Human Development Approach*, Cambridge, MA: The Belknap Press of Harvard University Press.

[31] Rawls, John, 1971, *A Theory of Justice*, Cambridge, Mass: Harvard University Press.

[32] Rawls, John, 1999, *The Law of Peoples*, Cambridge, Mass: Harvard University Press.

[33] Rawls, John, 2001, *Justice as Fairness: A Restatement*, Cambridge, MA: The Belknap Press of Harvard University Press.

[34] Samuel, Freeman, 1999, *John Rawls: Collected Papers*, Cambridge, MA: Harvard University Press.

[35] Sen, Amartya, 1960, *Choice of Techniques: An Aspect of the Theory of Planned Economic Development*, Oxford: Basil Blackwell.

[36] Sen, Amartya, 1981, *Poverty and Famines: An Essay on Entitlement and Deprivation*, Oxford: Clarendon Press.

[37] Sen, Amartya & Williams, Bernard (eds.), 1982, *Utilitarianism and Beyond*, Cambridge, UK: Cambridge University Press.

[38] Sen, Amartya, 1984, *Resources, Values and Development*, Cambridge, MA: Harvard University Press.

[39] Sen, Amartya, 1986, *The Tanner Lectures on Human Values*, Salt Lake City: University of Utah Press.

[40] Sen, Amartya, 1987a, *Commodities and Capabilities*, India: Oxford University Press.

[41] Sen, Amartya & Muellbauer, John & Kanbur, Ravi & Hart, Keith & Williams, Bernard, 1987b, Hawthorn, Geoffrey (eds.), *The Standard of Living*,

Cambridge, UK: Cambridge University Press.

[42] Sen, Amartya, 1987c, *On Ethics and Economics*, Oxford: Blackwell Publishing Press.

[43] Sen, Amartya, 1995, *Inequality Re-examined*, Cambridge, MA: Harvard University Press.

[44] Sen, Amartya, 1999a, *Development as Freedom*, New York: Alfred A. Knopf, Inc., Press.

[45] Sen, Amartya, 1999c, *Reason Before Identity*, Oxford: Oxford University Press.

[46] Sen, Amartya, 1999d, *Choice, Welfare and Measurement*, Cambridge, MA: Harvard University Press.

[47] Sen, Amartya, 2000, *Freedom, Rationality, and Social Choice: The Arrow Lectures and Other Essays*, Oxford: Oxford University Press,

[48] Sen, Amartya, 2002, *Rationality and Freedom*, Cambridge, MA: Harvard University Press.

[49] Sen, Amartya, 2006d, *Identity and Violence: The Illusion of Destiny*, New York: W. W. Norton & Company.

[50] Sen, Amartya, 2009, *The Idea of Justice*, Cambridge, MA: The Belknap Press of Harvard University Press.

[51] Sen, Amartya, 2011, *Peace and Democratic Society*, Cambridge: Open Book Publishers.

[52] Sen, Amartya, 2017, *Collective Choice and Social Welfare: Expanded Edition*, UK: Penguin Random House press.

[53] Smith, Adam, 1776, R. H. Campbell & A. S. Skinner (eds.), *An Inquiry into the Nature and Causes of the Wealth of Nations*, 2 vols, Oxford: Clarendon Press.

[54] Smith, Adam, 2004, Knud Haakonssen (eds.), *The Theory of Moral Sentiments*, UK: Cambridge University Press.

(二) 英文论文

[1] Anand, Paul & Santos, Cristina & Smith, Ron, 2009, "The Measurement of Capabilities", In Basu, Kaushik & Kanbur, Ravi (eds.), *Arguments for a Better World: Essays in Honor of Amartya Sen, Volume I: Ethics, Welfare, and Measurement*, New York: Oxford University Press.

[2] Anderson, Elizabeth, 2010, "Justifying The Capablities Approach to Justice", In Brighouse, Harry & Robeyns, Ingrid (eds.), *Measuring Justice: Primary Goods and Capabilities*, Cambridge: Cambridge University Press.

[3] Appiah, Anthony, Kwame, 2009, "Sen's Identities", In Kaushik Basu & Ravi Kanbur (eds.), *Arguments for a Better World: Essays in Honor of Amartya Sen*, vol. I. 2009. Oxford and New York: Oxford University Press.

[4] Cohen, G. A., 1993, "Equality of What? On Welfare, Goods, and Capabilities", In Nussbaum, Martha & Sen, Amartya (eds.), *The Quality of Life*, Oxford: Clarendon Press.

[5] Gaertner, Wulf, 1993, "Amartya Sen: Capability and Wellbeing", In Nussbaum, Martha & Sen, Amartya (eds.), *The Quality of Life*, Oxford: Clarendon Press.

[6] Gardels, Nathan, 1992, "Nathan Gardels talks to Lee Kuan Yew", *New Perspectives Quarterly* 9, No. 1.

[7] Kamm, F. M., 2011, "Sen on Justice and Rights: A Review Essay", *Philosophy & Public Affairs* 39(1): 82-104.

[8] Nagel, Thomas, 2005, "The Problem of Global Justice", *Philosophy and Public Affairs* 33(2): 113-147.

[9] Nussbaum, Martha, 1988, "Nature, Function and Capability: Aristotle on Political Distribution", *Oxford Studies in Ancient Philosophy*. Vol. 6, Supplementary: 145-184.

[10] Nussbaum, Martha, 1990, "Aristotelian Social Democracy", In Bruce Douglas & Gerald Mara & Henry Richardson (eds.), *Liberalism and the Good*, New York: Routledge.

[11] Nussbaum, Martha, 2003, "Capabilities as Fundamental Entitlement: Sen and Social Justice", *Feminist Economics* (9): 33-59.

[12] Nussbaum, Martha, 2004, "Beyond the Social Contract: Capabilities and Global Justice", *Oxford Development Studies* 32(1): 3-18.

[13] Nussbaum, Martha, 2011b, "Perfectionist Liberalism and Political Liberalism", *Philosophy and Public Affairs* 39: 3-45.

[14] Nussbaum, Martha, 2011c, "Capabilities, Entitlements, Rights: Supplementation and Critique", *Journal of Human Development and Capabilities* 12(1): 23-37.

[15] Pogge, Thomas, 2010, "A Critique of The Capability Approach", In Brighouse, Harry & Robeyns, Ingrid (eds.), *Measuring Justice: Primary Goods and Capabilities*, Cambridge: Cambridge University Press.

[16] Qizilbash, Mozaffar, 2007, "Social Choice and Individual Capabilities", *Politics, Philosophy & Economics* 6(2): 169-192.

[17] Qizilbash, Mozaffar, 2011, "Sugden's Critique of the Capability Approach", *Utilitas* 23(1): 25-51.

[18] Qizilbash, Mozaffar, 2013, "On Capability and the Good Life: Theoretical Debates and Their Practical Implications", *Philosophy & Public Policy Quarterly* 31(2): 35-42.

[19] Qizilbash, Mozaffar, 2016, "Capability, Objectivity and 'False Consciousness': On Sen, Marx and J. S. Mill", *International Journal of Social Economics* 43(12): 1207-1218.

[20] Qizilbash, Mozaffar, 2019, "On 'Affluent Philosophy' and Future Generations: Amartya Sen and Tim Mulgan's 'Broken World'", *Journal of Human Development and Capabilities* 20(2): 145-161.

[21] Ragip Eg & Herrade Igersheim & Charlotte Le Chapelain, 2016, "Transcendental vs. Comparative Approaches to Justice: A Reappraisal of Sen's Dichotomy", *The European Journal of the History of Economic Thought* 23(4): 521-543.

[22] Rawls, John, 1958, "Justice as Fairness", *Philosophical Review* 67(2): 164-194.

[23] Rawls, John, 1975, "A Kantian Concept of Equality", *Cambridge Review* 96(2225): 94-99.

[24] Rawls, John, 1982, "Social Unity and Primary Goods", In Amartya Sen & Bernard Williams (eds.), *Utilitarianism and Beyond*, Cambridge, UK: Cambridge University Press.

[25] Rawls, John, 1985, "Justice as Fairness: Political not Metaphysical", *Philosophy and Public Affairs* 14(3): 223-251.

[26] Rawls, John, 1988, "The Priority of Right and Ideas of the Good", *Philosophy & Public Affairs* 17(4): 251-276.

[27] Rawls, John, 1993, "The Law of Peoples", In Samuel Freeman (eds.), 1999, *Collected Papers*, Cambridge, Mass: Harvard University Press.

[28] Robeyns, Ingrid, 2009, "Justice as Fairness and the Capability Approach", In Basu, Kaushik & Kanbur, Ravi (eds.), *Arguments for a Better World: Essays in Honor of Amartya Sen, Volume I: Ethics, Welfare, and Measurement*, New York: Oxford University Press.

[29] Robeyns, Ingrid, 2012, "Are Transcendental Theories of Justice Redundant?", *Journal of Economic Methodology* 19(2): 159-163.

[30] Robeyns, Ingrid, 2016, "Capabilitarianism", *Journal of Human Development and Capabilities* 17(3): 397-414.

[31] Rothschild, Emma & Sen, Amartya, 2005, "Adam Smith on Economics", In K. Haakonssen (eds.), *Cambridge Companion to Adam Smith*, Cambridge: Cambridge University Press.

[32] Scanlon, Thomas, 1975, "Preference and Urgency", *Journal of Philosophy* 72(19): 655-669.

[33] Scanlon, Thomas, 1982, "Contractualism and Utilitarianism", In Amartya Sen & Bernard Williams (eds.), *Utilitarianism and Beyond*, Cambridge, UK: Cambridge University Press.

[34] Scanlon, Thomas, 2009, "Rights and Interests", In Basu, Kaushik & Kanbur, Ravi (eds.), *Arguments for a Better World: Essays in Honor of Amartya Sen, Volume I: Ethics, Welfare, and Measurement*, New York: Oxford University Press.

[35] Sen, Amartya, 1964, "Preferences, Votes and The Transitivity of Majority Decisions", *The Review of Economic Studies*, Vol. 31, No. 2.

[36] Sen, Amartya & Runciman, Garry, 1965, "Games, Justice and the General Will", *Mind* LXXIV(296): 554-562.

[37] Sen, Amartya, 1970, "The Impossibility of a Paretian Liberal", *The Journal of Political Economy* 78(1): 152-157.

[38] Sen, Amartya, 1974, "Rawls Versus Bentham: An Axiomatic Examination of the Pure Distribution Problem", *Theory and Decision* 4(3-4): 301-309.

[39] Sen, Amartya, 1976, "Welfare Inequalities and Rawlsian Axiomatics", *Theory and Decision* 7(4): 243-262.

[40] Sen, Amartya, 1985, "Well-being, Agency and Freedom: the Dewey Lecture 1984", *The Journal of Philosophy* 82(4): 169-221.

[41] Sen, Amartya, 1990, "Development as Capability Expansion", In Griffin, K. & Knight, J. (eds.), *Human Development and the International Development Strategy for the 1990s*, MacMillan, NY: 41-58.

[42] Sen, Amartya, 1993a, "Positional Objectivity", *Philosophy and Public Affairs* 22(2): 126-145.

[43] Sen, Amartya, 1993b, "Capability and Well-being", In Martha, Nussbaum & Amartya, Sen (eds.), *The Quality of Life*, Oxford: Clarendon Press.

[44] Sen, Amartya, 1996, "On the Status of Equality", *Political Theory* 24 (3): 394-400.

[45] Sen, Amartya, 1997, "Equality of What", In Robert E. Goodin & Philip Pettit, *Contemporary Political Philosophy: An Anthology*, Oxford, UK: Blackwell Publishers Ltd Press.

[46] Sen, Amartya, 1998, "Universal Truths: Human Rights and the Westernizing Illusion", *Harvard International Review* 20(3): 40-43.

[47] Sen, Amartya, 1999b, "Democracy as an Universal Value", *Journal of Democracy* 10(3): 3-17.

[48] Sen, Amartya, 2001a, "Population and Gender Equity", *Journal of Public Health Policy* 22(2): 169-174.

[49] Sen, Amartya, 2001b, "The Many Faces of Gender Inequality", *The New Republic* 225(12): 35.

[50] Sen, Amartya, 2001c, "Economic Development and Capability Expansion in Historical Perspective", *Pacific Economic Review* 6(2): 179-191.

[51] Sen, Amartya, 2003a, "Missing Women-Revisited: Reduction in Female Mortality Has Been Counterbalanced by Sex Selective Abortions", *British Medical Journal* 327 (7427): 1297-1298.

[52] Sen, Amartya, 2003b, "Democracy and Its Global Roots", *The New Republic*

229(14): 28.

[53] Sen, Amartya, 2004a, "Capabilities, Lists, and Public Reason: Continuing the Conversation", *Feminist Economics* 10(3): 77-80.

[54] Sen, Amartya, 2004b, "Elements of A Theory of Human Rights", *Philosophy & Public Affairs* 32(4): 315-356.

[55] Sen, Amartya, 2005, "Human Rights and Capabilities", *Journal of Human Development* 6(2): 151-166.

[56] Sen, Amartya, 2006a, "Reason, Freedom and Well-being", *Utilitas* 18(1): 80-96.

[57] Sen, Amartya, 2006b, "What Do We Want from A Theory of Justice?", *The Journal of Philosophy* 103(5): 215-238.

[58] Sen, Amartya, 2006c, "Conceptualizing and Measuring Poverty", In D. Grusky & R. Kanbur (eds.), *Poverty and Inequality*, Stanford: Stanford University Press.

[59] Sen, Amartya, 2010, "The Place of Capablity in A Theory of Justice", In Brighouse, Harry & Robeyns, Ingrid (eds.), *Measuring Justice: Primary Goods and Capabilities*, Cambridge: Cambridge University Press.

[60] Sen, Amartya, 2011, "Uses and Abuses of Adam Smith", *History of Political Economy* 43(2): 257-271.

[61] Sen, Amartya, 2012, "A Reply to Robeyns, Peter and Davis", *Journal of Economic Methodology* 19(2): 173-176.

[62] Sen, Amartya, 2013, "Work and Rights", *International Labour Review* 152(s1): 81-92.

[63] Sen, Amartya, 2020, "Majority decision and Condorcet Winners", *Social Choice and Welfare* (2020) 54: 211-217.

[64] Stewart, Francis, 2001, "Women and Human Development: The Capabilities Approach by Martha C. Nussbaum", *Journal of International Development* 13(8): 1191-1192.

[65] Sugden, Robert, 1993, "Welfare, Resources, and Capabilities: A Review of Inequality Re-examined by Amartya Sen", *Journal of Economic Literature* 31(4): 1947-1962.

[66] Sugden, Robert, 2006, "What We Desire, What We Have Reason to Desire, Whatever We Might Desire: Mill and Sen on the Value of Opportunity", *Utilitas* 18(2006): 33-51.

[67] Terzi, Lorella, 2010, "What Metric of Justice for Disabled People? Capability and Disability", In Brighouse, Harry & Robeyns, Ingrid (eds.), *Measuring Justice: Primary Goods and Capabilities*, Cambridge: Cambridge University Press.

[68] Teson, 1995, "The Rawlsian Theory of International Law", *Ethics and International Affairs* 9: 79-99.

[69] Townsend, Peter, 1979, "The Development of Research on Poverty", In *Department of Health and Social Security*, *Social Security Research*: *The Definition and Measurement of Poverty*, London: HMSO.

[70] Vallentyne, Peter, 2010, "Sen on Sufficiency, Priority, and Equality", In Morris, W. Christopher (eds.), *Amartya Sen*, New York: Cambridge University Press.

[71] Williams, Bernard, 1973, "A Critique of Utilitarianism", In J. J. C. Smart & Bernard Williams, *Utilitarianism*: *For and Against*, Cambridge: Cambridge University Press.

后　记

本书是对可行能力进路及阿马蒂亚·森的正义理论之初步探究。学问是解决问题的，我曾心有所惑而不得解：都说吃得苦中苦，方为人上人，可人与人作比较时，标尺是什么？智商？金钱？健康状态？社会地位？读阿马蒂亚·森的著作，我时常拍案叫绝，可行能力理论解决了我的困惑。基于可行能力进路的正义理论，解决了我对“什么是正义的社会安排”的困惑。读书，其实也是在读自己。

从本书的构思、起草、修正到如今即将付梓，已历经九年，在此期间我得到了很多学界师长及同仁的指导、帮助与斧正。感谢万俊人教授在我读博期间于专业知识、学习方法等方面所给予的悉心教诲。本书从框架设计到论证细节，均得到了万老师的指导与帮助。感谢唐文明教授在书稿的写作、修改过程中对我的鼓励、指导与引领，本书从选题到论证思路均受益于唐老师组织的读书会。感谢清华大学哲学系、哈佛大学哲学系与中国社会科学院哲学研究所，在这里读书的日子，是不可复制的美好时光，丰富的图书馆资源与老师们的倾囊相授对本书的写作与修改助益良多。感谢清华大学出版社张维嘉老师对书稿的认真审校与编辑。要感谢的师友同仁太多太多，恕我在此不一一列举。

2016—2018 年，我曾在哈佛大学跟随阿马蒂亚·森教授做清华—哈佛联合培养博士。课堂之外，森教授每两周与我进行一次学术谈话，谈话主题涉及本书每一章节的内容。每次谈完回到宿舍，打开电脑就会发现，森教授已经将谈话中所涉及的文章发到了我的邮箱。森教授渊博宽广的学术功底、睿智缜密的思考方式、温雅谦和的学术风格令人受益匪浅。2023 年，我受森教授的邀请，再次访学哈佛，90 岁的森教授听力已有所下降，佩戴上了助听器，出行也需要坐轮椅，即便如此，森教授依然在哈佛大学开设两门专业课，一门“平等”，一门“健康、福利与正义”。临行前，森教授对我说，他希望我在未来的学术研究中勇于批判他的理论，用其他理论填补他的理论空白，并期待我结合中国的实际对他的理论进行反思，进而提出自己的可行能力理论。这对我而言，是莫大的鼓励，亦给予我极大的动力。

关于森与纳斯鲍姆在不同时期的可行能力理论内容及证成逻辑的变化发展的比较研究，以及结合我国实际，讨论可行能力进路下的正义论在我国的应用等相关研究，是我于2023年申获的国家社科基金项目研究课题"基于能力进路的正义理论及其在中国的应用研究"的主要内容。希望以本书为起步，在未来的科研道路上，自己与学界同仁一起，行稳致远，进而有为。